知的障碍をもつ人への
心理療法

══ 関係性のなかに立ち現れる"わたし" ══

Nakashima Yu
中島由宇

日本評論社

刊行によせて

学習院大学　田中千穂子

　本書は学習院大学に提出された中島由宇さんの博士論文「発達障碍における関係論的な自己発達と支援の可能性──知的障碍を中心に」の事例研究編を中心に描き直したものです。論文そのものは重厚な文献研究編との２本立てですが、今回はこの領域に関心をもってくださるみなさまに広く読んでいただいて、わかちあいたいと考え、事例をほぼそっくりそのまま描き出すことにしました。などと言うと、まるで自分のことのようですが、もちろん違います。私は本論文の主査として、また彼女の大学院時代の指導教員として、約20年の間彼女の心理臨床家としての歩みを時にはじっと、時にはハラハラしながらその傍らで見てきました。なので、どうにも人ごとではないのです。

　本書の「はじめに」にくり返し描かれているように、中島さんはさまざまな惑いをたくさん抱えながら、知的障碍をもつ人々への心理治療の道を模索し続けてきました。「惑いながらわかっていこうとする」とは、何と素敵な響きでしょう。でもこのことばには、彼女のうめきも叫びもこもっています。彼らに対する世間やほかの心理臨床家たちの無関心さに腹をたて、しかし自分のしていること、考えていることが果たしてそれでよいのかどうかにも悩み、そういう自分にも腹をたてつつしょげかえりながら立ち直り、の連続。

　中島さんは漠然と大雑把に見ただけでは、まるで見えてこない知的障碍をもつ人々の内的世界のあり様やその心理的変容過程を、どうしたらここまで描きだせるかという限界にまで挑戦し、驚嘆するほど細やかに捉えてゆきます。「元気ですか」と尋ねると「元気です」と答えがかえる、何か問題が起こると「（自分の）我慢がたりませんでした」と答えてしまう彼らがいます。でもそういう彼らはあんまり元気じゃなさそうだし、すでに十分我慢している。むしろ我慢しすぎてつぶれたんじゃないかと思えてしまう……。

　本書に登場するアイちゃんとの出会いをはじめとして、心理臨床家としての

たくさんの出会いのなかで、彼らの中にある自分、つまり"わたし"というものをどのように本人が自分のものとしてつかんでゆくか、ということこそ、知的障碍をもつ人々の中心にくる問題だと中島さんは捉えてゆきます。自分で自分がよくわからない。だから外からも彼らのことが見えにくい。ゆえによかれと思って行われる支援がさまざまずれてしまうのだと。

　彼らのなかの"わたし"が現れてくるために、中島さんは彼らとの心理相談のなかで生じる自分の感覚や自分の思いをまるごと、思いっきり積極的に使ってゆきます。無数の推測の嵐のなかでやりとりをしてゆくと、ある瞬間相手のなかに「その人がくっきりと鮮やかに感じられる」ときが訪れます。その人の"わたし"が立ち現れてくるのです。このようにして彼らの"わたし"がひらかれ、関わりのなかでぐんぐん育ち、これまでとは違う、まぶしいほどに輝く本人が現れてくるのです。いやもちろん、みなさまもふだん、推測しながら本人の意向を模索しようとしているでしょう。でも中島さんの手法はもっともっと濃度が濃く、関わりの質が深く、けたはずれに強烈な関係性のなかで相手にはいりこんでゆくのです。そこで生じる自分の主観をフル回転させ、相手をその関係性のなかにひっぱってゆくと、その結果、相手もまた、ぼんやりと自分の中に潜んでいた"わたし"が現れてくるのです。そういうやりとりをくり返してゆくことで、わからないことがわかってくる、見えにくいものが見えてくる。この過程が4つの事例を通してていねいに描かれています。「二者関係のなかで受けとめられ共有されてこそ、語りは語りになる」とは山上雅子先生（子どもが育つということ．ミネルヴァ書房，2018）のことばです。中島さんの彼らへのまなざしと関わりは、見事にこのことばを具現化しています。今回の中島さんの提起を、みなさんも一緒に試してくれますか、と彼女はみなさんを誘っています。ひとりでも多く、この中島さんからのメッセージに呼応する人がでてくるといいな、と願っています。

　　平成30年9月

目　次

刊行によせて　田中千穂子　　i

はじめに　　3

第1部　知的障碍における"わたし"

第1部で目指したいこと —————— 14

第1章　これまでの研究から ……………………………… 16
　　第1節　知的障碍とは──発達障碍概念から捉える ——— 16
　　第2節　関係性のなかの"わたし"と心理療法 ——— 30
　　第3節　発達障碍における"わたし"の問題と心理療法 ——— 46

第2章　関係性のなかの"わたし"の出会い ………………… 56
　　第1節　何をどのように明らかにするのか ——— 56
　　第2節　明らかになったこと ——— 60

第3章　知的障碍における関係性のなかの"わたし" ………… 94
　　第1節　参照枠として──自閉症スペクトラムにおける"わたし" ——— 95
　　第2節　知的障碍における"わたし" ——— 99
　　第3節　"わたし"を捉える基本的観点 ——— 103

第2部　"わたし"が立ち現れる心理療法の実際

第2部で目指したいこと —————— 110

第4章　自律的な"わたし"が屹立する［心理療法の実際①］………… 114
　　第1節　問題と目的 ——— 114
　　第2節　事例の概要と心理療法の構造 ——— 115

目　次　iii

第3節　心理療法の経過と考察————116

第4節　まとめ──アクチュアリティに開かれた態度の意味————133

第5章　母子それぞれの"わたし"を支え育む［心理療法の実際②］………138
第1節　問題と目的————138

第2節　事例の概要と心理療法の構造————139

第3節　心理療法の経過と考察————142

第4節　まとめ──ホールディングの機能————157

第6章　仲間とのあいだで"わたし"が立ち現れる［心理療法の実際③］…162
第1節　問題と目的————162

第2節　方　法————163

第3節　結　果————164

第4節　まとめ————181

第7章　もろい"わたし"を多層的に抱える［心理療法の実際④］………185
第1節　問題と目的————185

第2節　基礎情報————186

第3節　支援経過と考察————192

第4節　まとめ──連携における多層的なホールディングの構成————206

第8章　知的障碍をもつ人の"わたし"が立ち現れる心理療法………208
第1節　知的障碍をもつ人への心理療法のプロセス————209

第2節　心理療法の展開————216

第3節　結語──知的障碍をもつ人への心理療法の意義————218

おわりに　221

引用文献　224

知的障碍をもつ人への心理療法

――関係性のなかに立ち現れる " わたし "――

はじめに

知的障碍をもつ人のかたわらにある人へ──2つの"惑い"

　わたしは，知的障碍をもつ人のかたわらにある人に起こる"惑い"に応えたいと思い，この本を書きたいと強く思いました。

　知的障碍をもつ人のかたわらにある人，とは，日々の生活に寄り添うご家族，教育や福祉，医療の現場で奮闘する支援者の方々，心理療法を実践する心理士の方々，あるいは，心理療法を実践したいと思ってもさまざまな理由でそれが難しいと感じている心理士の方々，など，知的障碍をもつ人を取り巻く多くの方々のことをイメージしています。

　"惑い"とは，次のような2つです。

　①わたしの感じとったあなたは，確かにあなたなのか？　という惑い

　日々の生活や実践で，知的障碍をもつ人のこころの捉えどころのなさを感じることはしばしばあります。

　例えば，いつもニコニコと笑みを浮かべる"あなた"に，「お仕事は楽しいですか？」と尋ねれば即座に「ハイ！　楽しいです！」，「お仕事，頑張ってますか？」，「ハイ！　頑張ってます！」……，こうしたやりとりは，知的障碍をもつ人を取り巻く世界で，日常的に展開しています。知的障碍をもつ人が頑張る姿を紹介するテレビ番組のインタビューなどでも，こうしたやりとりをよく目にすることがあります。どこか上すべりするような，本当にそれが"あなた"のこころからの気持ちなの？　ニコニコ笑っているけれど，それは本当にこころからの楽しさがあっての笑顔なの？　といぶかしく思うような，もやもやと不確かさが残るやりとりです。こうしたことについて，たんにオウム返しの答えになってしまわないように「楽しいですか？　楽しくないですか？」と並べて尋ねてみよう，とか，"楽しい"のニュアンスが"あなた"によく理解できるように表情のイラストを用いて尋ねてみよう，とか，問いかたの工夫は

はじめに　│　3

すでにさまざまに考えられています。また，ことばでのやりとりだけでなく，ふだんの仕事の様子を見せてもらって，実際に楽しんでいるのかどうかを確かめてみる，といったことも，"あなた"の思いを理解しようとするために，わたしたちがよく行うことです。

　しかし，そのような努力を重ねても，不確かな感触がなかなか払拭されないことも多いのです。そこで，"あなた"を取り巻く人たちで集まって，みんなで"あなた"のことを一緒に考えてみよう，ということも，カンファレンスや支援者会議という名前のもとで，わたしたちはよく行います。「あの人は，仕事は楽しい，頑張ると口では言いながら，よくさぼったり遅刻したりしているのよ！」などの辛口の評を聞いたりすると，わたしの見方は甘かったのかな，としょげてしまったりすることもあります。また，不確かでよくわからない不安の裏返しで，支援のプロなのだから，親として子のことはわかっていなければならないのだから，など気負ってしまい，「あの人の思いはきっとこうにちがいない！」と声の調子を強めてしまったり，自分と違う捉え方の人を責めてしまったりすることもあります。さらに，よくわからない不安から，とりあえず偉い人の言っていることは正しいのだろうと，権威に頼りたくなることもあったりします。寄り集まってみんなで考えていくのもさほど簡単ではないのです。

　さらにわたしたちを悩ませるのは，"あなた"の人生における大きな決定について，わたしたちが，"あなた"の思いを汲みとりながら代わって判断を迫られてしまう局面です。わたしたちの感じとったこの不確かな"あなた"，をもとにして，"あなた"のことを決めてしまって，本当にいいのか？　という重みが，わたしたちにずっしりとのしかかることがあります。

②わたしのしていることは，あなたにとって意味があるのか？　という惑い

　こうした意思決定の局面の判断のように，家族として，支援者として，"あなた"の思いを懸命に汲みとって"あなた"のためにと善意から行っていることが，"あなた"にとって本当にプラスの意味があるのか，果たして役に立っているのか，という惑いにも，わたしたちはしばしば苦しめられます。

　最近の支援の現場では，個別支援プランを作成し，具体的な行動目標を当事者の主体にそって設定し，それに向けて段階的にアプローチを行い評価する，

ということが奨励されます。

　しかし，ここまで述べたように，"あなた"の主体を捉えること自体が難しいのです。それに，"あなた"とわたしたちのあいだで，わかりやすい目に見える変化がそんなにたくさん展開するわけではありません。現実は，プランの通りにきれいに進むわけではないのです。

　整ったプランと，日々の実践を照らし合わせて，わたしの実践は何だろう，何を根拠にしているんだろう，わたしには何ができているんだろう，と自信をなくしてしまうこともあります。そんななかで，"当事者の主体の尊重"なんてしょせん建前のきれいごとだ，とついうそぶいてしまうこともあるかもしれません。悩むことに疲れて，目の前のことを業務として機械的にこなすことでやりすごそうとしてしまうこともあるかもしれません。

惑いながらわかっていこうとすることの価値

　わたしは，惑いながら"あなた"と共に過ごそうとし，惑いながら"あなた"をわかっていこうとする，わたしたちのありかたこそが，かけがえのない価値のあることであると思うのです。なぜなら，惑いながら"あなた"をわかろうとし続けていることによってはじめて，"あなたの思いはひょっとしてこういうことなのではないか"と，気づく瞬間に出会うことができるからです。ああではないか，こうではないか，と推測しながらのやりとりのなかで，ふと，"あなた"の思いが確かな手応えと説得力のあるかたちでぐっと伝わってきて，それまで思いもよらなかった"あなた"の新たな側面が力強く立ち現れ，それに深く感銘を受けるような瞬間。そこでは"知的障碍"という"あなた"に冠されていたことばは後景に退き，"あなた"その人がくっきりと鮮やかに感じられるようになるのです。"あなた"そのものが生き生きと立ち現れるようなこうした瞬間は，かたわらにある人の多くがおそらく一度ならず体験されているのではないかと思います。この瞬間は，漫然としていたのでは決して出会えないもの，惑いながらわかろうとする姿勢なくして決して訪れないものだと思うのです。

　この瞬間の体験は，わたしたちを深く励まし，支えます。"あなた"が確かに生きてそこに在るという実感が，同じこの社会を共に生きるわたしを励ます

のです。しかし，わからなくて不確かで手応えの少ない惑いの日々のなかにあっては，その瞬間の輝きをこころのなかに保ち続けることは簡単なことではありません。そうした日々にくたびれはててしまう前に，惑いながらわかろうとし続けることの価値を支えることばを何とか伝えられないものか，というのが，わたしの執筆動機です。

わたしの立ち位置

　わたしは臨床心理士（セラピスト）です。15年余り一貫して，精神科病院において，知的障碍を中心とした重い発達障碍をもつ大人に対する心理療法に携わってきました。知的障碍をもつ人への心理療法はこれまであまり研究や実践がなされておらず，とくに成人に対する心理療法についてはなおさら注目されてきませんでした。わたしはまさにこうした惑いをひしひしと感じながら実践を重ねてきました。ですからわたしは，高みに立って何かすごいことをわかっている人なのではなく，かたわらにあって惑う人たちのなかのひとりです。

　わたしも，現場で惑い続けるなかで，重い疲弊感を抱えてきました。

　2016年7月26日，神奈川県相模原市にある知的障碍をもつ人の施設で，入所者19名を殺害し，27名を負傷させる事件が起こりました。この事件はわたしにとって想像を超えたこととは感じられず，ついにこうしたことまで現実化した，とでもいうような感覚がまず起こりました。その衝撃は鮮烈なものというより鈍く重いものでした。それでもわたしは，この事件が患者さん（臨床心理学ではクライエントと呼びます）に及ぼす心理的影響を危惧しました。家族会である全国手をつなぐ育成会連合会は，事件から間を置かず，当事者を励まし支える素晴らしい声明文を発表しました。わたしはそれをプリントアウトし，動揺するクライエントの来訪に備えましたが，結局それを必要とすることはありませんでした。クライエントも，そのかたわらにある人も，拍子抜けするほどにいつも通りだったのです。それはいわゆる障碍の重さのいかんにかかわらず見られた現象であり，クライエントの認知能力の障碍によって事件の意味を理解することが難しいということだけでは説明がつきませんでした。また，こころのうちに衝撃を秘めているのではないかという推測も不可能ではありませんが，わたしの推測の主眼はそこにはありませんでした。

わたしは以下のように推測しました。

　——事件の究極的な排斥と量の程度は違っても，知的障碍をもつ人は，そしてそのかたわらにある人も，ひとつひとつ例を挙げようとすると際限がないほどにこれまですでに多くの排斥を受けている。"あなた"とそのかたわらにある人たちは，これまでに何度も似たようなことを繰り返し経験しているがゆえに，それほどの甚大な衝撃もなくこの事件に対したのではないか。"あなた"とそのかたわらの人たちは，これまでのそうした幾多の経験から，排斥されるポジションに馴らされ，そこに留まり，それに対する感度を鈍くするしかなく，声を押し殺して，いつしか発する声があることを忘れ，深い無力感や諦念を抱えて生きているのではないか。——

　わたしはこうした自身の推測に，強く打ちのめされる思いがしました。

　その鈍い無力感や諦念は，"あなた"のかたわらにあるわたし自身がずっと感じてきたことでもありました。わたしは，一方で，先ほど書いたような"あなた"との出会いの瞬間に強くこころを動かされながらも，他方では，"あなた"を取り巻く鈍い諦念の世界に常に浸されていました。例えば，現代社会を広く覆う効率主義的な価値観にわたしが軸足を置いてみると，"あなた"との出会いで感じた手応えはとたんに輪郭を失い，何か大したことのないものであるかのように思えてしまうこともありました。実際に，大したことないと周囲の人からメッセージを送られることもありました。わたしは，"あなた"との生き生きとした出会いの瞬間の感動と，重い無力感のはざまで揺らぎ，深く消耗していました。

　わたしの鈍い諦念を根拠づけるように，この社会の大多数の人たちはこの事件に残酷なまでに無関心でした。星加（2016）は，「第一報の段階で，被害の甚大さに比してニュースとしての取り上げられ方が軽く感じられた」ことをはじめ，被害者の「実名／匿名報道の問題」を見ても，「事件は『施設』という空間的にも心理的にも『我々の社会』から隔絶された場で起こった出来事であり，被害にあった人々は『知的障害者』という『異質』と思われている存在」であるとされ，被害者が徹底的に「絶対的な他者」として扱われたことを指摘しています。さらに，この事件では，加害者もまた「排除された弱者のひとり」（斎藤，2016）であったことによって，ますますこの事件がマジョリティ（多数派）にとって"よそごと"とされることとなったと考えられます。知的

はじめに　　7

障碍については，今から10年以上前にある論考で「精神遅滞（引用者注：知的障碍）にもっと光を」（田中，2004）と貴重な提言がなされてからも，現在に至るまで残念ながら光があてられることはありませんでした。マジョリティの無関心を前に，わたしは，やはりそうだったと確かめるような思いでした。

　さらに追い打ちをかけたのは，事件後速やかに「厚生労働省は措置入院制度の制度や運用の在り方についての検討会を設置」し，全国の施設は安全管理を徹底していくなどの保安強化の流れでした（高木，2016）。わたしはそうした流れに抗うように，無力感の底から何とか這い出して，これまでの実践の歩みから得た稀有な知見をまとめたいと考えたのです。

　わたしのよって立つ臨床心理学という学問は，その人個人の思いや感じること，その人個人のなしていきたいこと，といった，その人のこころ全体のまとまりとしての自己，つまり“わたし¹”を捉えようとするためのさまざまな考え方や方法についての理論を蓄積しています。臨床という名前の通り，その人とのかかわりの実際から，理論を紡いできた歴史があります。つまり，惑いながらその人をわかろうとすることの，ひとつの土台となりうる学問であると考えられます。

　その臨床心理学という立ち位置から，わたしは，心理療法と呼ばれるやりとりのなかで，知的障碍をもつ人がどのように感じ，思っているのかという，その人にとっての自己，つまり“わたし”を，惑いながら捉えようとしてきました。その実践から考えたことを博士論文にまとめたものを，わたしたちで分かちあいやすいかたちに書き直してみたいと考えます。“その人における‘わたし’（自己）とは，誰かにまなざしを向けられることによって生成する。知的障碍をもつ人の‘わたし’（自己）も，見ようとすることによってはじめてその豊かなありようがほの見えてくる”というのが，わたしの最も伝えたいことです。それを，心理療法の実際を通して，丹念に伝えたいと思います。

この本の構成

　この本は2部構成になっています。

　1　この本では，臨床心理学で自己ということばで表現される概念について，親しみやすい日常語である“わたし”ということばを用いてあらわします（第1章第2節）。

第1部で，知的障碍をもつ人のへの心理療法を理解するための土台となる筆者の見方，捉え方を示します。

　第1章で，これまでの研究をもとに，知的障碍とは何か，発達障碍とは何か，関係性のなかの“わたし”とは何か，“わたし”の立ち現れる心理療法とは何か，といったことについてコンパクトにまとめています。

　第2章で，“わたし”の研究や実践の基礎となった，自閉症スペクトラムをもつ子どもの日常生活にかかわりながら観察した研究を紹介します。関係性のなかでいかに“わたし”が立ち現れ，わたしたちが出会うのかを，わたしの主観も含めて丹念に記録して考察する「エピソード記述」（鯨岡，1999）と呼ばれる方法で行った研究です。

　第1章，第2章を踏まえて，第3章では，知的障碍において関係性のなかの“わたし”はどのように捉えられるのかという枠組みを示します。自閉症スペクトラムにおいては，“わたし”というテーマは比較的よく検討されてきました。その自閉症スペクトラムにおける“わたし”のありかたと比べて，知的障碍における“わたし”とはどのように捉えられるのか，ということを，自己性／他者性という概念を使って論じます。知的障碍と自閉症スペクトラムのいずれにおいても，関係性において閉ざされた“わたし”であると捉えられることを示します。閉ざされた“わたし”を開いていくことが心理療法の課題であり，それをいかに実践するかを続く第2部で検討していきます。

　メインの第2部では，知的障碍をもつ人への心理療法の実際例を示します。知的障碍に加えて，自閉症スペクトラムや精神障碍を併せもつ成人のクライエントに対して行った心理療法の実際のプロセスにおいて，どのようなやりとりによっていかに“わたし”が立ち現れるのかを見ていきます。

　第4章では，個人心理療法という一対一でのやりとりにおいて，その人の“わたし”がいかに立ち上がるかを示します。第5章では，母子それぞれへの心理療法や，場合によっては母子で一緒に話し合う心理療法を工夫しながら行うなかで，母子それぞれの“わたし”が支えられ育まれることを示します。第6章では，集団心理療法という仲間同士の集まる場に支えられ“わたし”が立ち現れるプロセスを提示します。第7章では，もろく崩れやすい“わたし”を支援者同士が支えあって幾重も抱えていこうとするプロセスを示します。

　これらの心理療法では，知的障碍をもつからといって特殊な支援方法をとる

はじめに｜9

というのではなく，心理療法の一般的な方法を基本的に用いています。知的障碍をもっているからということだけで心理療法の限界を設ける必要はないことをこれらの事例は示しています。むしろ，その人の"わたし"を丹念にみいだそうとするまなざしをいかに徹底してもとうとするか，その人の特性や状況に応じていかに個別的に工夫するか，といった，心理療法で大切であるとされていることを徹底して行うこと，心理療法の専門性を高めることが，知的障碍をもつ人への心理療法に求められると言うことができます。

この本が目指すところ

この本ではこのように，知的障碍をもつ人への心理療法について丁寧に検討し，"知的障碍をもつ人の'わたし'を見ようとすることによってはじめてその豊かなありようがほの見えてくること"のかけがえのない価値を伝えようとするものです。それをまず伝えたいのは，最初に書いたように，知的障碍をもつ人のかたわらにある人たちです。ただ，わたしの思いはその先にも向かっています。

わたしが"あなた"（"あなた"にとっての"わたし"）を感じた体験は，"あなた"とわたしのあいだに確かに立ち現われたものです。それをこの本であらわすことは，"あなた"とのあいだでその体験を共有したわたしの責任です。わたしは，自分が確かに捉えた"あなた"のことについて，この社会のひとりひとりに示したいと思うのです。この社会のひとりひとりが，知的障碍をもつ人をこの社会の内側に捉え，"あなた"にまなざしを向けようとすること。この社会のひとりひとりが，知的障碍をもつ人を"わがこと"につなげて，"あなた"のなかに自分との共通性と違いのどちらも共にみいだそうとすること（綾屋・熊谷，2010）。こうしたこの社会のひとりひとりの変容こそが，この社会に生きる知的障碍をもつ人の"わたし"らしいありようの，よりくっきりとした輪郭と確かな手応えをかたちづくるのだと思います。

この本の表現について

①表記に関して

➤ 文中における引用箇所は「　」であらわします。

➤ 臨床事例研究において，クライエント，家族，セラピスト以外の支援者の発言は「　」，セラピストの発言は〈　〉で示します。

➤ 強調を示す際は，引用や発言と区別するため，「　」ではなく"　"を用います。

➤ 心理療法の面接回数は＃で示します。

②用語に関して

➤ 外国の人名は原語表記，専門用語は訳語あるいはカタカナ表記とします。

➤ "障碍"表記について

　2000年代より，"障害"を"障碍"，"障がい"など表記する動向が起こりました。"害"と"碍"に本質的な意味の相違はないものの，"害"は，「かぶせて邪魔をして進行をとめる」という意味性や，"害悪"などといったよく用いられる熟語のネガティブな印象から，ネガティブなイメージを伴うと捉えられ（田中，2009；滝川，2017），そのネガティブなイメージを人に付することに異を唱えようとした動きであったと考えられます。わたしは，こうした議論に意識的でありたいというスタンスと，"碍"の「行く手をさえぎるように見える石」（田中，2009）の意味性が関係性のなかのさしさわりである"relationship disturbance"のニュアンスにより近いことを踏まえ，"障碍"の字を用います。

　しかし，そもそもこのことばは多義的であることから（滝川，2017），どの表記を選んでも十分に適切なものとはなりえません。"障碍"と表記を統一することで，診断名の表記としては通例とは異なるため，ことばの公共性という観点からは問題があります。森岡・山本（2014）は意味性の相違を厳密にあらわすために論文内で「障害」「障碍」の表記の使い分けを行っていますが，それも煩雑さは否めません。多義的なことばの厳密な使用の限界を踏まえたうえで，煩雑となることを避けて"障碍"と表記を統一します。

➤ 障碍名の統一

　障碍名はさまざまな呼び方がありますが，この本において主にとりあげる 2 つの機能障碍はそれぞれ，“知的障碍”，“自閉症スペクトラム”という呼称で統一します。

倫理的配慮について

　この本で行っている事例研究は，研究協力者のプライベートな生活にかかわる情報を対象とするという特性上，きわめて慎重な倫理的配慮を要します。

　具体的な倫理的配慮としては，事例研究である第 2 章，第 4 〜 7 章それぞれのはじめの執筆時点において筆者が所属していた機関が求める倫理的手続きを遵守しました。障碍特性に鑑み，それぞれの研究協力者の親あるいは親のいない場合にはその人の所属する機関の長に研究の概要を説明し，研究協力の同意を書面，口頭で得ました。記載においてはプライバシーの保護に細心の注意を払い，当人を識別できないようにしました。この本の出版にあたり，連絡をとることが可能である人には改めて同意をいただきました。

　しかし，倫理とは「本来，他者と共生しようとする意志を背景にして具体的な状況でどのように行動すべきかを判断し，それに基づいて行為するという極めて個別的で具体的なプロセス」（能智，2011）であるとされているように，倫理的であるということは，決まった手続きを遵守することに留まらず，そのつどの状況において適切な対応をそのつど検討することを必要とします。この本の執筆においては一貫して，もし研究協力者やそのかたわらにある人がこの本を手にとってくださった場合に，不快感を抱いたり不本意な思いをしたりすることがないようにと想像力を最大限働かせました。それでも，筆者が意図せずに不快な思いや不本意な思いをさせてしまうことがある可能性はゼロではなく，その責は全て執筆した筆者にあります。また，今回は行えなかったことですが，親や機関の長ではなく研究協力者本人に対して，研究についてわかりやすく説明して了解をもらうことも今後の課題としていきたいと考えています。

第 1 部

知的障碍における "わたし"

第1部で目指したいこと

　第2部で知的障碍をもつ人への心理療法について紹介するのに先立って，その土台となる筆者の見方を第1部でまとめます。

　第1章では，これまでなされてきたさまざまな先行研究からわかることを整理します。

　まずは第1節で，この本で取りあげる知的障碍とは何か，発達障碍という観点から捉えます。発達障碍という概念の成り立ちやその意味するところを正しく踏まえれば，発達障碍という概念の中心に知的障碍が位置づけられると考えられます。発達障碍とは，機能障碍をもつとされる人と周囲の人とのあいだの関係性において起こる難しさのことです。知的障碍をもつ人を，わたしたちと隔たった異質な存在として捉えるのではなく，発達障碍という地つながりの関係性のなかで理解することが重要です。発達障碍という枠組みのなかで知的障碍を捉えることで，知的障碍をもつ人のこころの捉えがたさに歩み寄っていきやすくなると考えられます。

　続けて第2節で，この本においてとても重要なことばである“わたし”，そして“関係性”について整理します。“わたし”とは，実体的に独立して存在するのではなく，人との関係性のあいだで立ち現れるまとまりを意味します。わたしたちの多くは，この“わたし”というまとまりをごくあたりまえに感じ，ことさら意識することもなく暮らしています。しかし，そのまとまりの確かさがときに損なわれる場合もあります。そうした“わたし”の問題にアプローチする心理療法の要点をまとめます。これが，第2部で紹介する知的障碍をもつ人への心理療法の方法の基礎となっています。

　第3節では，知的障碍や自閉症スペクトラムにおける“わたし”の問題がこれまでどのように捉えられ，どのような心理療法が行われてきたのかを示します。自閉症スペクトラムについて比較的多くの実践や研究がなされているのに対して，知的障碍においてはその蓄積が少ないことが明らかになります。それは，知的障碍をもつ人のこころの内面にこれまで関心が払われてこなかったことに加えて，その内面を捉えることの難しさが背景にあると推察されます。

　こうして，“発達障碍という地つながりの枠組みのなかで，知的障碍をもつ

人の'わたし'の捉えがたさに対して，自閉症スペクトラムについての理解を参照しながら接近してみよう。そして，知的障碍をもつ人への心理療法の可能性をみいだしていこう"という，この本の軸となるアイデアが浮かびあがります。

　続く第2章では，自閉症スペクトラムをもつ子どもと母親との関係性にアプローチして"わたし"の生成を捉えようとした，筆者がはじめて行った事例研究を紹介します。筆者は，子どもと母親を日常場面で細やかに観察し，そこで筆者自身にわきおこるさまざまな思いをみつめ，関係性においてその子どもの"わたし"を捉えようとしています。こうしたありかたが，筆者が"わたし"を捉えるまなざしの原型となっています。精緻な観察によるエピソードを連ねた第2章によって，関係性のなかで"わたし"を捉えるということはどういうことかということを体感的に伝えたいと思います。

　最後に，第3章では，自閉症スペクトラムにおける"わたし"を参照して，知的障碍における"わたし"をどのように捉えるか，という見取り図をまとめます。これは，第1，2章に加えて，第2部の事例研究を行ったうえで筆者がみいだした見取り図なのですが，第2部が少しでも読みやすいように，敢えて先どりしてここに示します。

　このように，知的障碍をもつ人への心理療法の紹介に先がけて，いささか回りくどいようですが，筆者の見方や考え方を示します。第1部は，この本を読んでくださる皆さんに渡す特別なメガネのようなものです。筆者はここで，知的障碍をもつ人の"わたし"という，漫然としたのではなかなか見えないものを見やすくするためのメガネを皆さんに渡したいと思っています。

15

第1章

これまでの研究から

第1節　知的障碍とは──発達障碍概念から捉える

　ここでは，知的障碍について，発達障碍という概念から捉え直していくこととします。日本には知的障碍と発達障碍を区別する捉え方もありますが，そもそも発達障碍とは知的障碍を出発点とする概念です。筆者は，発達障碍という枠組みのなかに知的障碍を位置づけることによって，知的障碍についてより的確に深く捉えることが可能になると考えます。

1．発達障碍概念の成り立ち
　まず，佐藤（2005）を参照しながら，発達障碍概念の成り立ちをたどります。日本語における"発達障碍"の原語にあたるのが，"ディベロップメンタル・ディスアビリティ（developmental disability）"と"ディベロップメンタル・ディスオーダー（developmental disorder）"という2つのことばです。

　ディベロップメンタル・ディスアビリティという概念は，1960年代から1970年代のアメリカにおいて成立しました。

　近代以前，神聖化か差別の対象となることが多かった知的障碍をもつ人は，19世紀後半には，慈善，救済の目的で，欧米の各地で学校や施設での処遇を受けるようになりました（中村・荒川，2003）。しかし，苛酷な社会情勢や優生

16

思想の影響を受け，次第に彼らの隔離，排除へ方向が転換し，きわめて残虐で劣悪な対応が取られるに至りました（中村・荒川，2003）。第二次大戦後，民主主義国家の人権意識が高まりを見せ，知的障碍入所施設での非人間的な処遇に批判が強まっていきました（高島，2015）。そうしたなか，1963年に，ディベロップメンタル・ディスアビリティが，アメリカの法律においてはじめて次のように定義されました。「（ディベロップメンタル・ディスアビリティは）精神遅滞（引用者注：知的障碍のこと）・脳性まひ・てんかん，または精神遅滞と同様の状態にある個々人によって要求される治療・処置と同じ治療・処置を必要とし，保険・教育・福祉長官において認定された神経学的症状に限局したディスアビリティを意味しており，その障害は18歳までに生じ，現在から将来にわたって無制限に継続し，その個人によって本質的なハンディキャップを形成するものである」（竹下，1999）。

　このように，ディベロップメンタル・ディスアビリティとは，知的障碍をはじめとする障碍をまとめる概念として成立したのです。さらに，この考えはWHO による国際障碍者年のスタートにもつながり，国際障碍分類（ICIDH）のきっかけともなりました（竹下，1999）。ICIDH において，これまでの医学モデルとは異なる 3 つの階層，すなわち，インペアメント（機能障碍），ディスアビリティ（能力障碍），ハンディキャップ（社会的不利）により障碍を捉える新たなモデルが示されたのはよく知られる通りです。知的障碍などをもつ人たちへの注目が，医学モデルの転換を呼び起こし，新たな障碍の捉え方を牽引したと言えます。それから，ディベロップメンタル・ディスアビリティの範囲は，拡大の一途をたどっていきました。

　この後，医学の領域において，ディベロップメンタル・ディスオーダーという概念が提示されることとなりました。

　1970年代，医学分野では，精神医学における発達的観点への関心の高まり（太田，1997）や医療と社会との連携の重視（石川，1990）といった，新たな動きが起こっていました。そうしたなか，ディベロップメンタル・ディスアビリティを医学的に説明する概念として，ICIDH のモデルにおける機能障碍に位置づけられる，ディベロップメンタル・ディスオーダーという概念が成立していきました。1987年の DSM-Ⅲ-R において，ディベロップメンタル・ディスオーダーという分類がはじめて登場しました（APA，1987/1988）。1992年の

ICD-10でも，「心理的発達障害 Disorders of Psychological development」のグループが設けられました（WHO，1992/2005）。ディベロップメンタル・ディスオーダーの定義や，そこに含まれる機能障碍の範囲は DSM-Ⅲ-R と ICD-10 で異なっていました。DSM-Ⅲ-R では知的障碍が含まれ，ICD-10では含まれませんでした。また，ICD-10では生物学的要因を示唆するものとなっており，"親のかかわりの問題ではない"という視点を補強するものとして（太田，1997），この後広く浸透することとなりました。そのことは，親に対する誤った責任追及を軽減する大きな意義がありました。それと共に，発達障碍の生物学的要因が明確に特定されていないのにもかかわらず，あたかも確固たるものであるかのようにひとり歩きする現象を生み出したとも考えられます。

その後，国際的診断分類において，ディベロップメンタル・ディスオーダーということばは出現と消失を繰り返し，その機能障碍の範囲も変遷し続けています（APA，1994/1996；APA，2013/2014）。今日に至るまで，ディベロップメンタル・ディスオーダー概念は変わり続け，未整理であるのが実情です（宮本，2014）。

２．日本における概念の導入

日本においては，第２次世界大戦後，"自閉症"研究が児童精神医学領域で欧米以上に盛んに研究されました（牧田，1979）。そうした研究の蓄積のなかで，1960年代にはすでに，心理的な要因（心因）だけからではなく多くの要因との関連を発達的に捉えようとする見方に基づいて，"自閉症"を「発達障害」とする見方が登場していました（上出，1967；小澤，1968・1969）。しかし，1970年代に"自閉症"研究において大きな方向転換が起こり，わが国に見られた発達障碍概念は背景に退きました。そのうえで，1980年代，"自閉症"を中心とする医学的診断概念としての発達障碍が欧米から日本に紹介され，定着していきました。

日本における発達障碍概念は，ディベロップメンタル・ディスオーダーの訳語として，つまり舶来の医学的専門用語としてトップダウンに導入されていきました。その機能障碍の理解は，自閉症スペクトラムの高機能群を中心に，LD，AD/HD と広がりを見せました。つまり，わが国では，発達障碍の枠組みのなかで知的障碍が除外されたのです。そして，発達障碍をめぐる社会的活

動は，知的障碍を伴わない人たちに対する教育・福祉的支援を求める動きとして展開していき，2005年に制定された「発達障害者支援法」でも知的障碍は除外されました。このように，そもそもディベロップメンタル・ディスアビリティ概念の出発点であったはずの知的障碍は，わが国においては分断され，置き去りにされてしまったのです。

　発達障碍ということばが次第に広まっていったことは，それまで苦しさを苦しさとして感じとることすら難しかった当事者にとって，確かな意義があったと考えられます（綾屋・熊谷，2010）。しかし，2000年代以降の日本は，発達障碍と触法をめぐる問題が慎重さを欠いたかたちで極端に取りあげられたり（杉山，2005），学校現場において発達障碍の問題が大きくとりざたされる風潮（村瀬ら，2008）を受けて特別支援教育が開始されたりするなど，発達障碍ということばがひとり歩きして安易に用いられてしまう，"発達障碍ブーム" とも表現されるような混乱した状況となりました（斎藤，2015；尾崎，2014）。

3．発達障碍ブームとは何か

　このように，医学用語としての発達障碍が日本において急速に浸透していき，「医学モデルの跋扈」（田中康雄，2007）と言える状況を呈したのは，「医療化（medicalization）」，つまり，「非医療的問題が病気あるいは障害という観点から医療問題として定義され処理されるようになる過程」（Conrad & Schneider, 1992/2003）の極端なあらわれとして捉えることができます。

　しかし，この発達障碍概念の医学的根拠は不確実です。前に述べたように，発達障碍は医学モデルの限界性から生まれ出て，ICIDH のモデルを誕生せしめた概念でした。「脳機能障害の本質についての研究は途上であり，十分には解明されていない」（市川宏伸，2014）のであり，近代医学における疾患単位の要件を満たさないまま，「主観性や非特異性の高い『症状』に頼った」操作的診断基準に留まっているのです（滝川，2010）。DSM などの国際的診断分類がたび重なる改訂を行うのも，それだけ発達障碍概念そのものが「不確実性に満ちている」（木村，2006）ことのあらわれです。

　発達障碍の治療法も未確立であり（木村，2006），そもそも発達障碍が医学モデルの限界性のもとにある以上，"治療を行う" ということ自体についても確固たる医学的根拠があるわけではないのです。例えば薬物療法については，

「これまで多くの薬物療法が，少数例での投与経験から有効性が過剰に期待され，その後の厳密な検証で有効性を否定されるということを繰り返してきた」（岡田，2014）のです。発達障碍領域で最も薬物療法が有効であるとされてきた AD/HD に対するメチルフェニデートでも，長期的な予後研究で改善効果が確認されなかったとする報告もあります（井上，2012）。また，行動論的介入についても，最も研究が進んでいる自閉症スペクトラムについて，EIBI（Early Intensive Behavioral Intervention：早期高密度行動介入），SST（Social Skills Training：社会生活技能訓練），FCT（Functional Communication Training：機能的コミュニケーション訓練），曝露反応妨害法などのいずれも，その有効性が確立されていると言えるほどのエビデンスが蓄積されておらず，未だ多くの研究課題を残している状況です（有川，2009；井上，2015；下山，2016）。

　このような不確実性にもかかわらず，医療側の積極的な医療化促進の動き（加藤ら，2007）や，いわゆる「脳ブーム」（松本，2009）と言われるような社会における脳決定論的な風潮が後押しして，実際はあいまいな根拠でありながらも脳に病因があるとされる発達障碍という概念が，やや極端に社会に広まっていったのではないかと考えられます。

　こうした"極端で不確実な医療化"とも言える現象を問題視し，熟考や再考を促す声が上がりつつあります。情報の混乱（木村，2006）や，診断を盲信しての思考停止（田中康雄，2007；斎藤，2015；綾屋，2014），個人への問題の固定化や押し付け，差別（田中康雄，2007；高岡，2013；尾崎，2014；綾屋・熊谷，2010）といったさまざまな問題点がすでに指摘されています。

4．発達障碍をどのように捉えるか──関係性という視点から
(1)　関係性において立ち現れる暫定的概念としての発達障碍

　このように医療化という視点から発達障碍という問題を突き進めて見ていくと，発達障碍とはあいまいな根拠のうえに構築したものであると相対化されていき，発達障碍という概念自体が拡散してなくなってしまうことがひとつの理想として思い浮かびます。市川奈緒子（2014）は，発達障碍支援と声高に話されなくなったときこそ「本当に『発達障害』を持つ人を排除しない社会が実現」しているのではないかと指摘しました。また，小林（2014）は，「人間みな発達障碍だともいえるし，逆に特別な発達障碍などないとも言える。そんな

性質のものとして発達障碍の概念を脱構築する必要があるのではないか」と論じています。筆者自身も，以前，発達障碍という概念を診断カテゴリーとしてではなく全ての対人支援における「基本的観点」として捉えていくことをすでに提言しています（佐藤，2004）。

　しかし，発達障碍という概念が深刻な問題をはらみながらもすでに確実にわたしたちの日常に深く浸透しつつある今，概念の拡散はたとえ理想であっても早々に起こるとは考えにくいでしょう。現在求められるのは，医療化論の批判的視座を大いに参照しながら，あくまで今日において起こっている事象の只中に足場を置き，発達障碍という概念をめぐって何が起こっているのかを丁寧にひもといていくこと，そのうえで，当事者にとって資する方向性を模索することではないかと思います。

　つまり，自閉症スペクトラムや知的障碍といった機能障碍の名前をつけられた人とその周囲の人とのあいだにすでに起こっている複雑な関係の網の目をそのままに捉え，そのあいだにいかなる特性や困難が浮かびあがるのか，理解し明らかにしていこうとする視点が重要です（浦野，2013a）。このように，関係性という視点から，発達障碍を個人の属性ではなく，社会の障壁として捉えること，つまり，ICIDH のモデルから一歩発展した障碍の社会モデル（杉野，2007）から発達障碍を捉えることの意義がここに明らかになります。

　こうした発達障碍観をとる先行研究として，砂川（2016）は，自閉症スペクトラムの当事者が診断による一応の安心感を得ながらも具体的な困難の軽減につながっていない可能性があるとし，当事者がこれまでの経験を自閉症スペクトラムという視点から振り返り再構築する必要があると示しました。また，浦野（2013b）も，SST というトレーニングに参加する人が支援者による障碍の意味づけに抵抗するなかで「医学的概念とそれに基づく制度的実践を構成的な契機としながら，発達障害者のアイデンティティを書き換え直すことが行われている」ことを示しています。さらに，当事者である綾屋は，外側からの診断に納得できず，自分の感覚を仲間に語るなかで「自分自身のパターンを見出」し，そしてそれをあくまで仮説として変化し続ける「実験の場」としての日常を暮らすという「構成的体制と日常実践の相互循環」を，「当事者研究」と位置づけ実践しています（綾屋・熊谷，2010）。

　いずれも，診断や実践に対する違和感や不満を契機とし，当事者が"わた

し"の捉え直しを行っていることと，その作業において周囲との関係性が重要な役割を担っていることを示しています。ここにおいて，発達障碍という概念は，固定的な本質主義的概念ではなく，関係性のなかになされる「絶えず再構築される暫定的な差異化のプロセス」（上野，2002）として捉えられます。

(2) 発達障碍に含まれる機能障碍

こうした発達障碍観に立つと，この出発点においてある人に付された医学的な機能障碍は常に揺らぐこととなります。"極端で不確実な医療化"として論じたなかで発達障碍概念そのものの不確実性をすでに指摘しました。ここでは，発達障碍に含まれる機能障碍の診断概念もまた不確実であることについて検討していきます。

第1に，同じ機能障碍の診断でひとくくりにされている人たちのなかでの多様性が即座に見てとれることが指摘されています（綾屋，2014）。筆者らの研究グループが行った自閉症スペクトラム当事者の自伝分析においても，その人それぞれの困難や持ち味の多様なありようを見てとることができました（櫻井ら，2009）。さらに，自閉症スペクトラムにおける多様性は，近年の遺伝子研究の知見にも支持されていることであり，千住（2014）は，「遺伝子レベルでは極めて多種多様な『症候群』からなることが明らかとなってきている」と指摘しています。滝川（2001）はこうした多様性について，「つとに精神遅滞（引用者注：知的障碍）で知られている現象」であるとし，知的障碍においても同様に多様性が見てとれることを指摘しました。このように同一の機能障碍における個体差が大きいことから，既存の機能障碍の枠組みを解体し，より特異的な機能障碍の枠組みを再構築していこうとする動きもあります（熊谷，2014）。

第2に，「諸機能が互いに絡み合い，促し合い，あるいは抑え合いつつ連関的に発達」（浜田，1992）する精神発達のプロセスにおいて，発達途上にあらわれる機能障碍の症状は，「発達過程依存的にその様相を変えていく」のであり，成長に伴って，状態像や，場合によっては診断名も，変わっていくことがあると指摘されています（山上，2007）。成人期以降も，自閉症スペクトラムをもつ成人が手紙の交信を重ねるうちに内容や表現が発展した例などの臨床知見をもとに，発達の可塑性を指摘する臨床家もいます（村瀬，2003a）。つまり，機能障碍をもつとされた人が発達するなかで，その診断の妥当性が揺らぐこと

がありうるのです。

　機能障碍の診断概念がこのように不確実であることを前提として，現時点での理解として，発達障碍の機能障碍（ディベロップメンタル・ディスオーダー）を，最新の国際診断分類であるICD-10とDSM-5による定義に準拠し，"発達早期に明らかとなる精神神経発達の機能障碍"としてひとまず捉えることとします。そして，発達障碍に含まれる機能障碍の種類に一致した見解は得られていないものの（佐藤，2005），ここまで見たような発達障碍概念成立の経緯を忠実に踏まえ，この本では知的障碍と自閉症スペクトラムという2つの機能障碍に注目することとします。

　比較的古くから知られるこの2つの機能障碍は，発達障碍概念成立において本来，中心的な位置にあると考えられます。いずれも「全般的な発達のおくれ」（滝川，2017）として比較的広範かつ重篤な障碍を呈することが共通しています。そして，滝川（2017）による認識（理解）の発達と関係（社会性）の発達の2軸の機能連関で精神発達を捉えようとする見方に立てば，「認識の発達全般のおくれが前面に出る知的障害」と「関係の発達全般のおくれが前面に出る自閉症スペクトラム」としてそれぞれを理解することができます。こうした機能連関の視点に立つと，これらは，その発生機序において多くのつながりや関連があると想定されます。実際に，個々のケースにおいては両者の特性の重複も多いとされています（第1章第3節）。

　臨床心理学研究において，自閉症スペクトラムに比べると知的障碍に関する研究蓄積は乏しいと言えます（第1章第3節）。発達障碍という枠組みにおいてこの2つの機能障碍を連続的なものとして検討することにより，自閉症スペクトラムの比較的豊富な先行研究を参照枠組みとして知的障碍を捉え，知的障碍に関する臨床心理学的研究の足場作りをしていくことができると考えます。

　ここで，この本における発達障碍の定義を以下のようにまとめます。

《発達障碍の定義》
　発達早期に明らかとなる精神神経発達の機能障碍（知的障碍，自閉症スペクトラムなど）があるとされる人と周囲の人との関係性において絶えず更新される相対的な構成概念

第1章　これまでの研究から　23

この本では，知的障碍と自閉症スペクトラムという2つの中心的な機能障碍を関係性という視点から包括的に捉えるこのような発達障碍観に立って，とくに知的障碍について探究していこうとします。

(3) 発達障碍を生きた概念とするために──共生という理念

筆者はここまで，"極端で不確実な医療化"として，発達障碍をディベロップメンタル・ディスオーダーのみに極端に限局して強調する傾向を批判してきました。そして，それに対置するかたちで，発達障碍の定義を示しました。しかし，この定義に基づいて筆者が臨床心理学的研究を進めていくためには，ここまで自分の外側に置いて批判的に論じてきた医療化論を，改めて自分自身にもかかわる問題として捉え直す必要があるのではないかと思います。

医療化とは，「非医療的な問題が病気あるいは障害という観点から医療問題として定義され処理されるようになる過程」（Conrad & Schneider, 1992/2003）のことでした。一方，臨床心理学とは，クライエントが何らかの「心理的問題」をもつと捉え，その「心理的問題の克服や心理的課題の達成」（倉光, 2011）を支援する実践について研究する学問です。自らの専門的見地から問題を捉え，その臨床心理支援を行おうとするということにおいて，臨床心理学は医療化としての構造を備えています。この意味で，臨床心理学において，医療化を一部の局所的問題としてだけ捉えるのではなく，本質的な前提として捉える必要があります。クライエントのことを心理的問題をもつとみなして，その克服のための支援を行う以上，クライエントに対する対象化のまなざしや，心理的問題に何らかのネガティブな意味性を付与することは，臨床心理学においていかに配慮しても避けられない基本前提なのです。つまり，医療化を自分と関係ないところにおいて批判するだけでは済まされず，臨床心理学研究と実践を行う筆者自らがその当事者として自らに問い続けなければならない問題であると考えます。臨床心理学におけるこの基底通音は，例えば先に挙げた浦野（2013b）の研究における SST のように，クライエントの自己理解の深化を妨げてしまうおそれもあるものなのです。

支援という構造に置くことによって，どうしてもクライエントにネガティブな意味性を付与してしまうこととなります。それを乗り越えるひとつの試みとして，発達障碍を，「文化多様性」として，自閉症スペクトラムの「優れた視

覚処理能力」などを文化として捉え，全ての支援を多数派と少数派のあいだの文化交流へと収れんさせていく発想があります（高岡，2013）。しかし，「このような優れた発想の中にも，知的障碍との分断線が忍び込む場合がある。『高機能』者に限った狭義の多様性発達を文化としてとらえ，『低機能』自閉症とは区別するという主張が存在する」（高岡，2013）のです。このように，障碍のネガティブなイメージを反転させようと文化的価値の尺度を軽々ともちこむことは，その価値の高い低いが新たな差別をもたらす恐れのあるものであり，支援という構造に含まれる基本的な問題点を乗り越えるものではないのです。

筆者が臨床心理学の立ち位置で研究と実践を行う以上，医療化論として問題を外在化させて済ませることは欺瞞です。価値のものさしを反転させることで問題を解消しようとすることもごまかしでしかないのです。これらを踏まえたうえで，機能障碍という線引きの不確実性について，さらに一歩進めて論じていきたいと思います。

Singer と Ortega をまとめた浦野（2013a）によれば，自閉症スペクトラム当事者の活動によって「個人と周囲の人びととの間に存在する問題として捉え返されていく」なかで，当事者が「障碍とは，個々人の神経学的多様性（neurological diversity）を理解せず，許容しない周囲との関係のなかに，そして周囲の誤解の結果として，存在する」と主張することとなったといいます。ここで主張されているのは，機能障碍をもつとされた人ともう一方の人とのあたかも絶対的な差異であるかのように見えるものは，あくまで"神経学的多様性"のバリエーションに過ぎないということです。

こうした神経学的多様性という見方は，例えば岡田（2014）の「発達障碍を特徴づける個々の特性は定型発達者にも認めうるし，その程度の違いであるにすぎない」といった見解に支持されています。「発達障害をもつ人たちは…（中略）…連続的なひろがりとつながりのなかで，たまたま真ん中よりも後ろの方を歩いている人たち」（滝川，2012）なのであり，自然の個体差による偶発性として捉えることができるのです。そして，発達障碍における個々の機能障碍も，神経学的多様性のうえに捉えることが理にかなっていると考えられます。

実際，知的障碍と自閉症スペクトラムの概念定義は，その障碍をもたないとされる人との相対的な程度差として，神経学的多様性という観点にのっとって構成されています。

DSM-5において，知的障碍は，「知的機能の欠陥」，「適応行動の欠陥」，「発達期に発症」という3つの要素から定義されています（APA，2013/2014）[2]。このうち，「知的機能の欠陥」は相対差として捉えられるものであり，IQの正規分布のなかに設定される線引きはあくまで「任意」であって恣意的なものに過ぎないのです[3]（Zigler，1999/2000）。また，「適応行動の欠陥」も，「どのような環境におかれるかによって」「大きく左右」される相対的な概念です（杉田，2017）。Zigler（1999/2000）は，1人1人の知的障碍をもつ人が非常に独特であると共に「基本的に理性をもった人間」であり，「非知的障害者と同じ方法で多くの環境事実に反応する者」であるとして，知的障碍をもたない人との連続性で捉えるべきであると主張しています。また，杉田（2017）は，障碍の社会モデルに立脚すればこの診断基準は「現在の社会における価値分類による暫定的なものであり，根拠のないものであり，固定したものではなく，変化させうるものとして捉えていくことが大切」と指摘しています。

また，自閉症スペクトラムも，"スペクトラム（連続体）"ということばを用いていることからもわかるように，同様のことが言えます。自閉症スペクトラムは，DSM-5で，「社会的コミュニケーションおよび対人的相互反応における持続的な欠陥」，「行動，興味，または活動の限定された反復的な様式」，「発達早期の発症」という3つの要素から定義されています（APA，2013/2014）。この社会的コミュニケーションの障碍について，関係（社会性）の発達レベルがほぼ正規分布をなすことから，「自然の個体差によるものが大多数を占める可能性」が指摘されています（滝川，2017）。「自閉症がスペクトラムで捉えられるということは，それが『正常者』とつながっているということでもある」（倉光，2011）のです。

このように，機能障碍という線引きは，神経学的多様性としてのスペクトラム（連続体）における，あくまで任意のものであり，偶然性に基づくものとし

2　なお，日本では知的障碍の法的定義は定められておらず，わかりにくい状況にあります。定義の条項がない理由は，1960年に「知的障害者福祉法」が制定されたとき，すでに1950年の「精神衛生法」で「精神障害者」のなかに含まれていたことと，知的障碍をもつ人に対する療育手帳交付に統一的な判定基準がなかったことだったとされています（北沢，2007）。この理由自体，知的障碍のあいまいな扱われ方を如実に示しています。

3　その線引きはこれまで，IQ値で70〜75と捉えられることが多く見られました（杉田，2017）。DSM-5（APA，2013/2014）で，IQ値は診断基準としては明記されていません。

26

て考えられるのです。

　ここで筆者は，発達障碍における臨床心理学の研究と実践に欠くことのできない前提として，すべての人びとを"同じ人として共に生きる存在"として捉えること，すなわち"共生"という理念を重視したいと思います。クライエントに機能障碍が付されているとしても，それはあくまで任意性と偶然性を超えるものではありません。たまたま機能障碍をもつとされた人とそうでない人の相互的関係性は，同じ日常生活を共に生きていることが前提とされるべきものです。"極端で不確実な医療化"のもと，差異が強調されるあまりに非常に損なわれ，見落とされてきた理念が，この共生という前提です。田中康雄（2007）は端的に「ここにあるのは，唯一『共に悩み考える』という連帯的な社会の不在，連帯的な関心の低さである」と現状の問題性を指摘しています。したがって，共生という理念を基礎とすることで，臨床心理学においてどうしても避けられないクライエントの対象化と，クライエントとセラピストの非対称性をできる限り自覚して，理念に近づけようとする努力に向かいやすくなるのではないかと考えます。

　共生という理念を組み込んだ発達障碍という概念の構造を図1（次頁）にまとめます。

　共生の理念を踏まえ，できる限りそれに近づくことを目指すこととは，具体的には，セラピストが，同じ社会に共生する個人として，クライエントを，そしてセラピスト自身を，捉えようとすることに他なりません。

　まず，クライエントの"わたし"，すなわち，「自分の思いをもって自分らしく周囲の人と共に生きる存在」であることを尊重すること（鯨岡，2012）が大切です。"極端で不確実な医療化"という現象によって，臨床心理学においても客観的な手法が重視されるようになり，クライエントの"わたし"は非常に軽視される傾向が見られます（明翫，2014）。もし仮に自閉症スペクトラムをメンタライジングの障碍と捉える説に従うなら，臨床心理学がクライエントの内面を見ようとしない昨今の状況は，いわば臨床心理学のメンタライジング障碍化，自閉症スペクトラム化であるとあらわすこともできます。「養育者が発達早期の乳児をもすでに豊かな心の世界を有した存在とみなし，乳児と心を絡めたやりとりを行おうとする傾向」は近年「マインド・マインデッドネス」と呼ばれ，そうした養育者との相互作用が，子どもにとって，直接

図1　発達障碍の捉え方

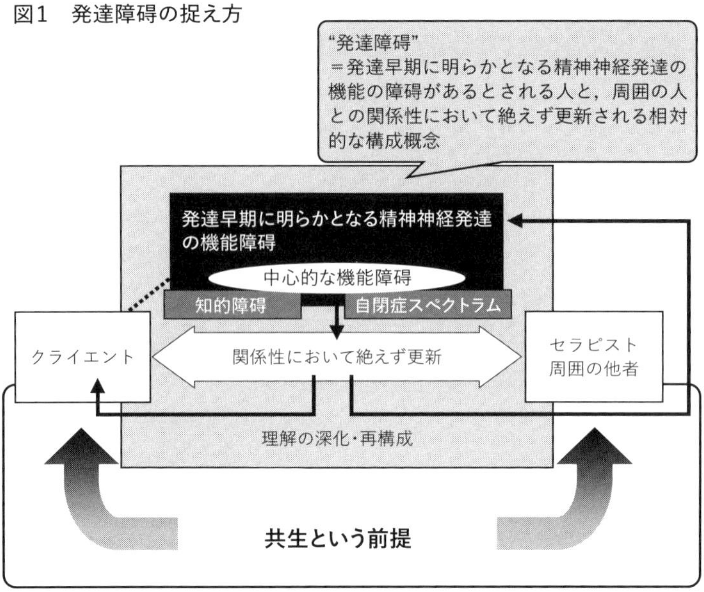

"発達障碍"
＝発達早期に明らかとなる精神神経発達の
機能の障碍があるとされる人と，周囲の人
との関係性において絶えず更新される相対
的な構成概念

発達早期に明らかとなる精神神経発達
の機能障碍

中心的な機能障碍

知的障碍　　自閉症スペクトラム

クライエント　　　関係性において絶えず更新　　　セラピスト
周囲の他者

理解の深化・再構成

共生という前提

は目に見えない自他の心的な世界に気づき，理解を深めていくための「足場か
け」として機能していると推測されています（篠原，2014）。こうした視点に
立てば，臨床心理学がクライエントの"わたし"を軽視することこそが，発達
障碍という関係性における現象を個の問題として固定化，強化し，共生を阻ん
でいるとも言えます。能動的な存在としての個人を支えることに臨床心理学の
現代社会における存在理由があるとするならば（樫村，2009），クライエント
の"わたし"を尊重することは臨床心理学の存在理由そのものです。その基本
に立つことこそが共生という理念に近づくことであると考えます。

　そして，クライエントの"わたし"を尊重することと表裏一体に，セラピス
ト自身が自らをクライエントと共に生きる存在として捉え，自らの内面をまな
ざすことも重要であると考えられます。それは，客観的なまなざしを向ける者
としての超越的な立ち位置をとろうとしないこと，あらゆる問題を自らの外側
でなく内側にあると捉えることであり，例えば筆者が医療化批判の矛先を自ら
に向けなければならないように，自らの痛みを伴うことです。

　このように，セラピストがクライエントの"わたし"とセラピストの"わた

し"にまなざしを向け，共生を目指していくことは，「同じでもなく違うでも
なく，お互いの多様性を認めた上で，仲間としてつながり続ける道」（綾屋・
熊谷，2010）につながっていきます。「同じでもなく違うでもなく」つながる
ためには，内容的な違いを超えてその背後にある普遍的な感情に共感し，「私
は，あの人であったかもしれない」という差異の偶然性に気づくことが大切で
す（綾屋・熊谷，2010）。これは，Husserl による現象学を貫く「どんな他者の
体験をも，私の体験の変様態としてみようとする努力」，「他者は，さまざまな
条件のなかを生きる『もうひとりの私だ』という信条」（西，2015）にも重な
ります。

　そして，こうしてたどり着いた"人としての同型性に基づく共感"という地
平こそ，Kohut や Rogers をはじめ臨床心理学において重視されてきたセラピ
ストのあり方であると言えます。筆者は，発達障碍とされるクライエントの内
面を，関係性において間主観的に，セラピスト自身の胸に手を当てながら感じ
とろうとし，自分の肚に落としながら考えようとし，わたしたち皆の連続性の
うえに理解しようとすることこそが，発達障碍における"人としての同型性に
基づく共感"であると考えます。

　この本では，"極端で不確実な医療化"という現象のもと，あまりにも矮小
化され，ないがしろにされることとなった共生という基本的前提を取り戻そう
とします。そして，人としての連続性のうえに立って，それぞれの関係性のあ
いだに立ち現れる共感的理解を関係性のなかに個別的に見出し，クライエント
の自己理解，ひいては社会における知的障碍に対する新たな理解につなげてい
こうとします。さらに，その理解をあくまで暫定的なものであると捉え，その
理解を絶えず更新される循環的プロセスのなかに置き，知的障碍という概念に
よって人が縛られるのではなく，知的障碍という参照枠を利用して人が生き生
きと柔軟に変化していくことを捉え続けていこうとします。こうした実践と研
究の繰り返しの末に，前に述べた相対化の到達点としての障碍概念の拡散とい
う帰結が待っているのかもしれません。そして，その理想的な帰結においては，
臨床心理学という過渡的な構造も解体し，共生社会が実現しているのかもしれ
ません。

第1章　これまでの研究から　29

第 2 節　関係性のなかの "わたし" と心理療法

　ここまで，知的障碍を含む発達障碍という概念を "関係性" において捉えること，クライエントとセラピストの "わたし" にまなざしを向けることの重要性について示してきました。では，この "関係性" とは，"わたし" とは何でしょうか。ここでは，臨床心理学の研究を中心に，発達心理学や精神病理学にも学びながら，この本の中核をなすそれらのことばについて整理します。

　そして，関係性のなかの "わたし" をみつめる心理療法の考え方や方法が，これまでどのように実践され研究されてきたのかを示します。

1．臨床心理学における関係論

　臨床心理学がどのように "関係性" に注目してきたか，精神分析の歴史的な流れを中心にひもときます。その流れは大局的に言えば，「一者心理学から，二者心理学，多者心理学へ，あるいは欲動論から関係論へ」というダイナミックな展開であると言えます（青木，2008）。

⑴　精神分析における，一者心理学から二者心理学へ

　精神分析の始まりは，「心が外部から隔離されて存在することが可能であるかのように考える」（吾妻，2011），「典型的な一者心理学」としての，Freud 理論でした（岡野，2009）。その出発点においては，「欲動」という「生得的にプログラムされた動機づけ」（丸田・森，2006）が概念化されました。そして，客観的な観察が可能な，閉じた個における欲動のシステムとして，「自我」が捉えられました（森，2010）。一般に，何かを理解しようとし始める際には，たくさんある要素の取捨選択を行わざるを得ないものです。きわめて理解困難なこころというものに向き合った Freud が，「精神分析における科学性の証明に腐心」するなかで切り捨てたのは，「関係性」であったと考えられます（森，2010）。

　しかし，その後まもなく，イギリスで始まった対象関係論は，「対象にかかわろうとする主体の欲求」を中心に捉え（岡野，2009），対象との関係性を「欲動に先立って一次的な重要性を持つもの」（吾妻，2011）として考えました。

関係性という視点がクローズアップされ始めたのです。しかし，対象関係論が捉えたのは主にイメージのなかの母子関係（鯨岡，1999）であり，現実の母子関係を積極的に捉えようとしたわけではありませんでした（岡野，2009）。

　そうした対象関係論のなかでも Winnicott は，小児科医として多くの母子関係に直接かかわった経験から，「臨床的に構成される『乳児』ばかりではなく，真の意味での（直接観察の可能性に開かれていると同時に，その主観的世界に迫るという意味での）初期母子関係」（鯨岡，1999）を論じました。また，心理療法についても，「心理療法家を，クライエントの外的世界の場で独自の主観性をもつもう一人の主体としてみなした」（Winnicott，1971/2015；吾妻，2011）ように，クライエントとセラピストの現実の関係性に早くも目を向けた点で特別な位置にあると言えます。

　次に，1970年代から80年代に，関係性により接近したのが Kohut でした。Kohut は，自我心理学の伝統のうえに自己心理学の立場を確立しました（丸田・森，2006）。Kohut は，対象関係論のようにこころのなかにおける対象イメージに留まらず，「自己対象」という具体的な他者との関係性を想定している点で，関係論により接近していると言えます（富樫，2009）。

　Kohut は，抽象度の高い概念である「自我」よりも実際の体験に近い，「心理学的世界の中心」としての"わたし"である「自己」（丸田・森，2006）を検討の中心にすえました。そしてその自己を「その初めから関係性の中に存在」すると考えました（丸田・森，2006；Kohut，1977/1995）。その自己が「自分の一部として感じる相手」を「自己対象」とし，内的なイメージであり，かつ，母親やセラピストなどの現実の相手でもあるものとして捉えました（丸田・森，2006；Kohut，1977/1995）。その「自己対象」の役割を，映し返す「鏡としての機能」と，失われゆく万能感を託す「理想化の対象としての機能」に分けて考えました（丸田・森，2006）。そして，「自己対象」との情動的交流において，母親やセラピストなどがいくら共感的にこまやかにかかわっていても必ず起こる共感しきれなさや共感のずれによって自然と失望と幻滅を積み重ねるプロセスを「変容性内在化」と呼びました（Kohut，1977/1995）。それによって，正当化（＝鏡）や美化（＝理想化）をするのではなくリアルな現実とかかわることができる，まとまりのある自己を確立し，その後も「適切な自己対象によって自己を保持する」ことができるようになると考えました（Kohut，1977/

1995)。その心理療法において最も重視したのは「共感」をはじめとする情動的対応でした（丸田・森，2006）。とくに大切なのは，共感不全が起きたときにセラピストが自ら内省しそれを認めることであり，そうした経験を繰り返すことがクライエントの「自己対象」の内在化を促すと考えました（丸田，1992）。

　この Kohut の自己心理学の位置づけとして，富樫（2009）は，「一方向一者心理学的自我心理学が主流だったアメリカ精神分析の中から双方向二者心理学的関係性精神分析が生まれ出る過渡期にあたる」とし，「一方向二者心理学的」とその過渡的な特徴を捉えています。このように，Kohut の自己心理学は，関係論の地平に立った理論と捉えることができます。

(2)　精神分析と発達心理学の相互的影響

　1960年代に入って，発達心理学では乳児の研究が飛躍的に増加し，発達早期の母子関係にも注目が寄せられました（鯨岡，1999）。とくに，子が危機的な状況あるいはその可能性に備えて「特定対象との近接を求め，これを維持しようとする傾向」である「愛着」（Bowlby，1973/1991）に注目した研究が盛んに行われるようになりました。なかでも，Ainsworth らの考案したストレンジ・シチュエーション法によって明らかにされた乳児の母親への愛着パターンは，主要な愛着対象との相互作用を通して得られる「安心の源としての主観的確信」である「内的ワーキングモデル」（北村，2014）の研究に連なりました。

　そうしたなかで，乳幼児精神医学のプロパーであった Stern は，それまで別枠で捉えられてきた「直接観察で得られた"被観察乳児"に関する所見」と，「従来の精神分析の臨床データから再構成された"臨床乳児"に関する仮説」を統合（丸田・森，2006）するという画期的な研究を行いました。Stern（1985/1989）が「対人関係における個々のエピソード記憶がどのようにして当該個人において体制化されるか」を示した，「対人相互作用の一般化された表象」という概念は，「内的ワーキングモデル」や Kohut の「自己」，後述する間主観性理論の提唱者 Stolorow の「オーガナイジング・プリンシプル」と類似性，連続性があります（丸田，1992；鯨岡，1999）。つまり Stern は，精神分析理論と発達理論の橋わたしをしたのです。

　また，「自己を制御する他者」と「共にある体験」を繰り返すことが自己感をまとめていくと考えて，対象とのかかわりを根源的な動機づけと捉え（丸田，

1992)，対象関係論や Kohut によって主張された対象希求的な動機づけの優位
性を発達研究の知見によって裏づけました。自己感の発達が「徹頭徹尾重要な
他者との関わり合い（関係）の中に浸され，それによって貫かれたものである
ことを強調」することとなり（鯨岡，1999），言語以前の「情動調律」による
間主観的かかわりが自己感の形成においてとても重要であることを指摘しまし
た。

(3) 臨床心理学における関係論の展開

　ここまで見たような発達心理学における研究が「大きな推進力となって」，
さらに，1980年代以降の一般理論の潮流として社会構成主義[4]の影響も手伝っ
て，Greenberg らによる「関係性理論」や Stolorow らの「間主観性理論」など，
精神分析における関係性への注目が高まっていきました（丸田・森，2006；岡野，
2009）。

　今日，関係論は，精神分析のみならず，「どんな理論的背景を持つ治療者に
も応用可能」な「メタ理論」（丸田・森，2006）として捉えられるようになり，
「関係性」ということばは臨床心理学全般で頻繁に用いられるようになりまし
た（吾妻，2011）。

　また，1980年代後半以降，とくに欧米において「心理療法の『統合』や『統
合の動向』と呼ばれる現象」が起こりました（前田，2007）。それは，多くの
臨床家が折衷的立場である現実状況（倉光，2000）に即して必要に迫られた理
論化の動きであり，また，心理療法のそれぞれに異なる特徴よりも，あらゆる
心理療法に共通する特徴のほうが，治療効果に貢献している（Frank, J. D. &
Frank, J.B., 1991/2007）とする理論的背景に後押しされての流れでもあると考
えられます。小早川（2010）は，統合的心理療法を論じる際の重要概念として
「関係性」を挙げています。また，Lambert（1992）は，「治療関係要因」が技
法以上の重要性をもつとし，クライエントとセラピストの関係をはじめとする
関係性に注目することが心理療法には不可欠であることを示しています。

　このように，関係論は，臨床心理学における主要なグランドセオリーのひと

　4　社会構成主義（social constructionism）とは，一義的な定義は困難です（浅野，2008）が，
　　その基本的概念としては「われわれが生きる現実はわれわれ相互の交流を通してソーシャル
　　に構成されるものである」とする主張（野口，2005）として捉えられます。

第1章　これまでの研究から　33

つとして存在感を増しつつあります。

2．"関係性"，そして，"わたし"とは

ここまで，臨床心理学における関係論についての流れを簡略にたどりました。それをもとに，"関係性"とは何かを確認し，この本においてきわめて重要な概念である"わたし"についてどのように捉えるか，整理していきます。

（1）関係性とは

関係論とは，先に見た古典的精神分析のように個の閉じた内的現実に注目するのではなく，「現実のかかわりそのものに本質を見る」（岡野，2009）理論であると言えます。そうした見方に立つと，関係性とは，「主体と主体の間で繰り返される特定のやりとり（相互作用）の集積」（青木，2008）を指し，「全ての要素は動的で，相互に影響を及ぼしあう関係にある」（Stern，1995/2000）システムと考えられます。なかでも，主体同士の「情動交流」であるという点を強調した「間主観性」を強く含意する概念です（丸田・森，2006）。このように，関係性という概念を説明しようとするときには，その構成要素として「主体」，すなわち"わたし"とは何か，ということを，急いで確認しなければなりません。

（2）"わたし"とは

この本では，自己や主体（主観）ということばで表現される概念について，親しみやすい日常語である"わたし"ということばを用いてあらわすことにします[5]。"関係性"と"わたし"とは，どちらかだけを単独で規定することのできない表裏一体の関係にある概念です。"わたし"とは，「その初めから関係

5　なお，"自己"と"主体（主観）"という2つの概念ですが，これらについては類似した意味合いをもつ概念として捉えます。木村（1994）は，「主体」と「主観」はいずれも"subjectivity"の訳語であり，「主観」は「認識構造における認識者としての自我」を意味し，「主体」は「社会状況のなかで実存し行動する行為者」を意味するとしています。"自己"の，心的内界への焦点化が"主観"であり，能動的行為者への焦点化が"主体"であると捉えられ，"自己"という包括的な概念の意味合いを，この2つの訳語でより細かくあらわすことができると言えます。この本では基本的に"わたし"（＝自己）ということばを用いますが，"主観"，"主体"それぞれの意味性を特に強調したい場合にはそれらのことばを用いることとします。

性の中に存在」(Kohut, 1977/1995) するのであり，関係性から切り離された欲動システムとしての「自我」(森，2010) とは異なる，関係性に根差した概念です。

　言うまでもないことですが，臨床心理学以外の領域で，これまでに"わたし"＝自己について論じられた言説は膨大であり，とくに哲学においてはたくさんの検討がなされてきました。哲学において，従来「カント以後のドイツ観念論哲学の枠組」における「多様な経験を先験的形式によって統一する認識論的自我」のような認識者としての実体的な自我として捉える視点が優位でしたが，20世紀に入り注目を集めた「実存哲学」においては「社会状況のなかで実存し行動するエイジェントとしての自己」が論じられるようになったということです (木村，1994)。そして，Merleau-Ponty が，「自己とは自らの身体の自発性に基づいた身体的主体であり，自身を取り巻く環境や他者との相互作用を知覚することで自己の存在が規定される」と考えたことを「契機」に (菊池，2007)，Gibson は生態学的視覚論の立場からあらゆる知覚は環境と自己を共に知覚することを意味すると捉え，Neisser はそこから生態的自己と対人的自己という概念を提唱しました (榎本，1998)。これらはいずれも，物理的および社会的環境との相互作用においてその瞬間瞬間に直接知覚される自己の主体的な側面を概念化したものであると言え (榎本，1998)，環境との関係性に基づいた主体としての自己＝"わたし"の理論の道を拓きました (菊池，2007)。

　精神病理学において「あいだ」理論を先駆的に展開した木村 (1994) は，自己＝"わたし"とは個々の個体のなかに固有の中心点としてあるのではなく，「環境的状況とのあいだに取り交わしている，つねに暫定的な契約」であり「絶えず獲得しつづけなければならない」ものであるとしました。そして，そうした"わたし"とは，「集団全体のあいだにあらかじめ取り込まれるという形で自己の外へ出立しており，しかも何らかの非人称の意志によって抗いがたく律せられている」としてその「二重性」を指摘し，「外部的」な集団の「私」がアクチュアルな本源性を備えているのであり，「内部的」な歴史性の「私」こそ仮象的なリアリティであるとしました (木村，1994)。つまり，関係性こそが先立って本源的な現実性であり，"わたし"はそれに伴って仮に立ち現れる現実性である，ということです。

　"アクチュアリティ"と"リアリティ"は，どちらも"現実"を意味します。

第1章　これまでの研究から　35

木村（1994）は，リアリティとアクチュアリティの違いについて，それぞれの語源をたずね，ラテン語の「レース（事物）」から来るリアリティとは「事物的・対象的な現実」を指し，ラテン語の「アークチオー（行為，行動）」から来るアクチュアリティとは「現在ただいまの時点で途絶えることなく進行している活動中の現実，対象的な認識によっては捉えることができず，それに関与している人が自分自身のアクティヴな行動によって対処する以外ないような現実」を指すと整理しています。[6]

　この定義によれば，アクチュアリティそのものを対象化して認識することは不可能です。しかし，人は，アクチュアルな現実のなかで，現実感を捉えようとすることによって，生きていくことの確かさと手応えを得ていくのだと思われます。そのように，人が，現実を感じて捉えようとするやいなや，真っ先にあらわれる仮のまとまりこそが自己＝“わたし”であるということです。“関係”といえばすなわち，“何と何の関係か”という“何”，何らかの構成体が，すぐに含意されます。かかわり合いのアクチュアリティを生きるわたしたちにおいて，最も先立ってその感受と認識の手がかりとなる根拠たるリアリティが“わたし”なのです。

　このように，“わたし”とは，わたしたちがアクチュアリティを生きる確かさの根拠となります。人は誕生直後から他者とのかかわり合いを求め，安心の源としての主観的確信を求め（丸田，1992），“わたし”という確かさの根をはろうとし続けます。そして，これを支えるのが，「生まれたばかりの赤ん坊に対してすら，あたかも自己がすでに形づくられているかのように反応」（Kohut, 1977/1995）するように，かかわる他者がその人の“わたし”を捉えようとするまなざしです。

　ここまでのところを整理して，“関係性において暫定的に結ぼうとする手応えあるまとまり”を“わたし”として捉えます。“まとまり”とは，「内的ワーキングモデル」（Bowlby, 1973/1991），「対人相互作用の一般化された表象」（Stern, 1985/1989），「オーガナイジング・プリンシプル」（Stolorow et al.,

---

　6　Erikson（1964/2016）も，アクチュアリティについて，「相互活動性に基づく現実性」であり「他者との相互作用・相互活動の中で共有され，確証される現実性の感覚」であるとしており，木村（1994）の定義とほぼ同義の，関与する生きた現実としての意味を示しています。木村の力点が進行形であり対象化しえないという点にあり，Eriksonにおいては相互性，関係性の視点をとくに強調しているとその若干の相違を捉えることができます。

1987/1995) などのように，「体験する主体であり発動者であるヒトが，そのヒト自身をどう体験するか」という「構造」（丸田，1992）であり，あくまで実体ではなく構成されるものとして捉えられます。そうした意味合いを強調するために "暫定的に" としてあります。また，"結ぼうとする" とは，対人希求性の本源性から，そのように自ずと志向するというニュアンスを含んでいます。

このように "わたし" を定義したうえで，改めて，関係性とは，"'わたし' と 'わたし' のあいだで展開するアクチュアルな相互作用" と，"わたし" の定義と相互補完的に定義することができます。

(3) "情動" とは

Kohut によれば，「自己が周囲との関係でいかに自己を体験しているか」という「自己体験」は情動によって捉えることができると言います（丸田，1992）。つまり，"わたし" のまとまりを感じとる手がかりが情動です。中田（2008）は，現象学者の Schmitz や Scheler の記述から，「感情は，そのつどの私の在り方そのものとして，私自身に感じられており，他の誰とも取り替えがたい私を私自身に知らせてくれる」としています。子の情動状態に対して養育者が共感的に調律し応答することによって，もともとは身体的体験であった子の情動が，「認知と情動の結びつきの図式」へと統合され，「自己体験」のまとまりを促進すると捉えられます（森，2010）。

そして，情動（emotion）とは，その語源として，"e（外，発散）"，"motion（動作，運動）" からなり，単に内面にとどまらず，「人が，ある出来事に遭遇したときに，主観的側面，生理的側面，表出的側面といった3つの側面が多くの場合不可分に絡み合いながら，ある特定の行為へと強く人を駆り立てる一過性の反応」として定義されています（遠藤，2014）。情動とは，外にあらわれ他者に伝わり関係性にさまざまな影響を及ぼす（遠藤，2014），「優れて関係的な現象」（丸田・森，2006）なのです。

(4) "関係性"，"わたし"，"情動" という3つの概念の関係

ここまで示した "関係性"，"わたし"，"情動" という3つの概念の関係は，関係論という土台となる理論のうえで，動的に相互連関したシステムとして捉えることができます。"関係性" を個に還元した概念が "わたし" であり，"わ

たし"とは"関係性"を説明する不可欠の構成要素です。"わたし"は"情動"によってまとまるのであり、"情動"を発現する源が"わたし"です。"情動"は"関係性"において展開する現象であり、"情動"は"関係性"に影響を与えます。ここまで論じてきた3つの概念の定義および概念同士の関係を図2に示します。

図2 "わたし"，"関係性"，"情動"とは

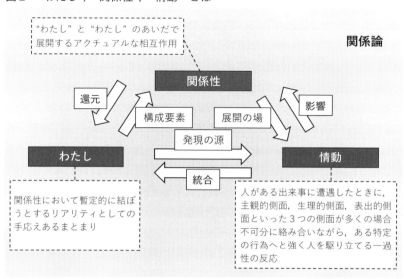

2．関係性のなかに"わたし"が立ち現れる心理療法

わたしたちの多くにとって、関係性において捉える"わたし"というまとまりは、あたりまえに感じられるものであり、ふだんの暮らしではことさらに意識することもありません。しかし、関係性において"わたし"の確かさを得ることがときに難しいことがあります。Kohutは「あらゆる病理は自己の病理」と主張し（丸田，1992）、木村（1994）は「こころの病理」はすべて「自己が自己自身であることの病理、自己の主体性の病理だと言っていい」としているように、これらの論者によれば心理的問題とは"わたし"の問題そのものなのです。少なくとも、"わたし"という確かさが損なわれた状態というのがわたしたちの心理的な問題と深くかかわることは確かでしょう。そして、ここまでの

説明から明らかなように，"わたし"の問題とは，一個人のなかに留まるのではなく，関係性の問題に他なりません。それをとくに「関係性障害」と呼ぶことがあります[7]（Sameroff & Emde, 1989/2003）。

心理療法では，"わたし"，そして関係性において起こる難しさや問題にいかに取り組むかということが，これまでさまざまに考えられてきました。以下に，"わたし"の問題に対してセラピストが目指すこと（志向性）の要点を4つにまとめ（図3），それがいかにクライエントが"わたし"を確かに捉えることを支え，"わたし"の問題の乗り越えに寄与するのかを論じます。

図3　関係性のなかに"わたし"が立ち現れる心理療法

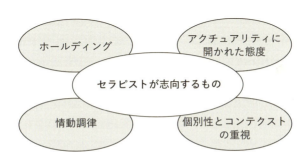

(1) ホールディング

まず，セラピストがクライエントの必要に応じられるように「いつも，すでに」（鯨岡, 1999）そこに在り，クライエントを受けとめようとする態勢をとることが重要とされています。その態勢は，「ホールディング」（Winnicott, 1965/1977），つまり，クライエントを包み抱えるような支持的な機能として考えられます。ホールディングとは，「共に生きる」という関係性になる以前に「環境から与えられるすべての供給」を意味します（Winnicott, 1965/1977）。こうしたセラピストの態勢が，クライエントの情動体験を支え，"わたし"がまとまっていく土台として機能していくと考えられます。ホールディングによっ

7　この本で発達障碍とは"発達早期からの精神神経発達の機能障碍があるとされる人と周囲の人との関係性において絶えず更新される相対的な構成概念"と捉えました（第1章第1節）。関係性のなかで生じる発達障碍とは，関係性障害のひとつのあらわれ方であると言えます。発達障碍が関係性障害の内に捉えられる以上，発達障碍において，"わたし"の障害が必ずみいだされることとなります。

て，幼児に「反応」を引き起こす「侵害」を「最小限に抑え」ることで，「幼児は反応によってではなしに存在によって人生を出発することができる」のであり，そこに「真の自己」という"わたし"の基盤が形成されるとされています（Winnicott, 1965/1977）。つまり，ホールディングによって，クライエントが支えられながら"わたし"の手応えを確かに感じとることで，"わたし"としてまとまっていくことが可能となるのです。そして，それを一層促進するのが，ホールディングのもたらす安心感です。「母親の内側にいるときの外的な『内側』がやがて自らの体験を展開するための安心できる居場所という錯覚の起源となる」（北山，1985）のであり，ホールディングが安心感をもたらすというだけでなく，ホールディングによって"わたし"が確立することが安心感をもたらすことにもつながります。

ホールディングの行為や態度，その醸し出す雰囲気は，Rogers（1957/2001）による「無条件の積極的関心」とも似ています。また，Bion によるコンテイニングという治療機序との類似性もしばしば指摘されます。このように，さまざまな立場から，心理療法の重要な方法論のひとつとして考えられています。

(2) アクチュアリティに開かれた態度

心理療法において，セラピストは自身の「主体としての『私』の体験と語りを抜きにすることはできない」のであり，心理療法をその外から客観的に眺めることはできません（青木，2008）。クライエントとセラピスト双方の体験に「同じ重みをかけ」（丸田・森，2006），セラピストがその関係の場でアクチュアルに体験する自身の主観を，感じとり味わい内省することが不可欠です。外側に立つことができないことを前提として，セラピストが「自分を用いる」

---

8 「真の自己」とは，「偽りの自己」と対比されるもので，「存在の連続性を体験し，独自のやり方と速さとで独自の心的現実と独自の身体図式を獲得した，生得的な潜在力」であるとされています（Winnicott, 1965/1977）。

9 「無条件の積極的関心」はそのことば通りに捉えれば教条的なニュアンスを含むものの，池見（2015）によれば，実際の Rogers の用い方としては「ある程度，幅のある関係のあり方に関する体験」を示し，「セラピストが関係のなかで相手を認め，いたわりや温かさを感じ，相手を大切にしている」といったあり方全体を指し示すことばだといいます。

10 堀江（2014）はその相違について，敢えてわかりやすいメタファーとして「ホールディングは患者を抱えるために治療者が腕を伸ばすイメージだが，コンテイニングは，患者が投影同一化できるよう自分の心のなかに器をつくるイメージである」としています。

（岡野，2009），つまり，セラピスト自らが心理療法の場でいかに感じるかを，クライエント理解における必要不可欠な手がかりとしていくことが重要であるとされています。

　セラピストがこのように心理療法の場のアクチュアリティに開かれた態度をとることとは，臨床的な関係性においてセラピストが素直で純粋な"わたし"であろうとすることです。この志向性は，Rogers（1957/2001）が「純粋性」や「一致」として，「セラピストは，この関係の範囲のなかで，一致しており，純粋であり，統合している人間でなければならない…（中略）…その関係のなかで彼は，自由にかつ深く自分自身であり，現実に体験していることが，自己自身の気づきとして正確に表現されていなければならない」と説明している概念に他なりません。Rogers は後年，「純粋性」をセラピストの態度のなかで最も基本的で重要と考えました（Rogers，1967/1972）。この「純粋性」は学派を超えて「テクニックに命を与える」土壌としての「メタスキル」（Mindell，1995/2001）であり，「心理療法の生命線をなすもの」であるとも指摘されています（諸富，2001）。

　しかし，これは心理療法においてきわめて難しいポイントでもあるのです。そもそも，関係論が「ある意味ではきわめて常識的であり，かつ心の働きのリアリティを反映したものである」（岡野，2009）にもかかわらず，臨床心理学の歴史において長年軽視あるいは無視されてきたのは，「われわれは，直ぐに，自分の主観的世界を具象化して，それを客観的事実とみなしてしまう傾向」を備えているゆえであり，さらに言えば「自らの無意識の恥部が露呈するのを恐れるあまり語られることのなかった暗部」へ敢えて光を投げかける作業を忌避する傾向があるゆえなのかもしれません（丸田・森，2006）。アクチュアリティに開かれた態度を志向することとは，それが「いかに難しいことであるかを自覚すると共に，〈不一致〉の状態であったとしてもそのことに気づき，そのことを肯定的な目で受けとめていくこと」（本山，2015）なのです。そして，不一致の気づきの鍵は，クライエントとのやりとりをみつめ続けようとすることであると考えられます。

　このように，セラピストがアクチュアリティに開かれた態度を目指すことは，「すきとおって見えるほど」（Rogers，1967/1972）の純粋性を備えたセラピストを通して，クライエントの気持ちをクライエント自身が捉えることの助けと

なり，"わたし"の手応えを与えると考えられます。そして，あらわしたもの
が何らかのかたちで必ずセラピストにキャッチされる安心感や，セラピストに
どのように感受されどのように受けとめられているかがクライエントにとって
わかることによる安心感など，クライエントにさまざまな安心感をもたらすと
考えられ，そうした安心感もクライエントの"わたし"の生成に寄与すると考
えられます。

(3)　情動調律

　心理療法においては，セラピストがクライエントの情動へと接近し共有しよ
うとすることも基本的な方法とされています。セラピストがクライエントと情
動を共にしようとすることとは，セラピストが「他者の体験へと限りなく接近
する努力」をはらうことですが，「その接近が完璧になされること」は決して
ありえません（丸田・森，2006）。鯨岡（1999）は，決して重なり合うことはな
い二者の情動領域において，養育者の「いつも，すでに」子に示されていた関
心の態勢が凝縮するかたちで子に向かって伸びるありようを，「情動の舌」を
伸ばすということばであらわしています。これが，情動を共にしようとする動
きのイメージであり，この動きに伴って行われるのが，「内的状態の行動によ
る表現型をそのまま模倣することなしに，共有された情動状態がどのような性
質のものか表現する行動」（傍点は引用者）を示す「情動調律」（Stern，1985/
1989）であると考えられます。「情動調律」では，「そのまま模倣することなし
に」セラピストが「出来事を鋳直す」こと（Stern，1985/1989），つまり，間主
観的に感じとられたクライエントの情動体験をセラピストの内界のフィルター
を通して捉え，クライエントと異なる表現形でクライエントに返すということ
が行われます。それによってクライエントは，セラピストの応答のうちクライ
エントと重なり合う部分によってクライエントの"わたし"という土台をしっ
かりと確かめて支えられるのと共に，セラピストの応答のうちクライエントと
ずれる部分によってセラピストと違うクライエントの"わたし"らしさを捉え
ることができるのです。つまり，同調的な重なりがあくまで土台にあって，そ
のうえに必然的にズレがあるということが大切なのです。

　さらに，クライエントの情動状態によっては，クライエントが活動レベルや
情動レベルを調整しやすくするため，ホールディングを土台に，敢えてずれた

「意図的誤調律」[11] (Stern, 1985/1989) を図ることもあります。

　そして，調律が適切にいかないことで，重なり合う部分がより少なくなってしまう瞬間も "わたし" の生成に重要な契機です。基本的な信頼関係が成立していることを土台とした一時的・局所的な事態として，セラピストが意図しない大きなズレ，つまり，「非意図的な誤調律」[12] (Stern, 1985/1989) が起こることは，クライエントと異なるセラピストの "わたし" が提示されるということであり，それに対して応答的にクライエントの "わたし" がよりくっきりと打ち出されることにつながります。このような情動調律の志向において必然的に生じる自他のズレの領域は，「我と汝の間に間柄が織りなされる」，「互いの内面から湧き出る想像と創造によって埋められる」（北山，1985）間主観的領域，"わたし" が創造されるフィールドなのです。

　この情動調律とは，「共感」と類似している概念であると考えられています[13] (Stern, 1985/1989)。このように，ここまで(1)～(3)でとりあげた技法は，Rogers (1957/2001) の著名な「セラピーによるパーソナリティの変化の必要にして十分な条件」に重なります。つまり，関係性のなかの "わたし" をみいだし確立しようとするアプローチは，非常にベーシックな心理療法の方法論であると言えます。

(4)　個別性とコンテクストの重視

　さらに，関係性における個別性とコンテクストを重視して，それぞれ一回性の心理療法として柔軟なプロセスをたどり，発見的な方向性を目指すことの重要性もよく指摘されます。以下に，関係性に即した柔軟性と，発見的な志向性のそれぞれについて，要点を整理します。

11　「意図的誤調律」について，Stern (1985/1989) は，「母親は，乳児の感情状態を理解するために十分すぎるほど "中へ入り込みながら" 乳児の行動を変えるのに十分で，かつ起こっている調律の感覚は壊さない程度に，間違った表現をする」ことであるとし，それによって乳児は「今している行動を変化させたり中断させたりする」と説明しています。

12　Kohut (1977/1995) は，自己対象の「適度の（非外傷的，時期 - 相応的）失敗」と表現しています。

13　そのどちらも「感情共鳴なしには起こりえない」としながら，情動調律には共感において伴う認識的過程としての「感情共鳴の体験からの共感的認識の抽出」，「抽出された共感的認識の共感的対応への統合」といったプロセスへ必ずしも進行しないとその違いが説明されています (Stern, 1985/1989)。

①関係性に即した柔軟性

　クライエントとセラピストそれぞれの個別性に加え，いかなる場でどのように出会うのかといった個別状況ゆえに，心理療法はそのコンテクストに即した特異的なものとしてしか捉えられません。そうした個別性に対してセラピストは努めて柔軟に振る舞うことが求められます。それは，例えば親 - 乳幼児心理療法において，「筆者は親と子の間にいて，子が関わりを求めるときには子のほうに近寄り，親と話をするときには親の側に寄りそい，目は親子双方に注げるように工夫し，〈三人が一緒〉の空間をつくれるように，心と身体を自由に動かそうとした」（田中，1997）というような臨床技法に見てとれるような柔軟な目配りや，「患者の主観的生活の構造に関する一連の共感的推測と，進行中の検索への自分のパーソナルな巻き込まれ具合を省みる分析医の行為との間での，行きつ戻りつ」（丸田・森，2006）のような内的な柔軟性を指します。

　また，心理療法のプロセスの段階に応じてセラピストが柔軟に振る舞うことも重要です。例えば，過剰なホールディング，つまり抱えこみすぎることは，クライエントの“わたし”の発達を阻害するリスクがあると考えられます。クライエントがその時点で必要とするだけの“ほどよさ”に留め，プロセスに沿って柔軟なさじ加減することがきわめて重要です。その加減をするには，転んだ子を抱き起そうとして駆け寄る足を止める一拍，もし手助けが必要であればすぐに動き出せるような態勢をとりながらもクライエントが自ら立ちあがることへの期待と信頼，楽観性を込めて見守る一拍の間をとることが必要です。そうした一拍の間の背後で，「背後にあるために当事者ですらそれが重要であることを忘れることもある」（北山，2008）ほどのさりげなさでセラピストが見守ることにより，クライエントは間主観的な臨床空間において，セラピストに“抱き起こされる”のではなく，クライエントが“自ら立ちあがった”という主体的な感覚を得ることができます。こうして，クライエントとセラピストのあいだが徐々に伸びていき，セラピストがホールディングする力を徐々に弱めていって，セラピストがクライエントのニーズに対する適応を徐々に減らしていく「段階づけられた適応の失敗」（Winnicott，1958/2005）が進行していくことが，クライエントの欲求不満を容認する“わたし”の器を育んでいくことにつながると考えられます。

②発見的な志向性

それぞれの心理療法が個別的なものである以上，それの行き着く方向性はあらかじめひとつに決まっているわけではなく，構成的にそのつど編み出されていくこととなります（吾妻，2011）。そこで，セラピストは常に不確実性に留まり続けることを余儀なくされます。それは「船旅というより，気球の旅」のようなもの（丸田・森，2006）であり，セラピストはその不確実性に耐えなければなりません。

この不確実性とは，クライエントの主体的，自発的な「創造性」（岡野，2009）を喚起する可能性をはらむものであり，意図せずに招来した関係性の展開の「瞬間にこそ，特異的価値をもつ変化の契機は潜んでいる」（吾妻，2011）のです。セラピストは，その思いがけなさに対する"playful"（Kohut, 1977/1995）な余地と，クライエントの主体性の展開に「エンカレッジ」（小川ら，1986）される共生的な感覚を備えることが求められます。そして，こうした志向により，クライエントのオリジナルな"わたし"が立ち現れることとなるのです。

(5) 関係性のなかに"わたし"が立ち現れる心理療法の機序

ここまでの要点を以下のようにまとめます。

> 《関係性のなかに"わたし"が立ち現れる心理療法》
> 　柔軟な構造で展開するクライエントとセラピストのかかわり合いにおいて，セラピストのほどよいホールディング，アクチュアリティに開かれた態度，適切な情動調律によって，安心感をベースに，クライエントが"わたし"を感受できるようにする心理療法。

クライエントが"わたし"を感受するには，2つの要素が必要であると言えます。

まずは，セラピストがホールディングし情動調律を志向することによる"同調的かかわり"において，クライエントが「真の自己」（Winnicott, 1965/1977）を感受することです。クライエントの"わたし"とセラピストの"わたし"が重なり合って支えられることによって，クライエントの"わたし"が確かなものとして浮かびあがるのです。

第1章　これまでの研究から　45

もう1つは，情動調律における自他のズレや，アクチュアルに開かれた態度を志向し関係の場で“わたし”であろうとするセラピストとの“相互的やりとり”によって，クライエントがセラピストの“わたし”に応じる自分を感受して，クライエント“わたし”の輪郭や“わたし”の張り出し（志向性）がくっきりとしていくことです。こうしたクライエントとセラピストとの相互交流を経て，「変容性内在化」として「自己対象」が“わたし”に内在化され（Kohut, 1977/1995），自他の区別がはっきりとし，他者と「共に生きる」（Winnicott, 1965/1977）“わたし”が確立すると考えられます。

第3節　発達障碍における“わたし”の問題と心理療法

　ここまで，関係性とは何か，“わたし”とは何か，ということについて，そして，関係性のなかの“わたし”の問題にアプローチする心理療法についてまとめました。
　それでは，知的障碍や自閉症スペクトラムをもつ人の“わたし”については，これまでどのように考えられ，どのような心理療法が行われてきたのでしょうか。発達障碍における“わたし”について，心理療法について，これまでそれほど多くの研究がなされてきたわけではありません。その背景のひとつとして，発達障碍をもつ人の“わたし”，つまりこころの内面に対して，十分な関心が向けられてこなかったということがあるでしょう。それでも，自閉症スペクトラムにおいては比較的多くの研究の蓄積があります。まず，自閉症スペクトラムについての研究を簡略にまとめ，それに比べて知的障碍においてはどのようであるのかを示します。

1．自閉症スペクトラムにおける“わたし”と心理療法
(1)　自閉症スペクトラムにおける“わたし”
　筆者の行った共同研究（佐藤・櫻井，2010）を一部参照しながら，自閉症スペクトラムにおける“わたし”がどのように捉えられてきたのかを述べていきます。
　そもそも，“自閉症”ということば自体，“自分を閉じる”という意味をもっています。それがこの障碍を捉えるうえで的確な表現であるのかどうかとい

う議論はあるものの，関係論を踏まえれば，この障碍の中核的問題である社会性の問題は"わたし"の問題に直結します。つまり自閉症スペクトラムは，「障害特性そのものが直接的に自己の生成に影響している」と考えられるということです（菊池，2007）。

自閉症スペクトラムにおける"わたし"の問題は，自閉症スペクトラムについて最初に報告したKanner（1943/2001）による鋭い臨床観察において，はじめから指摘されていました（Lee & Hobson，1998/2000）。また，精神分析の対象関係論学派によって，臨床の場での地道な観察に基づき，自閉症スペクトラムの自己内界に対してアプローチがなされてきました（平井，1996；木部，2002）。しかし，1970年代以降，自閉症スペクトラムの精神分析的アプローチは極端に否定的に捉えられるようになってしまい，その後，"わたし"そのものをとりあげた研究は比較的少なくなりました（赤木，2003；別府，2000；小島，2004；十一，1998）。研究の乏しかった背景要因として，"他者理解に障碍をもつのだから自己理解・自己概念にも障碍がある"という暗黙の前提に留まっていたことが指摘されています（別府，2006；吉井・吉松，2003）。別の言い方をすれば，人との関係の障碍とは何であるのかという真正面からの検討が避けられてきたとも言えます。

しかし，近年ではこの問題を直截に捉えようとする研究も見られるようになってきました。とくに自閉症スペクトラムのなかでも高機能とされた人たちの存在がクローズアップされることによって，その臨床的観察や本人の自伝から，彼らが，独自なやり方ではあるものの"わたし"について内省し，苦しんだり悩んだりする姿が明らかにされてきたことが与えたインパクトが大きかったと指摘されています（別府，2006）。

自閉症スペクトラムにおける"わたし"の問題に関するこれまでの研究には，主に5つの研究動向があります。

ひとつには，可視的自己に関する自己概念を検討する，マーク課題[14]を用いた研究があります（別府，2000）。自閉症スペクトラムをもつ子どもにおいても，

14　マーク課題とは，「幼児などの対象者に鼻など直接見えない部分にルージュなどの目立つ色のマークをつけ，その後，対象者に鏡を見せる。対象者が鏡を見た際，鏡に映った自己像を見て，マークに触れることができるかを調べる課題」であり，「話し言葉をもたない対象者の自己認知を測る課題として長い間用いられてきた」ものです（赤木，2007）。

発達年齢が上がるにつれて視覚的な自己認知が育っていきますが，その自己像が他者からどのように見られているかといった他者の視点を伴っていないことが示唆されています（赤木，2007）。また，赤木（2007）は，自閉症スペクトラムをもつ青年について研究し，生活年齢を重ねることが"わたし"の発達に負の影響を与えるかもしれないことを指摘しています。

　次に，記憶においてどれだけ"わたし"が関与しているかという記憶課題研究も見受けられます。十一・神尾（2001）や山本ら（2004）は，記憶課題における自己準拠性効果や自己実演効果を調べ，自閉症スペクトラムをもつ人の自己概念の希薄さ，あるいは自己意識の発達の特異性を示唆しました。

　3つ目に，彼らの述べたことや書いたものの分析による研究があげられます。その先鞭をきった研究として，Lee & Hobson（1998/2000）による，対象者の自分自身に関する陳述を分析することによって自己概念を調べる研究があります。それによって，自閉症スペクトラムをもつ人は他者との関係のなかで捉えた"わたし"，つまり対人的自己について言及することが特別に少ないことが示され，対人的な自己理解において障碍があることが示唆されました。その後の野村・別府（2005）の研究によると，やはり他者との関係で自己理解を行う者が少ないということが確認されたものの，発達的変化を検討すると，他者との関係での自己理解を行う者が小学生より中学生で増加することも明らかになりました。また，筆者らは，当事者の自伝を分析し，その"わたし"の様相について，自己感のあいまいさや人とのかかわりからではなくモノとのかかわりによって"わたし"を生成するといった特異的な困難を明らかにしました（佐藤・櫻井，2010）。さらに，発達の過程で人とかかわって"わたし"を捉えていこうとすることも増えていくこと，そうした人とのかかわりで自己感を揺るがす危機的な事態となった際に，特異的な"わたし"のありかたがその人のよりどころにもなりうることも併せて示しました（佐藤・櫻井，2010）。

　そして，心理療法からの知見があります。早くから"わたし"の問題に果敢に取り組んできたこの領域の成果を，1970年代になされたように全否定してしまうのは大変残念なことです。木部（2002）によると，Meltzer は象徴形成などの心的活動を行えない心的世界を"Mindless"として記述しました。また，Tustin（1994/1996）は，母親との病的な一体感（附着性単一性）の幻想を脅かすものへの特異的な反応を自閉症スペクトラムの中核とし，「自閉対象」とい

う概念を提出しました。さらに，山中（1976/2001）は，独自の「自閉症論」を構築し，その中核を「自然な自明性」の「よりどころとなる自己が未成立」であることと捉えて自閉症スペクトラムの症状の包括的な説明を試みました。

　最後に，子どもの丹念な観察から自閉症スペクトラムの発生機序を捉えた研究があります。浜田（1992）は，自閉症スペクトラムの核を，相手の身体の「向き」，つまり主体の「志向性」やパースペクティブをおのずと感じとる「相互身体性ないし相互主体性の問題」として捉えました。

　以上のように，自閉症スペクトラムにおける“わたし”について，“わたし”という感覚や概念の希薄さが指摘されるだけでなく，とくに他者との相互的な関係から“わたし”を捉えることの独特な難しさについて明らかにされつつあります。また，加齢や発達が，“わたし”の育ちに何らかの影響を与えることも示唆されています。

⑵　自閉症スペクトラムにおける心理療法
　自閉症スペクトラムにおける心理療法は，比較的以前から実践や研究の蓄積がなされてきました。主に国内の先行研究について，森岡（2009）や永山ら（2013）のレビューをもとに概観します。

　Bettelheim などの先駆的な取り組みの後，自閉症スペクトラムをもつ子どもへの心理療法が1960年代に入って盛んに行われるようになり，心因論的な捉え方に基づいて母親には自己洞察を促す心理療法が行われ，子どもには完全受容と共感的態度によって「閉ざされた心」を開くことを目指すプレイセラピーが行われました（山上，1999；小澤，1984）。1970年代に心因論から器質論への大転換が起こり，強い心理療法批判が起こりました。しかしその後にも根気強い取り組みは続き，1970年代には集団心理療法など従来の枠を超えた心理療法（村田ら，1975；東山，1975）や，能動性の弱さに着目し支援者からの働きかけやかかわりを重視する心理療法（山上，1973）などが見られました。そして，1980年代以降，高機能とされる子どもたちへの心理療法も展開されるようになり，関係性へ着目した心理療法の実践が一層蓄積され（伊藤，1984；小林，2000；平井，2008），大人を対象とした心理療法も行われるようになりました（林，2008；菅川，2009）。

　さまざまな学派の多様な心理療法的アプローチについて類型化した永山ら

第1章　これまでの研究から　49

(2013) は，今日のわが国の心理療法において，「体験世界や気持ちに寄り添」いながらも「異質な他者として現前する」こと，そして「関係を開く」ことが重要視されていることを指摘し，「〈私〉の生成」「自己感の発達」「自閉的あり方の緩和」といった"わたし"の変容が目指されていることを指摘しています。さらに，クライエントとの個別的なかかわりにとどまらず，家族を含めた社会との橋わたしをして「社会とつなぐ」ということも重視されていると指摘されています（永山ら，2013）。過去に心理療法が「自閉症の親をおとしめるもの」として強く非難されたこと（山中，1976/2001）を正しく踏まえ，今日では「親の傷つき」を理解し親子のつながりを支えていこうとする心理療法のあり方（Alvarez & Reid，1999/2006）が目指されていると言えます。

2．知的障碍における"わたし"と心理療法

　自閉症スペクトラムにおいては，とくに他者との相互的な関係から"わたし"を捉えることの独特な難しさについて明らかにされつつあり，心理療法に粘り強く取り組んだ歴史のなかで，相互的なやりとりによって"わたし"の生成，変容を促す心理療法のあり方が目指されてきていることがわかりました。

　それでは，知的障碍についてはどのように考えられてきたのでしょうか。知的障碍における"わたし"と心理療法についての先行研究は，自閉症スペクトラムに比べるときわめて乏しいと言えます（Glick，1999/2000；山崎，1998）。その限られた研究知見についてまとめ，なぜ先行研究が乏しいのかという問題について考え，課題を明らかにします。

(1)　知的障碍における"わたし"

　知的障碍における"わたし"についての限られた研究動向について，小島（2007），大山・今野（2002）を参照して，その動向を大きく3つに分けて整理します。

　1つ目の研究動向に，可視的自己に関する研究があります。ダウン症をもつ子どもを対象とし，課題の達成率が明らかに遅れることや反応の多様性が指摘されています（小島，2007）。ただしここでは，知的障碍をもつ子どもにおいて，幼児期から自己概念の発達の遅れが認められたのに留まります。

　2つ目には，知的障碍をもつ子どもや青年を対象とした自己概念に関する研

究であり，実験者側があらかじめ用意した質問項目に回答を求める方法と，対象者からの自己叙述に基づいて測定する方法が用いられてきました（小島，2007）。これによって，社会的望ましさに合わせやすい傾向（Zetlin & Turner, 1988；Glick，1999/2000；徳永・田中，2004），自己の情動や意思の叙述に乏しい傾向（Zetlin & Turner，1985；小島・池田，2004），自己評価や有意味感の低さ（小島，2004；Glick，1999/2000），定型発達との基本的な同型性（Glick，1999/2000；Zetlin & Turner，1985）が指摘されつつあります。こうした，いくつかの意義のある知見が見出されつつありますが，知的障碍における"わたし"の研究の方法論として，認知能力と言語能力の制限から，質問紙を十分理解できるのか，正確に自己報告できるのかといった問題（Glick，1999/2000）や，健常児者用尺度を適用することの尺度の妥当性の問題（小島，2007）などが指摘されています。

　最後に，3つ目の研究動向として，心理療法から得られた実践的知見が挙げられます。Dosen（1998）は，その豊富な臨床経験から，知的障碍の子どもにおける「自己感と自我の形成における問題」を指摘しています。また，小山（2014）は，知的障碍における主体生成プロセスについて，「知的障碍をもたない子どもと共通する点が多かった」ことを論じています。

　こうした"わたし"のあり方について，「知的発達水準の程度だけが自己の育ちを規定していないことも明白である。むしろ，知的障害児・者の体験してきた生活経験といま現在の支援の質や重要な他者との関係性が自己の多様な側面に影響を与えている」と指摘されています（小島，2007）。従来，知的障碍についての研究は，認知的な問題にほとんど集約してきました（Zigler，1999/2000）。しかし，そうではなくて，一般的な発達論のうえに知的障碍を位置づけ，認知要因以外の要因をも重視し「全人的に」知的障碍をもつ人を捉えようとする研究も見られるようになりました（Zigler & Gates，1999/2000）。例えば，知的障碍におけるパーソナリティ特性として，外的志向性（あいまいな，新奇な課題を提示されたときに，課題あるいは問題を解決するのに内的な認知能力に依存するよりもむしろ外的手がかりに依存する傾向）の高さ，他者に対する正・負の反応傾向（支持的な大人から与えられる社会的強化への強い願望・未知の人との相互作用に対する警戒心や消極性），成功期待の低さや学習性無力感などが指摘されています（Zigler & Gates，1999/2000）。そして，こうしたパーソナリティ

特性などが，知的障碍をもつ人の“わたし”のあり方と強く関連しているとの指摘もなされています（田中道治，2007；薮内，1992）が，まだ十分な研究の蓄積がなされているとは言えない状況です。あくまで，認知的問題に限局化せずに全人的に捉えようという，知的障碍をもたない人に対してはあたりまえに行うことを知的障碍をもつ人に対してようやく適用しようとする流れが起こっているということであり，知的障碍をもつ人の“わたし”への注目も，そうしたなかで起こっているということです。現時点では，知的障碍における“わたし”について，確かな自己感，自己表出，肯定的な自己評価などが乏しいと指摘されるのに留まります。

(2) 知的障碍における心理療法

　知的障碍における“わたし”や情動への関心の乏しさ（Zigler & Gates, 1999/2000；Whitehouse et al., 2006）と呼応して，長年，知的障碍をもつ人を「精神療法の対象と考える人は数えるほどであった」と指摘されています（山崎，1998）。彼らへの対応は，薬効評価が系統的に検討されていない薬物療法（山崎，1998）や行動制限（Dosen, 1998；Whitehouse et al., 2006），スキルトレーニング（Hurley et al., 1998）に集中してきました。しかし近年，知的障碍をもつ人がわたしたちと同じような情動的体験をしており，メンタルヘルスの困難もわたしたちと同じか，むしろやや多く抱えていることが認められるようになってきました（Whitehouse et al., 2006）。そうしたなかで，1980年代頃から心理療法の報告は少しずつ見られるようになってきましたが，依然その数は少なく[15]（Whitehouse et al., 2006），実践は決して皆無ではないと考えられるものの（横田ら，2011），「あまり積極的に行われていない」（田中，2007）のが現状です。

　その限られた研究では，次のようなことが指摘されています。

　第1に，セラピストとクライエントの関係性を構築することが重要であると

15　あくまで参考ですが，心理療法研究が掲載されている日本の代表的な学術雑誌『心理臨床学研究』1984年（1巻1号）から2018年（35巻2号）まで，自閉症スペクトラムに関連した論文（“自閉”，“広汎性”，“アスペルガー”で検索しヒットした論文。ただし，重複や内容の明らかに異なるタイトルは除きました）は43本，知的障碍に関連した論文（“知的”，“精神遅滞”，“精神薄弱”で検索しヒットした論文。ただし，重複や内容の明らかに異なるタイトルは除きました）は8本でした。

されています。Hurley et al.（1998）は，関係性の構築を知的障碍における心理療法の「最も重要な変数」と強調し，Dosen（1998）も，「陽性で愛情のこもった」関係性の構築を重視しました。

　第2に，クライエントの“わたし”のあり方とその表出を尊重することも重要であるとされています。田中（2007）は，「ことばとことば以外の関わりを通して，心身の開放をめざし，本来自分が伸びてゆきたい方向に」「軌道を戻していくような手伝い」と説明しています。また，Dosen（1998）は，「環境の中で自分の居場所や役割を見つけることを可能にするよう」「全存在として受け入れ」，「自分の意志，感情，不安や喜びを表現するように励ます」ことが重要であるとしています。山本（2008）は，「筆者ら自身が知的障害者に対してもっていた既存の枠組みや障害者観が変容」するのに伴い，「被面接者が語る個性記述的な物語世界を聴く態度」をとったことが，クライエントの肯定的な語り直しにつながったと指摘しました。さらに，子どもの心理療法において「主体の生成」を目指した小山（2014）は，クライエントの主体的な行動を尊重することを基本姿勢におき，クライエントの内的体験と重なるセラピストの体験を深め，また，クライエントの内面の機微や身体感覚をひとつひとつことばにして汲みあげることを試みました。そして，Hurley et al.（1998）は，クライエントが自己表現をしやすいように，単純化，わかりやすい言語表現，描画などの非言語的な活動などの具体的な工夫を行い，「柔軟に創造的に心理療法を活用」することが必要としました。

　第3に，上述のような支援を基盤にした，社会への橋わたしやつなぎの重要性も指摘されています。山本（2008）は，セラピストが「被援助者と施設の架け橋となるよう」努めることによって，施設職員の固定観念が変化しクライエントその人を理解し受けとめていこうと変化した事例をもとに，環境へのアプローチの重要性を指摘しています。また，Spensley（1995/2003）は，知的障碍をもつ人のケア・ワーカーが「かなり忍耐とケアが必要であることを強調」し，「情緒的に包み込む」環境をつくることの重要性を指摘しています。氏家・太田（2001）も，「危機介入を含む環境調整と家族への支援」は「非常に大きな影響力を持つ」としています。当事者同士の集団心理療法も，所属感を得ること，誰かに助けられることが多い知的障碍をもつ人にとっての誰かを助けるという体験，他者にアドバイスをすることによる自信，実地の経験による

学習などの側面から，「知的障碍の人たちにとりわけ重要な治療法」（Hurley et al., 1998）と指摘されており，国内でもわずかに実践報告が見られます（薮内，1992；佐戸ら，1999；中川ら，1998：鶴岡，2001）。とくに薮内（1992）は，集団療法によって「他者と互いに対等な交渉をするなかで，関係が広がり」，「自分の中にひそんでいた『自我』を発揮できる人」となったことを報告しています。

　このように，クライエントとセラピストの関係性を構築し，クライエントの"わたし"を尊重して，社会への橋わたしを行う心理療法の基本的なありかたについて，わずかな指摘しかなされていないのが現状です。効果研究もなされてはいますが（Prout & Nowak-Drabik, 2003；Whitehouse et al., 2006），それ以前に，知的障碍の心理療法について，どのような考えからどのように行い，それによりいかなるプロセスがみいだされるのかということをまずは丹念に示すことが求められる段階にあると言えます。

3．まとめ

　このように，自閉症スペクトラムにおいては比較的分厚い実践と研究の蓄積がなされつつあるのに対し，知的障碍においての研究が少ないことが明らかになりました。

　この本では最初に，発達障碍という枠組みのなかで知的障碍と自閉症スペクトラムを連続的に捉える見方を示しました。実際，知的障碍と自閉症スペクトラムの特徴をあわせもつことは多いとされています（Spensley, 1995/2003；APA, 2013/2014；寺山・東條，2002；大城，2006）。それにもかかわらず，これまで，自閉症スペクトラムの心理療法の延長線上に知的障碍の心理療法を考えた Spensley（1995/2003）などの例外を除き，自閉症スペクトラムの専門家が知的障碍をもつ人に対して関心を広げてこなかったことは不思議なことだと感じられます。

　その不思議さの背景には，知的障碍についてこれまであまりに認知的問題に限局しすぎ，わたしたちと同じような情動的な体験をする，わたしたちと同じこころある人であるというあたりまえの前提が見失われやすかったことがあるのではないかと考えられます。「言語能力に制約のある知的障害児・者では，ことばを媒介とした心理療法は有効でないことが多い」（古賀，2013）と，十

分な検討を経ずに判断されてしまいやすかったと言えます。

　しかし，これまでの研究で，知的障碍における“わたし”には，自己感や自己表出，自己肯定感の乏しさといった困難があることが漠然とではありますが示唆されています。そうである以上，知的障碍をもつ人の“わたし”の問題に目を向け，“わたし”の問題に対してアプローチする方法のひとつである心理療法について，やる前に無効であるとしてしまわずにその適用可能性を検討する必要があります。

　ただ，知的障碍をもつ人の“わたし”について考えていくうえで難しいのが，その捉えどころのなさです。研究成果が漠然としたところに留まっているのも，研究の蓄積が少ないということの他に，表出が少なく，こちらの問いかけを適切に理解してもらうことが難しい彼らに対して研究を行うこと自体が難しいということもかかわっています。知的障碍における“わたし”のこうした捉えがたさにアプローチしていこうとするのは，なかなか一筋縄ではいきません。

　そこで筆者がみいだしたのが，自閉症スペクトラムとの異同から捉えていこうとする着眼点です。自閉症スペクトラムにおける“わたし”の問題も非常に難解ではあるものの，これまでの研究から，他者との関係のなかで“わたし”を捉えることの独特な難しさが明らかになってきました。また，知的障碍をもつ人への心理療法の限られた先行研究では，クライエントとセラピストの関係性を構築し，クライエントの“わたし”を尊重し，社会への橋わたしを行うことが重視されていましたが，これは自閉症スペクトラムにおける心理療法のキーポイントと類似性が高いと言えます。自閉症スペクトラムにおける“わたし”とその心理療法と，どこが同じでどこが違うのか，という観点から知的障碍についてを捉えることで，この見えにくい知的障碍の“わたし”の問題を捉えやすくすることはできないか。これが，この本の戦略なのです。

第1章　これまでの研究から　55

第2章

関係性のなかの
"わたし"の出会い

　ここまで見てきたように，自閉症スペクトラムの"わたし"の問題は，すでにいろいろな検討が重ねられつつあり，わたしたちにとって比較的見えやすい問題です。

　わたしたちは，それに比べて見えにくく，まだ明らかになっていないことの多い知的障碍における"わたし"について知ろうとしています。そこで筆者が考えたのは，自閉症スペクトラムにおける"わたし"を窓口にして，知的障碍の理解に向かっていくという方法です。

　ここでは，自閉症スペクトラムとしての特性を色濃くもつ子どもと母親の生活場面に入らせてもらい，かかわりながら観察を行った筆者の出発点である研究を紹介します。そこでわたしがどのように捉え，何をみいだしたのか，ということを水先案内人にして，関係性において"わたし"を捉えるフレームを示したいと思います。

第1節　何をどのように明らかにするのか

　ここでは，自閉症スペクトラムをもつ子どもと母親の関係性に着目し，関係性のなかに"わたし"がいかに立ち現れるのかを明らかにすることを目指します。筆者が生活の場に参与して観察を行い，そこで起こるさまざまな情動体験

を捉えようとします。このように日常生活のなかに入って関係性のなかの"わたし"を捉えようとするアプローチは，これまであまり行われてきませんでした（第1章第3節）。しかし，この本の立場においては，"わたし"を関係性から切り離して捉えることはできません。ここでは，日常生活の関係性に直接コミットし，高い生態学的妥当性を備えた研究を行おうとします。

　この研究の土台となっているのが，鯨岡（1999）の「関係発達論」です。鯨岡（1999）は，精神分析における母子関係研究の知見を積極的に取り入れ，個体能力発達論から関係としての発達へ視点を変更し，発達研究の新たな認識論および方法論としての「関係発達論」を構築しました。間主観的な相互作用に着目するこの理論では，研究者自身の主観的次元を「間主観的アプローチ」という方法論で積極的に把握し，エピソードとして記述していきます（鯨岡，1999）。

　なお，この本のいくつかの事例で母親や母子関係をとりあげるのは，その家族において実質的に母親が養育主体であることによります。母親が養育主体であることを自明な前提とするものではなく，まして母親が養育主体であるべきであると主張する意図は全く含まないことをここで確認しておきます。むしろ，母親にのみ過度の養育負担がかかってしまうことの問題を，第5章の事例を通じて批判的に捉えようとします。

1．方法
⑴　対象

　この章の研究の対象は，自閉症スペクトラムをもつ小学生の女児アイ（仮名）とその母親です。観察は，アイが小学4年生から小学6年生までの時期に行いました（小学4年生当時を X 年とします）。家族構成は，父親，母親と弟2人です。アイは出生前後にとくに異常は確認されませんでした。6か月頃から極端な人見知りが見られ，発語が遅く指さしがなかったそうですが，1歳半頃までは個性の強い子として育てたと母親は言います。1歳半頃に，出現していた有意味語が消失し，多動気味になって，爪でカリカリと何かをむくことを1時間も続けたりするなどのこだわりやパニックがあらわれはじめました。母親の実家に帰ったときには親戚を一切無視してひとり遊びし，家に入れず車のなかで過ごしたとのことであり，母親は「悲しくて情けなくて，涙が出ました」と振

り返っています（*X* － 5 年の母親の手記より）。3 歳のとき，発語がなく，多動と偏食が目立ち，排泄は自立しませんでした。その頃に，「広汎性発達障碍」（自閉症スペクトラム）と診断されました。なお，知的障碍という診断は受けていませんが，知的障碍の特性も併せもつと考えられます。ある療育機関の運営指針に共鳴した両親はその付近に転居し，一生懸命に通いました。母親は「アイの意思を尊重することを一番に考えて」（*X* － 5 年の母親の手記より）その受容的な療育機関を選んだそうです。4 歳からは幼稚園の母子通園も開始し，1 年の就学猶予後，小学校の特別支援学級に入学しました。

　X 年当初，表出言語はなく，指さしやクレーン現象が見られました。周囲からのことばかけにある程度反応を示し，受け身的に言われるままに指示に従う行動もよく見られました。母親とのあいだには比較的安定した愛着が見られ，慣れない他者には強い拒絶が見られました。排尿，排泄は自立し，偏食は幼児期に比べると減少していました。食べることが大好きで，台所に入って冷蔵庫を開けようとしたり，食べ物をかたどった工作をしたり，食がアイの生活において重要な位置を占めていました。学校への送迎は母親が車で行い，放課後は療育機関や学童保育，体操教室などに通っていました。家庭では，記号や絵を描く，創作物を自室に貼り並べるなど決まったことを 1 人で行うことが多く見られましたが，絵を描くことなど自分にうまくできないことを母親に依頼することもよく見られました。*X* ＋ 1 年には初潮を迎え，身長や体重の著しい成長が見られました。

　筆者は *X* － 2 年サークル活動でアイと出会い，アイの独特の世界に強く惹かれ，サークル活動を超えてアイとその家族にかかわるようになりました。この頃の筆者は，アイのこころの世界をわかりたい！という熱意にたぎっていました。*X* 年にはアイ宅へ卒業論文研究のため家庭訪問を行いました。その *X* 年頃，筆者はアイとのかかわりにくさに苦しみつつ，アイの自閉的世界に近づこうとし，一体化するような関係性をもつこともまれにありました。

(2)　データ収集・分析方法

　データ収集法としては，母子の参与観察と，母親へのインタビューを行いました。*X* 年 5 月から *X* ＋ 2 年 11 月まで，主にアイ宅でそれぞれ 2，3 時間程度，計 43 回観察を実施しました。訪問日時や観察場所は家庭の都合に合わせ，小

学校の送迎や公園，プールなどさまざまな場で観察を行いました。インタビューは，母親に対する半構造化面接を X ＋ 2 年12月に 1 度アイ宅で行い，70分を要しました。そこでは，母親にエピソードを提示して記憶をたどってもらい，筆者の考えを伝えて問いを発し，母親の意味づけを確かめることを目指しました。この他に，母親とのメールのやりとりを X ＋ 1 年 4 月から行い，筆者から母親へ46通，母親から筆者へ36通に及びました。

　データ記録法・分析法としては，まず，「人と人の行動，もしくは人とその社会および人が創り出した人工物との関係を，人間の営みのコンテクストをなるべく壊さないような手続きで研究」するフィールドワークの手法（箕浦，1999）を参照して観察し，フィールドノーツを作成しました。観察中，可能な場合にはVTRに録画してメモをとり，帰宅後速やかにフィールドノーツをつけました。フィールドノーツには，出来事を詳細に記録するだけでなく，筆者の感じたことを書きこんだり，フィールドの位置関係などを描きとめたり，厚みのあるデータとして保存するよう努めました。フィールドノーツから興味深いエピソードを抜き出し，タイトルをつけ，そのエピソードの前後関係や背景，研究者の理論的関心についてのコメントである「メタ観察」をつける「エピソード記述」（鯨岡，1999）を行いました。

2．データ収集と分析のプロセス

　観察時期および観察の焦点により，学童期のアイと母親との“繰り返し”なされるコミュニケーションに注目して観察した研究 1 と，アイが思春期に入ってからの変化に対する母親の“みなし”をめぐって観察した研究 2 に分かれます。

研究 1　　 X 年 5 月〜11月：観察回数19回

　筆者がアイと出会った際に，かかわりにくいアイと少しでもかかわるために役に立ったのは，アイがいつも繰り返しやることを知り，それを見守りながら恐る恐る歩み寄っていくことでした。そのことから，観察過程において繰り返し見られる日常のパターンへの注目が始まりました。また，母親とのかかわりを観察するなかでも，アイがいつも繰り返しやることが母親に尊重されてよく受けとめられており，家庭生活において重要な位置にあることに気づいていき

ました。そこで，データの分析においては，繰り返しのパターンに注目し，それにまつわるエピソードを60個拾い出してタイトルをつけ，それぞれのエピソードのメタ観察を行ったうえでカテゴリーに分類し，卒業論文としてまとめました。X＋18年，エピソードを再び読み返し，繰り返しのパターンにおいてアイの"わたし"の生成にとくに大きくかかわる5つのエピソードを選び出し，メタ観察を加筆修正しました。

研究2　X＋1年4月〜X＋2年11月：観察回数24回

　X＋1年に4回訪問し，筆者はアイの変化に圧倒されました。この時期，母親から「アイは変わった，お年頃で」とたびたび伝えられましたが，筆者は，変化そのものは感じられるもののいかなる変化なのかつかめず混乱していました。そこで，母親の言う「変化」がどのようなものかということを当面の手がかりとしていくこととしました。次第に，筆者だけでなく母親も，変化に戸惑って揺れていることが筆者に感じとられるようになってきました。それでも，母親は動揺しながらもアイと向き合い自身の感情を調整しようとしており，そうした母親の態度が筆者にアイの変化をまなざす枠組みを与えました。そこで筆者は，母親の思いを間主観的に捉えていくことが，アイの変化を筆者が捉えるうえで不可欠であると考えました。X＋2年11月，母親がアイの変化を「主張」とみなしたことに注目し焦点観察を行いました。X＋3年に，87のエピソードをとりあげカテゴリーに分類し，修士論文としてまとめました。X＋18年，エピソードを再読し，"わたし"の生成に関わる9つのエピソードを選び出し，メタ観察を加筆修正しました。

第2節　明らかになったこと

研究1

エピソード群は以下のようなストーリーラインにまとめられました。

《ストーリーライン：同調的かかわりから相互的やりとりへ》

　母親がアイの感覚的な体験世界に寄り添い合わせることで，アイから拒絶されることなく母子が安定的に過ごせる，母子の同調的かかわりのパターン

が形成されていた。そうした日常の"繰り返し"のパターンを土台に，社会的規範の要請や母親のアイに対する願いなどに突き動かされ，アイの「自己対象」(Kohut, 1977/1995) 的なモノを介して母親がアイに少しずつ粘り強く働きかけを行うことで，アイが母親という他者性に部分的に気づきそれを受けとめることとなっていた。それにより相互的なやりとりが展開してパターンが微妙に変容し，母親とのあいだで共同的な対象を部分的に共有することにもつながった。さらに，筆者が，母親にならって，アイの世界に寄り添い合わせながらアイの主体性を認めて相互的なやりとりをもつことで，より抽象性の高い意味の共有にもつながった。

以下，ストーリーラインの根拠となるエピソードとメタ観察を示します。

1．子の世界への母親の歩み寄りによる同調的かかわり

次のエピソードからは，母子においていつも繰り返されるパターンが展開することで，穏やかな安心できる雰囲気が生じていることがうかがえます。母子がいつも行く公園をアイと母親，筆者の3人で散歩していた際，散歩のはじめは母親が筆者にいろいろ説明をしてくれていました。しかし，帰り道にさしかかると次第にあまりことばをかわさなくなり，3人で静かに歩いていき，母親とアイの日常の過ごし方に近い状況になったと思われました。このエピソードはその帰り道のものです。

エピソード No. 1（以下，"No. 〜"と略記）

アイ，母親，筆者の3人で公園を散歩している。アイはしゃがんで，たんぽぽの花の部分だけを摘んでは口の近くまでもっていき，すうっと匂いをかぐようにした後，その花びらをくしゃくしゃとつぶすことを繰り返した。母親はアイのかたわらに立ち，せかすでもなく無言でさりげなく見守っている。筆者はその様子を少し離れたところで見ている。さらに，アイがさくらんぼの実を拾ってつぶし始めると，母親はさっとハンカチを取り出して，赤く染まった手を拭くようにというようにアイに渡し，アイはそれを母親の方は見ずに受け取り，さっと手を拭く。(**X**. 6.17)（エピソード末尾のカッコ内はエピソード収集年月日）

アイは植物とのびのびと遊ぶことができているようであり，母親にとっても
いつもアイのやっていることであるため緊張を幾分和らげることができている
ようでした。アイののびのびとした気分と母親のリラックスした気分は穏やか
な安心できる雰囲気を作り出し，見ている筆者にもそれが間主観的に伝わり，
静かな落ち着いた気分になりました。アイにとって，母親と筆者の存在は，少
なくともアイの行動の邪魔にはなっていないようでした。当時，アイの日常の
ノイズになりアイを混乱させてしまうことも多かった筆者は，このとき少なく
ともアイの邪魔にならずにそこに居られることに安堵していました。アイはた
んぽぽの匂いをすうっと取り込み，くしゃくしゃとたんぽぽの花びらをつぶす
感触，さくらんぼの実のぐちゃりとつぶれる感触を一心に味わっているようで
あり，それらの感覚が見ている筆者にも伝わってくるようでした。

　ここで，ハンカチが母親からアイにすかさず渡され，アイがさっと手を拭き
とるというやりとりが起こりました。それはアイがさくらんぼと遊ぶ流れを妨
げるものではありませんでした。すぐにハンカチを渡さなければアイは汚れた
手の感触を気にしてすぐに自分の洋服で拭いてしまいます。アイが遊びやすい
ようにという母親の配慮と，洋服で手を拭かないようにとするごく控えめなが
ら母親の教育的な意図がアイに取り入れられることに成功していました。アイ
は母親の方を見るわけではなくそのまま手に取り，“母親がハンカチを差し出
す→アイが手に取り手を拭く”という一連の行動はとてもなめらかであり，あ
たかも母親がアイの手になってハンカチを取り出したかのような一体感があり
ました。

　母親は，アイのモノとの感覚的な遊びを尊重し，アイの楽しむペースに極力
寄り添おうとしているようであり，筆者もその場で自ずと母親のようにそこに
寄り添おうとしました。そのことによって，母親や筆者はアイから拒絶される
ことなくその場に共に在ることができたと考えられます。アイがたんぽぽで遊
ぶとき，筆者は3人で共にいる場の雰囲気に心地よい安らぎを感じていました
が，アイが，母親，ましてや筆者の存在をこのときどこまで捉えていたのかは
よくわかりません。邪魔なものとして突出して感じられないという程度に，ア
イにとってその存在はあまり感知されていなかったかもしれません。ことばの
いらないこの穏やかな時間は，アイのモノとの遊びを尊重し，アイにとってノ
イズのような刺激とならないよう控えめに見守る母親によって支えられていま

した。そして，公園の片隅で母親がアイのかたわらに立ち会うことによって，アイのこの行為は第三者の干渉からも守られていました。

このように，モノの感覚的な探索といったアイの好むことを母親が尊重し，それに寄り添い同調的にかかわることによって，アイを脅かさずアイに拒否されずに共に過ごす日常のパターンが形成されていったと考えられます。このかかわりにおいて，アイにおける母親という他者の存在の感知はごく微かなものであると考えられます。母親の行動はアイの行動に溶け込み，母親がアイの一部となるかのような融和的な一連の流れとして捉えられました。

2．相互的やりとりの萌芽——対象の共有へ

(1)　アイと母親の相互的やりとりの成り立ち

アイは，自分の好きな食べ物やキャラクターなどを，母親と共に紙に描き，切り抜いて，繰り返し作品を作っては，自室に並べたり，もち歩いたりしていました。なかでもよく登場した制作物がバナナでした。

No. 2

筆者がふと，アイはバナナを実際には食べないのに気づいてそれについて尋ねると，母親は「いろいろあってねー」と笑う。アイはバナナがとても好きなのだと言う。ただ，買い物に一緒に出かけるとバナナの山のなかから自分の気に入ったかたちのバナナを選ぶのに熱中し，触りまくってしまうと言う。そうして選んだバナナも，アイはたいていレジのあたりで気に入らなくなってしまって，再び売り場に引き返そうとしてしまい，父親と力ずくでつれて帰ったこともある。ようやく買ったバナナをアイはセロテープで覆い，飾っておきたがる。アイの目の届かないところで母親がセロテープをはがして家族で食べてしまう。アイにとって，バナナの皮を目前でむかれてそのかたちが壊されるのは耐えられないことなのだと言う。(*X*. 11.2)

買い物に出かけたとき，アイは，自分の求めるバナナを選ぶのに熱中しましたが，店先で商品をたくさん触ったりレジと売り場を往復したりすることは社会的規範に照らして容認されることではありませんでした。バナナという具体物のかたちは多様であり，食べ物として人が皮をむきその姿を劇的に変容させ

ることは避けられないことであるため，アイの求める確かなバナナを保ち続けることは不可能でした。確かな対象を求めることの際限のなさに翻弄されるアイと家族のエピソードに，筆者は胸をつかれ何とも言えない切なさを覚えました。母子でバナナの作品を作るというやりとりは，具体物のバナナをアイが扱うことの限界によって余儀なくされたことだったのです。

　それも，最初は自分で描こうとせずに，母親に自分の思う通りに描かせようとするだけだったアイに，少しずつ自分で鉛筆をもたせたのだと後に母親は話していました。アイが母親に代わりに描かせようとしたのは，アイが自分の思う通りに描けるほど手指操作がなめらかでないことに加えて，No. 1のような"繰り返し"を土台にした，母親の手がアイの手の延長であるような母親との一体感があってのことなのでしょう。母親としては，できれば自分でも描けるようになってもらいたいという願いがあり，アイに鉛筆をもたせようと根気よく働きかけを続けたのではないかと思います。そうした母親の願いとしての"わたし"が，控えめながらも粘り強くアイに対して提示されたなかで，バナナを母親だけでなく母子共同で創作するという新たな日常のパターンが母子のあいだに生み出されていったのだと考えられます。

　次のエピソードが，その創作の光景です。アイにとって，母親の他者としての存在感がNo. 1よりくっきり明確であり，なめらかな行動の連鎖のなかにも，アイが母親に意思を伝え，母親がそれに応じようとする相互的なやりとりが芽生えていることが感じられました。

No. 3

　アイ，母親，筆者の3人で家にいる。アイは画用紙とバナナの実物大のリアルなおもちゃをもって母親のところへ来た。母親は，「ああ，バナナを作るのね」と言う。アイは椅子に座り，母親はアイの後ろに立つ。母親は小さな四角形を画用紙のうえの方に描く。アイはそれを2，3回ぐるぐるとなぞった後，黄色い色鉛筆をもち，その四角形のしたに，バナナのおもちゃを紙にあてて少しなぞる。そしてパッと母親にその色鉛筆を手渡し，母親はその続きをなぞる。これを繰り返し，5本のバナナを房状に描く。アイと母親は無言で，穏やかな様子である。(*X.* 6.29)

アイが自分のしたいように1人で遊び母親がそれを見守っていた No. 1のエピソードと異なり，このエピソードは，アイが母親のところに画用紙とバナナのおもちゃをもって行くことで"絵を描きたい"という意思を伝え，母親がアイの意思を受けとめることから始まっています。母子のあいだで，それらのモノは，アイがバナナを描きたいという意思を伝えるツールとして意味が共有され，そのように機能しています。リアルなバナナのおもちゃは，実物のバナナを扱えないアイのために母親が用意したものではないかと思われます。母親がアイの後ろから二人羽織のように伸ばした手は，アイの手の延長のように見え，あたかも母親とアイが1人の人であるかのようなぴったりとした一体感が感じられました。その一体感のなかで，母親が描いたものを受けてアイがなぞり，アイが鉛筆を母親に渡して母親がその続きを描き，という相互的なやりとりがなされて，作品が作り出されていきました。そのなめらかな展開は，すでに日常の繰り返しのパターンとして確立されているものの，そのパターンの確立に至るまでにおそらく膨大な母子のやりとりが蓄積されてきたのだろうと察せられました。

　アイはこのようにして作った作品を切り抜き，セロテープを一面に貼ってがっちりとコーティングします。そしてアイは，そうした作品を自分の分身のように肌身離さずもち歩いたり，自分の部屋の壁や床に一面に並べたりしており，母親は大よそその行動を尊重していました。

　具体物のバナナとは，刻一刻と変わり続けるものです。光の当たり方や見る角度により見え方は絶えず変わりますし，触る箇所によっては触った感触もさまざまで，時間経過によりかたちも匂いも触感も変化し続けます。何より，人が皮をむくことはかたちの劇的な変化となります。もちろんそれは人がバナナを食べるという動機があっての行為ですが，その動機が，その行為の意味が，アイに共有されなければ，それは突発的に襲う破壊的な激変としてアイに捉えられることでしょう。さらに，バナナと出会える機会と場は限られているのであり，そのことをアイが理解していなければ，バナナはいつも不意にアイの目の前に現れることともなります。こうして考えると，アイにとって具体物のバナナとは絶えず変容するあやふやで膨大な情報を示していると言えます。わたしたちが落ち着いてバナナを扱うことができるのは，バナナというモノの備える意味性をわきまえているからです。「ものの意味が分かるということは，そ

第2章　関係性のなかの"わたし"の出会い　65

のものへのふるまい方，そのものの扱い方が分かるということです。そして周囲のものへのふるまい方，扱い方が分かることによって，人はその周囲のものに囲まれて落ち着いていられるのです」と浜田（1992）が指摘する通りです。バナナという意味を他者と共有しないアイがその確かさの手応えを得るためには，不意にそれと出会ったらすかさずそれを確かめ，そのつど微妙に異なる感覚を得て，そしてまた確かめ，そしてまた異なる感覚を得て，また確かめ，……という無限の作業をせざるをえません。"繰り返し"はアイにとってかけがえのない安らぎの瞬間ではありますが，その一方で，繰り返しても繰り返してもどっしりとした安心には到達しえない無限の営みでもあるのです。

　一方，紙で作った平面のバナナは，具体物よりも格段に情報量がそぎ落とされてわかりやすく，時間の経過による変化も少ないと言えます。もち運びやすいことから頻繁に取り出し確認することができ，セロテープのコーティングによって，その確かさの感覚を補強することもできます。しかし，その確かさの手応えもずっと続くわけではなく，幾度も作品をもち歩いたり部屋に貼りつけたりするがゆえに，紙が折れたりセロテープが黒ずんだりよれたりする変化が生じ，やはりまた作り直しが必要になります。その際に，母親とのやりとりの共同のツールであるバナナのおもちゃを使うことによって，アイがそうしたいときに母親と共同作業を始められることが，アイにとってはとても画期的です。このように母親との関係性に支えられ，バナナの抽象度が増したことによって，アイにとってのバナナの確かさの手応えと扱いやすさはぐっと増したのです。

　おそらくこれまで，母親は，アイとバナナとの関係性を尊重し，バナナを介しての粘り強い働きかけを重ねてきたのでしょう。アイが少しずつそれに応じ，それを母親がキャッチすることによって，アイは母親と出会いはじめ，共同制作としてのバナナを共有できるようになり，より確実なバナナという対象と安心を得ることができたのでしょう。そうであってもアイと母親のかかわりは部分的でありアイの不確実性は基本的に在り続けるため，この共同創作は繰り返されるパターンのバリエーションとして日常のなかで展開され続けます。しかし，ひたすら「無意味の海」（浜田，1992）を無限に確かめながら独力で泳いでいたアイにとって，部分的でも意味を共有し応答する他者の一片が捉えられたことは，混沌とした海に，（実際はかねてから共に寄り添い泳いでいた）母親によって，アイがつかまることのできるブイが投げ込まれたかのごとくの画期的

瞬間であったのではないでしょうか。

(2) アイと筆者のあいだの相互的やりとりの誕生

とはいえこれは，母親の語りなどから筆者が推測したものです。この推測を，筆者がアイに新たに出会っていくなかで，実際に確かめることができました。それだけでなく，母親でない他者としての筆者とのやりとりにおいて，アイの"わたし"が開く瞬間を体験することができました。そのエピソードをここから示します。

アイと筆者はすでに家庭ではない場所でかかわりがあったものの，筆者の家庭への訪問に対してアイは強く混乱しました。とくにはじめての訪問の際には，筆者とあまり目を合わせず，こわばった表情でマンションのエレベーターに筆者を押しやるといった行動（*X*. 5.25）が見られました。こうした訪問時の拒絶は，次第に軽減しながらも訪問の終盤まで多少は続きました。そうした筆者とのあいだで，相互的やりとりが芽生えた瞬間が，以下の2つのエピソードの変化からはっきりと捉えられます。

まずは，訪問を開始して間もない頃の，アイと筆者2人だけでのはじめての留守番で，アイが混乱し筆者もどのように対応したらよいかと不安になるエピソードです。アイは母親と普段行っているのと同じように，筆者とも作品を作ろうとします。

No. 4

アイはバナナの作品とはさみを筆者に手渡すが，筆者はどうしたらよいかわからない。アイはイライラしたようにぐいぐいとはさみを筆者に押し付けてくる。筆者が思いきってバナナの房を少し切り離すと，アイはさらにはさみを押し付けてくるのでその作業を続ける。アイはそれをしばらく眺めていたが，気に入らないのか新たに画用紙と鉛筆をもってきて筆者に渡す。筆者は躊躇しながらバナナを描き始める。アイは"そうじゃない！"というように筆者の手のうえから鉛筆を握って動かそうとするが，アイの意図は筆者に伝わらない。その後も何度も何度も作り直し，アイは椅子から立ち上がりワーッと駆けていって，バンバンとクッションを叩き，また椅子に戻る。そしてアイはやり方を変えて，おもちゃのバナナを紙にあてがって自分でなぞり，筆者に画用紙とはさ

第2章　関係性のなかの"わたし"の出会い　67

みを押し付ける。筆者が切り抜いて渡すと，アイは自分ではさみをもってかたちを調整するが，途中で捨ててしまう。(***X***. 6.29)

　アイが母親に頼む代わりに筆者にはさみを押し付けて要求したのは，筆者のことを母親と何らか同じような存在として捉えているゆえです。アイは，母親と過ごす家庭というパターンを大きく崩されたことに混乱しながらも，その変化を必死に何とか受けとめようとしていることがうかがえます。しかしこのとき筆者は，アイがせっかく要求してきてくれたからこそ，この稀有な機会を逃さないよう精確にアイの意図を汲みとらなければならないと気負ってしまっていました。アイの意図は十分汲みとれず，筆者は，はさみで一度切ったら取り返しがつかないのではないかとおびえ戸惑ってしまっていました。アイは，思うようにやらない筆者に対して明らかにイライラしている様子であり，筆者の困惑は増し途方に暮れてしまいました。するとその後，アイは，バナナのかたちのアウトラインを描く工程を筆者に頼むのをあきらめ，自分でおもちゃをなぞり，残りの工程を筆者に頼むという，後で振り返るときわめて柔軟な工夫を行いました。しかし，そのさなかの筆者はアイの要求をうまく理解できないことでひたすら動揺して余裕がなく，ひそかにアイが作業をあきらめることさえ期待してしまっていました。筆者はアイの行動に圧倒され，アイとのあいだでやりとりを育むことができない状態であったと言えます。このエピソードにおいて，関係を閉ざしているのはアイではなく筆者だったのです。

　その後の留守番でもこのようなことが続きました。繰り返されることで筆者に少しは余裕が出てきてアイの苛立ちを受けとめられるようになってはきましたが，依然アイの思い通りにならず作り直すことが度重なり，アイと筆者は苦しい思いを味わっていました。そうしたなかで，アイがわかりやすく意図を伝えようと必死に努力し，筆者がそれを受けとめるというやりとりがついに生まれました。以下はそのエピソードです。

No. 5

　アイは筆者の手をひいて自分の部屋に連れて行き，画用紙の上部に２つ小さい丸を横並びに描き，鉛筆と共に差し出した。筆者はアイの要求がさっぱりわからず，「これなあに？」とアイに聞く。アイはぐいぐいと鉛筆を押し付けて

くるが，筆者はわからないという表情をして「これなあに？」と言い続ける。するとアイは，本棚から食べ物の写真の載った本を取り出し，何かを探し始める。筆者は，「うんうん，何を描くのか，教えて！」と高ぶった気分で言いながらそれを見守る。アイはなかなか探せないようだが辛抱強くページをめくり，ソフトクリームの写真を見つけ，指さして筆者に示した。筆者はうれしくなり，「ソフトクリームね」と言って描き始めた。とりあえずアイの描いた丸の下にもうひとつやや大きい丸を付け加え，「こう？」と聞いてみる。するとアイはその丸の下にさらに大きい丸の輪郭を指でなぞって示すので，筆者はその通りに描いた。(*X*. 10.29)

　画用紙の丸とは，図4のようなものでした。

図4　アイが描いた丸

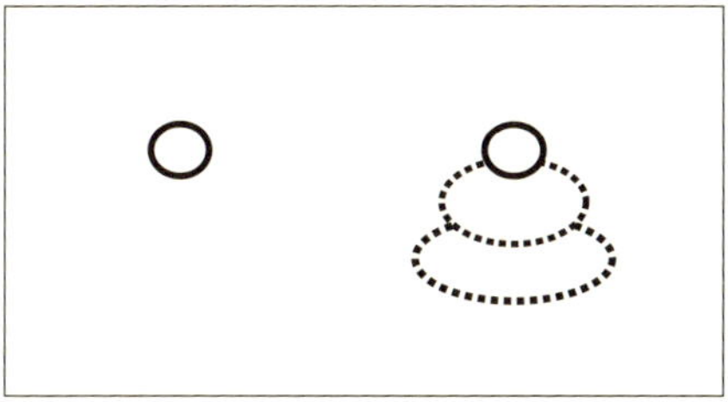

※点線は，後のやりとりによって筆者が描いた線

　筆者はこのときにもはじめはアイの意図を汲むことができませんでした。しかし，こうしたやりとりに慣れてきて，筆者が受けとめを失敗したからといって取り返しのつかないことも起こらないとわかってきたため，アイに尋ねる余裕をもつことができました。するとアイは，ただ鉛筆を押し付けるだけでなく写真を指さすという，母親でなくてもわかる方法を工夫して筆者に伝えることができました。アイの伝えようとする必死の思いと，アイの伝えたいことが筆者に確かに伝わることの喜びに，筆者のこころは大きく揺さぶられました。さらに，筆者が描いたものがアイの意向に添い，嬉しさを感じながら筆者は作業を進めました。筆者がアイを意思ある存在として落ち着いて向かいあうことができるようになったこと，そして，アイも，“丸を描けばソフトクリームとすぐにわかるほどはなじんではいないという点で母親とは違うけれど，アイと共

に作品を作り出そうとする存在ではある点で母親と重なる他者"として筆者を捉えることができるようになったことが双方にあったからこそ、"「これなあに？」→写真を指す"というやりとりを結実させることができました。筆者にとってのアイという他者の存在、アイにとっての筆者という他者の存在がそれぞれ確かなものとして認識されるようになったからこそ、こうした相互的なやりとりが成立したと考えられます。

　さらにこのエピソードの後、続けて同じようにして2人で飴玉の作品を作りました。その作品はアイに途中で壊されることなくはじめて無事完成し、アイは自室の壁にそれを貼り付けました。その横に貼ってあった飴玉の作品を見て、筆者はこれまで母親と作ってきた飴玉と今回の飴玉のかたちが微妙に異なることに気づきました（図5）。ふだんのアイがモノのかたちに対して厳密なこだ

図5　飴玉のかたちの相違

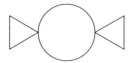
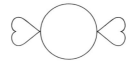

【筆者と作った飴玉】　　　【母親と作った飴玉】

わりをもっていることに鑑みると、これはきわめて重要な変化でした。新たな他者である筆者とのあいだで作り出した微妙に異なるかたちをアイが認め、かつ、これまでの飴玉の作品に並ぶように貼りつけたのです。このことは、アイと、母親、筆者とのあいだにおいて違いは多々あるけれど共通するところもあると、"これもあれも仲間だよね"とアイがその共通性を拾いあげることができたということです。これまで、"母親という特定の他者との関係性においてのこのかたち"というように具体と密着した厳密なパターンとされていたものが質的に変容し、より不特定な他者との関係性において共通する意味を抽象的に拾いあげられるようになったと言えます。こうした「自他が共に知覚し、その認識を分かち合えるような対象」を麻生（2001）は「共同化された対象」と名付け、子がこうした対象を母親などの他者とのあいだで拡大してゆくことにより、この世界に構成された共同性に子が参入してゆくことになると説明しま

した。絶えず変わり続ける複雑な刺激に満ちているこの世界において，具体性に密着したパターンはその硬さゆえに変化に対応しきれないもろさがあります。具体に貼り付いたパターンから，より抽象的な他者と共有された意味へと推移することによって，アイがこの世界を共に生きる者としての確かさが増すと考えられます。そして，アイと向かい合う筆者にとっては，アイとのやりとりの手応えが確かに感じられる大きな喜びの体験となりました。

3．研究1のまとめ──共同的な対象の獲得

(1)　母子にとっての"繰り返し"の意義と限界

No. 1に鮮やかにうかがえた繰り返される同調的なかかわりのパターンは，半ばオートマティックに展開していました。"繰り返し"によって，母親にとっては，アイの拒絶なく共に居ることができ，次に何が起こるかある程度予測できることとなり，アイにとっても，ノイズのような侵害がなく自分の遊びが保障され，母子それぞれの安らいだ時間となっていました。繰り返されるこうしたやりとりは，発達障碍をもつ子どものいる家庭では日常的に行われると考えられます。小説家の大江健三郎は発達障碍をもつ息子とのかかわりの経験からこれを「永いあいだかかって作られた，特別なコミュニケーションの手つづき」と呼んでいます（大江，1986）。アイと母親も時間をかけてこうした安らぎの瞬間を手に入れたのでしょう。

このように"繰り返し"見られるコミュニケーションのありかたを，アイの側に帰属させたものは，一般にこだわりや常同行動と呼ばれて，自閉症スペクトラムの主症状のひとつとして捉えられています。何らかの他の問題から派生する「二次的現象」として暗黙のうちに仮定されることの多いこの症状（Frith, 1989/1991）は，そのメカニズムについて主に2つの角度から捉えられてきました。

まず，脳機能障碍を背景に想定し，それに基づく症状であるとみなす立場があります（Frith, 1989/1991；Ornitz, 1989；Lovaas et al., 198；Hutt & Hutt, 1970）。一方，行動の背後にある情動を推測し，自閉症スペクトラムをもつ人の情動的な混乱，不安への対処行動としての意味を見出そうとする立場も見られます（Tustin, 1972/2005；山中，1976/2001；浜田，1992；小林，2008；滝川，2017）。とくに浜田（1992）は，「他者とのあいだで共有することはできないけれども

第2章　関係性のなかの"わたし"の出会い　71

子ども自身の世界のなかで強固に意味づけられた」「意味の島」に子どもがすがる行動としてこの症状を捉えました。

　後者の立場に立ち，そのうえでこの症状を関係性における"繰り返し"という事態として捉えることによって，母親にとっても，理解しがたい子の世界を部分的に理解する手がかりとして（浜田（1992）の表現を発展させれば子についての"理解の島"として）機能していると考えることができます。そして，その島において，母子が共にひとときの安心をみいだすこととなることを考えると，子にとっての「意味の島」（浜田，1992）は母親にとっての"理解の島"となり，母子において"共生の島"となると考えられます。その共生は，あくまで母親がアイに歩み寄り，アイの世界を受けいれることによって成り立つものであり，「受容されている直接的な二者関係のあいだに身を封じている」（浜田，1992）ような状態ではあります。それでも，アイにとっては，人といて安らげるという，これまでおそらく得られることのなかった安らぎの体験の瞬間であったと考えられます。ノイズや脅威ではない他者の存在を微かであれ感じる，アイにとってはじめての体験となっていたのではないでしょうか。母親の方から子どものありように寄り添い受けいれることによって育まれた"繰り返し"のコミュニケーションは，それ自体が母子の微かな安心のよりどころとしてたどり着いた帰結であると考えられます。

　しかし，アイと母親がいつもこのような確かな瞬間をもち続けることはできず，"共生の島"にずっと留まれるわけではありません。アイが実物のバナナをどうしても手に入れることができない No. 2 はそれを顕著に示すものでした。しかし，バナナの例ほどに顕著ではなくても，No. 1 の状況を改めて見れば，たんぽぽの咲き方やさくらんぼの実の落ち方，それら1つ1つの感触の違い，取り巻く空気感など，列挙しきれないほどに無数の変数に満ちており，その瞬間瞬間は決して同一でなく，具体的な万物は変わり続けるのです。それゆえ，アイの"繰り返し"は際限がありません。しかし，ある程度時間が経過すれば，アイはこの遊びを切りあげて，帰宅の途につかなければなりません。アイの求める確かな安心は，この一体的な関係性だけからでは永遠に得られないのです。

(2) 母子の共同的な対象の獲得へ（図6）

図6　母子の共同的な対象の獲得に至るプロセス

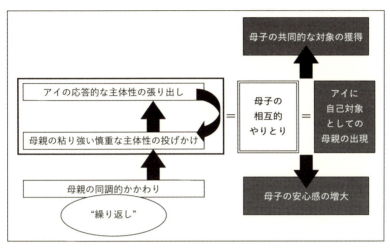

　母親は，複雑な変化をできるだけ減らしてアイに同調的に寄り添うことで，共にいることがアイに許されてきました。その母親は，No. 3で，その同調を基調としながら，モノを介して粘り強く少しずつその主体をアイに呈示し，アイの応答を捉えることによって，アイとの相互的やりとりを成立させていました。この母親の粘り強い働きかけによる貴重な成果が，具体のバナナそのものより抽象度を増した共同的なバナナの作品であり，その作品を作る相互的な関係性でした。

　抽象とは，「事物や表象について，ある性質，共通性，本質に着目し，それを抜き出して把握すること。その際，他の不要な性質を排除する作用（＝捨象）をも伴うので，抽象と捨象とは同一作用の二側面を形づくる」（大辞林第三版）と定義されています。そして，概念化も，「個々の事物に共通する性質を抽象し，まとめあげる」（藤村，2005；傍点は引用者）ことによって行われます。藤村（2005）によれば，概念の表象において最も早く発達する確率的表象は，「対象が概念の事例であるか判断する際に，ある属性（手がかり）をもつことがどれだけ決め手となるかという意味での，手がかりの妥当性（cue validities）に着目」して行われ，乳児であっても馬の写真を何枚か繰り返し見せた後にキリン

第2章　関係性のなかの“わたし”の出会い　｜　73

の写真を見せたほうが注視時間が長くなることから，基本レベルのカテゴリーが乳児でも形成可能であると言います（Eimas & Quinn, 1994）。

しかし，わたしたちが，そうした物理的特徴の抽象のみによって，馬やキリンの概念を形成していくわけではないでしょう。自閉症スペクトラムの当事者であるGrandin（2001）は，「私の心の中には言葉で表された総称としての『犬』という概念」はなく，犬の鼻の種類によって犬を識別すると話しています。そして，自らを，カテゴリー生成を細かい知覚情報に基づいて行う「視覚型思考」であると述べ，「言語型思考」であるマジョリティは「概念的な方向に偏りすぎている」と主張しています（Grandin, 2010）。こうしたGrandinの認識世界から逆照射すれば，「言語型思考」のわたしたちが抽象を行う際には，決して物理的情報のみに基づいて行っているのではないと考えられます。

筆者は，アイと母親の観察から，物理的情報以外に，抽象を行う際の手がかりの重みづけを行い，その妥当性を高めるのが相互的やりとりであると考えました。具体の世界に貼り付いていたアイが，より抽象的に情報を捨象したバナナを受けいれることができたのは，母親との相互的やりとりがあってのことでした。つまり，具体的なバナナからその特性を母親が抽き出す共同的なやり方を，二人羽織のようにアイの身体所作とほとんど一体化して同調しながらも，粘り強く繰り返し呈示したことによって，アイに少しずつ浸み込んでいったと考えられます。そして，アイがそれに応答し，母親⇒アイ⇒母親……という相互的なやりとりをかわすようになったことで，母親とアイにとって同じバナナを意味する共同的な対象を獲得していったと考えられます。通常の発達プロセスにおいて二項関係から三項関係が分化してくる過程を，浜田（1992）は，「赤ちゃんが相手の視線を追うようになる以前から，相手である母親の方が赤ちゃんの視線を追うということを始終やっている」こと，そして，「身体をもつものが相互に相手の身体の向かう向きに対して注意を注ぎ合っているという心的事実」を土台に，赤ちゃんが「やがて相手が視線をそらすと，それに気づき，さらには相手の視線を追って同じ目標物に目を注ぐように」なり三項関係が成立すると考察しています。さらに浜田（1992）は自閉症スペクトラムの中核を「相互身体性」の問題として捉えています。この見解に立てば，アイと母親とのあいだにおいて，アイに三項関係の土台となる相互身体性の感受の弱さがあり，おのずと三項関係が立ち上がることは困難であったと考えられます。そう

したなかで，まず，母親が通常の子育てにおいて行う以上に，その身をアイに繰り返し浸み込ませるかのようにアイに同調させました。そして，そのかかわりをベースにして，母親自身の主体性を丁寧にアイに投げかけて，アイがそれへの応答として主体を"張り出してくる"（志向性を備えて母親に向かってくる）のに応じて，母親がアイに合わせたり自分の主体を打ち出したりと，調整して働きかけました。こうした，アイとの相互的やりとりを引き出そうとする一連のやりとりを通じて，母親がアイにバナナの抽象化のプロセスをじっくりと浸み込ませようとしたと捉えることができます。

　そして，三項関係の確立が間主観的な自己感が育つ時期に特徴的な行動であると指摘されるように（Stern，1985/1989），相互的やりとりに基づく抽象的な共同の対象の獲得は，"わたし"の発達においても重要な転機であると考えられます。アイにおいて母親という他者があらわれ，他者に対して"わたし"を押し出す相互的な動きのなかに，アイの"わたし"が確かに立ちあがっているのが見てとれます。

　共感的環境としての他者を"わたし"の一部，すなわち「自己対象」として捉える自己心理学の理論（丸田・森，2006）にならえば，アイにとってのバナナは，特異的に，他者ではなくモノにおいて「自己対象」[16]（Kohut，1977/1995）的な意味性を備えているとあらわすことができるでしょう。しかし，モノは変化し続け定まらず，それによって得られる安心感は限定的ですし，人のような双方向的な応答の手応えも得られません。アイと，「自己対象」（Kohut，1977/1995）的なモノとの関係性は，人との関係性のような安らぎにはならず，そこでアイは，繰り返し繰り返し，「自己対象」（Kohut，1977/1995）的なモノへの確かめをせずにはいられません。母親の粘り強い主体の発揮とアイの応答が繰り返されるなかで，母子が共有する対象としてのバナナが作られるようになったことは，これまでモノであったアイの「自己対象」（Kohut，1977/1995）

16　ここで言う「自己対象」（Kohut，1977/1995）的なモノとは，Tustin（1972/2005）の「自閉対象」とほとんど重なり合う概念です。ただ，「自閉対象」とは，全体として「自分（me）」であると体験される対象であり，その機能は「『自分でないもの（not me）』に対する気づきを完全に取りのぞくこと」であるとされており（Tustin，1972/2005），他者性を完全に含まないことが強調されています。ここでは，「自己対象」（Kohut，1977/1995）という間主観性をはらんだことばを用いることで，モノが全くの「自分（me）」でなく，社会的存在でもあることから，コミュニケーションにより他者性が入り込む契機を内包しているという意味をこめました。

に母親という他者が入り始めたということであり，母親が「自己対象」（Kohut, 1977/1995）的に捉えられ始めたという重大な契機を示していると言えます。アイは，抽象化され扱いやすくなった対象を得たことによる安心のみならず，他者との相互的確かめあいが安心となりうる貴重なきっかけを得たのです。

　そして，アイが母親とのあいだで育んだこの能力は，筆者とのあいだにおいて般化し発展しました。般化には抽象の働きが不可欠です。No. 4で，アイは筆者を母親とある程度同型的な存在として捉えたうえで，筆者に対して意思表出を行おうとしていました。アイと筆者とのあいだで相互的やりとりが成立するために必要であったのは，筆者が自身の動揺を収め，アイの“わたし”を捉え，アイが伝えようとする志向性を受けとめようとすることでした。No. 5においてようやくスタンバイの整った筆者に対して，アイは母親との共通性と差異とを備えた筆者という他者を捉え，その筆者に向けたよりわかりやすい意思表示を行うことができました。そしてアイは，母親とのあいだで共有した飴玉 α と，母親と似ているけれどやや違う筆者とのあいだでの相互的やりとりによって作り出した，飴玉 α と似ているけれどやや違う飴玉 β とをひとくくりにし，アイと母親，筆者とのあいだでの共同的な飴玉として捉えるに至ったのです。自閉症スペクトラムをもつ人が般化が困難であることについて，Alvarez & Reid（1999/2006）は，「心のより深層の構造を変化」させることによってこそ般化は促進されると論じました。この「深層の構造の変化」こそが，こうした相互的なやりとりの発展なのではないかと思われます。つまり，他者とのあいだでの相互的やりとりが発展し対象の共有が広がっていくことによって，具体との密着が少し離れて抽象されていき，般化が進展すると考えられます。

　繰り返される行動をもし固定的な症状であるとみなしてしまうならば，このような“わたし”の生成は起こりにくいだろうと考えられます。繰り返される行動を固定的なものとみなすまなざしこそがそれを固定的なものにするのだと指摘することも可能でしょう（小林，2008）。例えば，TEACCH[17] のメソッドを表面的に安易に取り入れて固定的な構造化を行うことは，しばしば指摘されるようにこだわり症状の固定化を生じやすい（滝川，2004b）という問題があります。TEACCH のような環境設定が，無限の“繰り返し”によるかりそめの安住に彼らを閉じこめていると捉えるとすれば，このメソッドを表面的に利用することの問題点はより明らかでしょう。

研究2

エピソード群は以下のようなストーリーラインにまとめられました。

《ストーリーライン：

思春期におけるダイナミックな変容から"わたし"の再体制化へ》

　1．主張という"みなし"の意義：アイが思春期を迎え，アイの身体が大きくなり，エネルギーが張り出すなかで変化が生じ，母親はその変化に不安や恐怖を抱いた。母親は，アイの簡単に捉えがたいその変化を，「主張」とひとくくりに捉えようとし，そのように"みなす"ことでアイの変化を肯定的に受けとめようとしたと考えられる。

　2．母子の関係性における主張の成立プロセス：母親が「主張」とみなした変化の方向性は大きく，(1)"わたし"を出していく　(2)"わたし"を収れんさせていく　という2方向である。アイの行動に，母親は，脅威，恐怖，怒り，不安などの感情を抱きながらも，「主張」とみなしてアイの思いを探ろうとした。そして，アイの行動に向きあったり尊重したりしながら，アイと母親の関係性が再構築されていった。そうしたなかで，アイの「主張」が体を成し，意思が明確化し母親にわかりやすく伝わるようになっていった。

これから，ストーリーラインの根拠となるエピソードとメタ観察を示します。

1．「主張」という"みなし"の意義

　$X+1$ 年に入り，筆者は，アイとのやりとりに変化を感じ始めていました。それは，No.5で見たような，これまでやっとのことで部分的に成立するようになっていたやりとりが成立しなくなるという衝撃的な変化でした。

17　TEACCH (Treatment and Education of Autistic and Communication handicapped Children) とは，「今日の自閉症スペクトラム障害への支援の基本として重視」され，「自閉症の人々が社会的交互作用を最も苦手とすることに留意し，環境要因を統制する構造化の手法を重視して認知行動的なアプローチをとる」ものであり，「健常発達の道筋をモデルとするのではなく，関係性を迂回したかたちで，認知機能を手がかりに独自のコミュニケーションスキルの獲得や，自己形成の過程を援助することを目的にしている」ものとして山上（2007）が批判的にまとめています。

No. 6

筆者とアイで屋内プールに行く。流れるプールでは，アイは流れに抵抗するのを楽しむかのように流れのなかに立ち止まったり，流れに乗ってぴょんぴょん跳ねたりする。途中ビート板をもったので，バタ足をするのかと思い，筆者がこれまでのように手を添えると，アイはすぐにビート板を離してしまう。筆者は独り言のように「泳がない？」とつぶやいてビート板をわきに置く。(X＋1.10.29)

アイは，水のなかで感じる身体の感覚を一身に楽しんでいるようでした。ビート板をもったアイを見て，筆者はアイがこれまで2人でよくしていたようにバタ足をしようとしているのかと思い，一緒にしようと誘うようにビート板に手を添えました。しかし，アイはきっぱりとそれを拒み，筆者はかかわりを拒絶されたようなショックと寂しさを感じました。この後も折を見て手を添えようとしましたが，筆者の手はそのたびにアイに払いのけられてしまいました。プールから上がって合流した母親に，筆者が「アイちゃんもう少しで泳げそうですね」と言うと，母親は「バタ足しようって言っても全然聞かないけど……」と少し寂しそうに呟きました。筆者は，これまでの交流で辛うじてつかんできたアイとのかかわりのわずかな取っ手を見失い，アイに何が起こっているかと考える以前に，筆者がどうしたらいいかわからず強く困惑していました。

そうしたアイの変化について，母親は「お年頃」の「主張」と筆者に説明しました。アイは，公園でヘビイチゴの実を摘んでは脚や腕になすりつける遊びを好んでいましたが，X＋1年にはとくに夢中になり，なかなかやめられない様子でした。このことを筆者が母親に尋ねる場面で，母親ははじめて「主張」ということばを使いました。

No. 7

筆者が，「ヘビイチゴ（を摘むアイの様子）は去年と違う感じですか？」と聞くと，母親は「そうだと思う」ときっぱり言う。母親は「身体が大きくなったっていうのは大きいかな。もちあげたりして止められない」，「自分を『主張』する感じ」と言う。筆者が「年齢が大きくなったっていうのもあるんでしょうか？」と聞くと，母親は「うん，そうだと思う」と即答する。そして，笑いな

がら「『お年頃』なんじゃないかしら。普通の子とは違うだろうけど」と言う。「○○ちゃん（障碍をもたない女児）はアイと同じ年なんだけど、（○○ちゃんのお母さんによれば）（生理に）なっちゃえばかえって落ち着くかもしれないって」（*X* ＋1.5.28）

　アイは身体が大きくなり、周囲の力で制止できないことが増えてきました。母親は後に、「本当に止められないことが出てきたらどうしようという不安」（*X* ＋3.1.5）があったと振り返っています。こうして、何気ない筆者の質問に母親が熱心に語ったこと自体、母親の不安感を反映していると思われます。母親は別の場面で、「やろうと思ったらすごい意志だから、やめさせるというときには必死。引きずってでも止める。たちはだかったり。大きくなるって大変なこと」（*X* ＋1.8.31）と語っており、真剣に身体を張ってアイに向き合わざるを得ないことの大変さをにじませています。児童期に「わたしだって（アイのことは）わからないことだらけ」（*X*. 5.25）と言いながらも何とか安定した日常の繰り返しのパターンを作り上げてきた母親にとって、アイの変化は、筆者の抱いたような甘い寂しさを超えて、制御不能な存在に変化してしまう恐怖を感じることであったかもしれません。母親は笑って気をとりなおすようにして、「主張」、「お年頃」ということばを使って、「普通の子とは違うだろうけど」と留保しながらも一般的な思春期像をもとにアイの変化を理解しようとしています。「主張」というふつうのことばが母親の恐怖を和らげ、異質で隔たった存在ではなく、思うようにならない別個の意思をもった他者としてアイを捉える方向性を与えたのではないかと考えられます。

　アイから捉えると、こうした変化は、身体が大きくなり自分のしたいようにできるようになって、行為主体としての "わたし" の感覚を高めていくなかで起こったのではないかと推測されます。さらに、以下のようなアイのアグレッシブなエネルギーの高まりに突き動かされてのものであったのでしょう。

No. 8
　アイと筆者がダイニングにいる。アイはすごい速さで手を動かし、穴あき定規で文字を集中して書き進める。鉛筆を削りに自室に行って、口の端を上げて小走りで戻り、小刻みに手を動かす。筆圧が強いので２，３文字書くとすぐに

第２章　関係性のなかの "わたし" の出会い　79

削りに行かなくてはならず何度も往復する。1枚仕上がり，アイは上目づかいで筆者を見ながら文字をさらさらと指でなぞる。筆者はその動きに合わせて，「風船，プール，……」と読みあげていく。アイはひとわたり指でなぞるとパッと立ち上がって次の紙をもってくる。次の紙に穴あき定規で文字を書き始め，鉛筆を削りに自室に行き，パッと駆け戻りじっと真剣な顔で再び作業に入る。1枚で満足することなくこの作業は延々と繰り返される。(X + 2.3.28)

　アイの様子はエネルギッシュで，際限のない感じがしました。しかし穴あき定規がアイのあふれるような表出を収める重要な道具になっていると感じました。穴あき定規はアイが小さい頃から慣れ親しんでいる道具であり，あふれるような勢いがあってもそれによって収まりのよい文字が書けていました。思春期とは，「身体にエネルギーが中から張り出す形をとって出てくる」(山中，1998) 時期であると言われます。そして，「(自閉症スペクトラムをもつ子どもの思春期には) 自分のエネルギーが向かう先をもっていることが大事になる。…(中略)…それらは，少し前の学童期にはむしろ問題行動のように親や周囲には見なされ，規制されてきたことだったりするものも多い」(関水，1997) とあるように，以前から行ってきた，ときに困った行動に向かうこともあるのでしょう。しかし，アイの側から見れば，わけもわからず突き上げてくるエネルギーに混乱し，それを他者に尋ねることもことばにあらわすこともできないなか，これまでしていた行動がアイのできるほとんど唯一の対処法であり表現法であると言えます。筆者はこのときは，これまでの経験からアイの求めを了解し，応答することができました。アイの変化の荒波のなかでも，繰り返しの"共生の島"は完全には水没せず，このときには辛うじてわたしたちのあいだでよりどころとして機能していました。

　母親は，アイの行動の対処に苦慮しながらも，アイの変化を肯定的に捉えようとしていました。「自閉の子ってさ，人に伝えるコミュニケーションっていう部分が一番遅れるわけじゃない？　だからそれの発達がこう，ここまで来たっていう状態なんだよね。うちの場合は今やっとっていう感じで。多分早く獲得する子もいれば，ずっと獲得できないでいく子もいるわけじゃない？　だから……ねえ，ある意味アイにとっては一番大事な部分が少しはこう，ね？　かたちになってきたっていうかねえ」(X + 2.12.5) と述べているように，母親は，

最も重要な部分の発達であるとみなしています。しかし，自閉症スペクトラムの知識を参照し，「〜じゃない？」「ね？」と筆者に確かめるように繰り返し，その考えを自らも咀嚼しようと努めているようでもありました。

　母親はアイの変化を「主張」とみなしました。「主張」は，思春期だけでなく幼児期の第一次反抗期においても見られるものであり，アイにおいて，生活年齢からだけでは捉えがたい変化を重層的に包含する絶妙な名づけです。アイの変化は母親に脅威を与える新規の事態であり，その混乱に対処するため，名づけ意味づける必要があったと考えられます。「主張」ということばが，母親がアイをまなざす一応の枠組みを与え，母親の恐怖や不安感をいくらか収めることにつながったのではないかと考えられます。そして，それだけでなく，「主張」という概ねポジティブなことばを用いていることは，アイの変化を尊重しようとする母親の思いもあらわしているのでしょう。

2．母子の関係性における「主張」の成立プロセス

(1) "わたし" を出していく動き

　母親が「主張」と呼んだアイの動きは，まず "'わたし' を出していく" という外向きのベクトルに向かいました。内からあふれるような激しい勢いに突き動かされるような外向きのアイの行動が母親と摩擦を起こし，アイと母親との真剣勝負のぶつかり合いになることがありました。

　とくに，$X＋1$ 年4月頃から，アイが自分の部屋をはみ出して家族の共有スペースの壁紙をはがし始めたことが，母親にとって大きな問題となりました。それまでも，自分の部屋の壁紙や体のかさぶたなどをめくったりむいたりする動作はたびたび見受けられました。しかし，その制御は可能であり，自分の部屋の外の壁紙をここまで目立ってはがすことはありませんでした。その行為の激しさを，次のエピソードのように筆者も身をもって感じました。

No. 9

　アイは壁紙しか見えないという感じでパソコン台によじ登る。筆者は後ろから，支えるのか止めるのか自分でもわからない感じでアイの身体を抱える。力でなければ止められないと思い，次第にアイの前に立ちはだかる。アイはすごい力で，筆者はかなわないと感じる。ここに他の家族がきたらどう思うだろう，

と考えてしまう。（X + 1.8.31）

　筆者はアイの勢いに翻弄されました。制止すべきと漠然と思い，また落下の恐れもあって，とにかく何かしなければとアイを抱えますが制止はできず，かと言って力でぶつかることも人目をはばかり思いきれませんでした。筆者の中途半端な態度では，アイの行動に全く影響を与えられませんでした。
　次のエピソードに見られるように，はじめのうち，母親はアイの行動を制止しようと必死に対応していました。

No. 10

　筆者が壁に張ってある布を見て，「壁，変わりましたねえ」と言うと，父親は「今改装中」と笑う。母親は壁紙のはがれた箇所を覆うために布を20m使ったと苦笑し，「布の上も……」（※注：壁を覆う布と天井のあいだの壁紙をアイがはがしてしまうという意味）と指さす。「悪いとかっていう気が全然ない」。隣家でもはがそうとしたのだと言う。春休みには壁紙のことで「怒ってばかり」と繰り返す。母親は真顔で話し，笑顔は見られない。（X + 1.4.16）

　この頃，リビングの壁紙の多くがはがされ，部屋全体がいかにも殺伐とした感じでした。母親は，あたかも傷を手当てする包帯のように壁紙がはがれた箇所に布を張り，むき出しであるよりも穏やかな印象を筆者に与えました。さらに父親がユーモラスに「今改装中」と言ったことで，雰囲気には辛うじて潤いが感じられました。
　しかし，その布を張ったうえの壁紙も，アイははがしてしまうのだと言います。母親はことばも表情もゆとりがなく，「悪いとかっていう気が全然ない」と母親には珍しく言い切り，理解不能と突き放すかのような口ぶりでした。別の場面で母親は「（アイは）何を考えているのか……」（X + 1.7.26）ともらすこともありました。アイの行動の激しさが，家族の日常を揺るがす脅威となっていることがうかがえました。
　しかし，この4か月後，筆者がはがれた壁紙を何気なく見上げていると，母親の方から「壁紙すごいでしょ。夏休みのはじめにはすごく怒って。でも，お父さんとも話して『もう怒らなくてもいいのでは』とさせるままにしている」

（**X**＋1.8.31）と言うことがありました。このとき「壁紙すごいでしょ」と母親から切り出したことは、筆者の驚いた様子を汲んで母親がことばにしたととれますが、母親がイニシアチブをとり筆者からの指摘を避けているようでもありました。母親にとって、この行動に対して受けとめ難い生々しい思いがまだ残っていると感じられました。この頃を振り返り、母親は、「『これを止められたらわたしはもうパニック』みたいなときじゃない？　これはもうしょうがないんだよねー。しょうがないんだけど（中略）どこまでやるのかっていう頂上が見えないときっていうのが一番やっぱり怒っちゃう」（**X**＋2.12.5）と言っていました。アイに止めようのない切迫感があるとはしながらも、母親はどうしても怒ってしまうと言います。それは、「頂上が見えない」、つまり、アイの行動の限度が見えずエスカレートしていくことへの不安感ゆえの受けとめがたさなのでしょう。そして、際限の見えなさは、自分でもわからずに何かに突き動かされるようにその行動に向かっているように見えたアイにとっても同様であったのではないでしょうか。母親の制止によりアイの際限のない行動が枠どりを得たと言えますが、一方で、制止を受けることでアイのフラストレーションは増大し、壁紙はがしへの執着はより増していくという悪循環に陥っていたとも捉えられます。そこで母親は、父親とも話して対応を変えたのです。母親がアイの行動に折り合っていく背景には、父親の支えに助けられながら、アイの切迫感に対して努めて共感的に理解しようとする姿勢がありました。母親は、「もっていきようがないからねー、アイなんかはねー、どこにも。普通の子もどっかもっていくのって難しいのにね。せっかくなんかいろいろ出てきてるのにさー……」（**X**＋2.12.5）とも振り返っていました。母親はアイの行動に、思春期のエネルギーの高まりとそれをもっていきようのない苦しさと切なさを感じとることによって、この行動を受けとめようとしたのでしょう。

　その後まもなく、**X**＋1年秋頃から壁紙はがしは落ち着いていきました。**X**＋2年3月頃から再びはがし始め、母親は、「夏までやらなかったら、修学旅行のときにでも（アイの留守に）壁紙張り替えようと思ってたのに」（**X**＋2.4.5）と呟いていました。このように母親は、アイが熱中しているさなかに直接制限することはあきらめても、より長いスパンでアイの熱が冷めた頃を見計らって日常的な環境に整えていこうとしていました。そうしたなかでも、アイの行動の予測がつきにくく迷う思いが垣間見えました。その後、アイの壁紙は

がしへの熱は次第に冷めていき，行動の開始から１年半程経過し，次のエピソードに示すように母親はついに壁紙の張り替えを決心しました。

No. 11

母親が思い出したというように「壁紙，張り替えようと思って」。筆者が「いよいよですね」と言うと，母親は食器棚から湯のみを出しながら「今度はがされたら泣いちゃう」と言って笑う。そして，「どう思う？」と筆者に聞いてくる。ここに来て急にやる気になったのだと言う。(X + 2.10.18)

「今度はがされたら泣いちゃう」と母親は冗談めかして言っていますが，これは母親の偽らぬ素直な感情と思われました。ここで母親は「どう思う？」と筆者に尋ねており，母親がさまざまな反応を手がかりに判断しようとしていることがうかがえました。その後，X + ２年11月には壁紙はきれいに張り替えられました。

はじめに母親は，アイの激しい壁紙はがしに脅威を抱き，制止しようとしました。歯止めのきかないアイの行動が続き，母親の余裕がなくなって，アイを理解不能と突き放したり怒りをぶつけたりすることもあり，アイの執着はむしろ強まり行き詰まりました。そこで母親は，父親の支えも手伝って，アイのもっていきようのない苦しさや切なさを共感的に類推し，アイの行動を受けとめようとしました。こうした母親の変化に伴って，アイの行動は沈静化し，母親はアイの反応を確かめながら，自らの迷いを素直に示しながら，対応を丁寧に調整していきました。

こうした母親のプロセスは，幼児の反抗期における親子システムの変容プロセスとよく似ています。高濱ら（2008）によれば，子の口答えや泣きなどの反抗・自己主張の高まりと共に母親はそれらを統制しようとしますが，反抗・自己主張のピークを迎え，母親は自らの複数の枠組み[18]に締め付けられ，心理的負荷が増大します。やがて，子どもの発達的変化，母親の枠組みのゆるみ，激しい反抗の沈静化に至ると言います（高濱ら，2008）。

アイと母親の場合は，子の反抗・自己主張が，直接的な母親への言動として

18　個人の価値システム，文化＝社会的価値システム，現在の条件によって構成される，母親の現実の知覚や評価を決定する枠組みを指します。

示されるのではなく，モノへの執着の増大として示される点と，ピークからの転回に母親の捉え方の変化がより多く作用していると考えられる点が，幼児の反抗期のプロセスと異なります。

　先に，アイとモノとの関係性を「自己対象」（Kohut，1977/1995）的と論じました。アイの壁紙はがしも，アイの人に対する発信の弱さから，直接他者に向かわず，「自己対象」（Kohut，1977/1995）的な壁に激しいアグレッションが向かった行動として捉えられます。また，自分の皮膚やかさぶたをはがす自傷行為と似たような意味をもつ行動としても捉えられます。そのように捉えると，壁紙をはがしたうえを覆う布はアイの傷にあてた包帯のようにも感じられます。おそらくは，アグレッシブなエネルギーの高まりと，爪でひっかけてめくる感覚的なフィードバックの効果もあって，自己完結的な際限のない激しい表出が拡大していったのでしょう。そこに母親が，第1にアイの思いを汲もうと意識的に，第2に家族の共有スペースへの拡張であるがゆえに否応なしに，第3にこれまで培ったアイとの相互的関係性からおのずと，そのアイの行動に情動的に豊かに反応し，母親自身が努めて情動を調整し捉え方を修正していきました。こうした母親の対応が，モノとのあいだで自己完結的な無限のループに陥る可能性のあったアイの行為を，母親とのあいだでどのように境界を設けていくかという対人的行動に変容させたと考えられます。母親が自身の思いを調整しアイの行動を受けいれた後にアイの行動が落ち着いたのは，その前に母親が必死になってアイの行動にぶつかり，それによってアイの行為がすでに母子の関係性の壇上に乗っていたがゆえです。それであればこそ，母親の気持ちの折り合いとそれに伴う母親の対応の変化がアイに影響を与え，行動の沈静化を導いたのでしょう。

(2)　"わたし"を収れんさせていく動き

　母親が「主張」と捉えたアイの動きには，"'わたし'を収れんさせていく"という内向きの動きも見られました。具体的には，これから示すエピソードのようにアイがリビング横の自室のふすまを閉めるという行動としてあらわれました。筆者はそれにぎくりとするような衝撃を受けました。それまでは，アイに家の玄関から押し出されることはあっても，アイが自室を閉め切ってしまうことはありませんでした。筆者には，玄関から押し出されるよりもいっそ

う強くかかわりを拒まれたような感じがしました。

No. 12

アイは自室で机に向かい，自室の隣りのリビングに背を向けている。母親と
アイの弟，筆者はリビングでおしゃべりをしていたが，母親は洗濯のためベラ
ンダに出る。それを物音で知ったのか，アイはパッと立ち上がって素早く弟の
食べていたポテトチップスを取ってしまい，弟の本をめくったりもする。筆者
は，「アイちゃん，とらないよ。これは○○くん（弟）の」と言うが，アイは
素早くポテトチップスを口に入れる。筆者は皿を取り，「これ○○くんの」と
繰り返す。母親が戻り，「あ，アイちゃん，もう終わりだから，ごちそうさま
だから，違う違う，これ○○くんの」と言い，弟には「自分のところ置いとい
て，アイちゃんが狙ってるから」と言う。アイは椅子に座ってぼんやりとし，
その後立ち上がり母親の方に歩いていくと，弟は自分のおやつを取られると思
ってか「アイちゃん！」ときつい声で言ってアイをにらむ。アイはそのまま母
親のところへ行き，母親の手を引いて自室に連れて行き，布団を敷いてもらう。
母親はリビングに戻り，まもなくアイは「ティグー」というような声をあげて
自室を飛び出し，手を叩きながら再び自室に戻り，ふすまを閉めてしまう。
（X +2.2.28）

このとき筆者は，アイが一見脈絡がないように見えて，欲求が満たされない
ことによるやり場のない思いから自室に閉じこもったのではないかと想像しま
した。閉じこもり1人になって，むしゃくしゃを収めようとしていると想像し
理解しようとすることで，筆者のぎくりとする感じが多少とも和らぐように感
じられました。次のエピソードも，筆者が必死にアイの気持ちを推し量ろうと
しています。

No. 13

アイと筆者で留守番している。アイの壁紙はがしを筆者が制止しようとする
ことが続いていた。アイはいったん机に向かったが，また椅子に登って壁紙を
はがす。筆者はその後ろから「壁紙はアイちゃんはがさないよ！」と強い口調
で言うと，アイは高い声で「ハハハハハー」と叫び，ふすまをぴっちりと閉め

てしまう。筆者は，いきなり強く言ったのがまずかったのか，アイは筆者と離れようとしたのか，など考える。アイが自室から出てくるまで，かなり長い時間が経ったと感じる。（X +2.4.5）

　このときも，筆者はアイの思いを必死に類推しようとしていました。筆者は，アイの気持ちを類推することによって，自身の動揺を和らげようとしました。そして，類推によって，Aの思いが落ち着いて出てくるのを待つ，という対応の意味づけとなり，筆者は幾分落ち着いてふすまの前で待つことができました。それでも，待つ時間は筆者にとって長く感じられました。その後母親が帰宅し，筆者はアイが自室を閉めていたことを話題にしました。すると母親は，「最近はよくある。でも，台所のドアだと何かいたずらしよう，という感じだけど，自分の部屋はなかで何かいたずらとかじゃなくて1人の世界というか，入ってこないで，っていうか，意味が違う」（X +2.4.5）と応じました。筆者が，その後も同じ話題を続けようとすると，母親は「そうねえ」と言いながら何かの用事を足すために少し席を立ったところから，母親にとってこの話題が負担の大きいものなのではないかと筆者は感じました。筆者がその後再びメールで母親に対応法を尋ねたところ，「わたしも試行錯誤，そのつど対応しています。最近よく話しますが，お年頃になって本当なら『もっと1人になりたい』と思うこともあるはず。でも，そういう訳にもいかない時もあって生理の時など，『アイが閉めるとわたしが開ける』を繰り返しています。開けたからといって怒ったり，不機嫌になることはないけれども繰り返し閉めようとします。もし開けて欲しいと思ったら，繰り返しそう言って下さい。決して嫌がることはないと思います」（X +2.8.5）という返信をもらいました。母親は「お年頃」の「もっと1人になりたい」思いであると理解を示しつつ，「そういう訳にもいかない時」があるとしています。実際に，生理の処置などで見守りが必要なのは確かですが，以下のエピソードでは，アイの様子を見なければならない実際的な必要性は比較的低かったと思われます。

No. 14

　アイは突然自室に戻り，ふすまをぴっちり閉める。部屋の電気を真っ暗にしているらしく，母親が入って「電気つけるよ」と言い，「閉じこもっちゃった」

と言って笑う。筆者は何となく落ち着かない気持ちになる。母親もそのことに敏感で，部屋の電気をつけたのかな，とも感じる。(X＋2.3.28)

　母親は「閉じこもっちゃった」と笑って言いますが，ことばにし難い，押し殺したような困惑がうかがえました。真っ暗ななかで1人閉じこもるアイを前に，筆者は，心がざわめくような落ち着かなさを感じ，母親も同様の落ち着かない思いを抱いているように感じられました。研究1に見たように，アイと母親は“繰り返し”のパターンを軸とした関係性をもっていたとはいえ，それはあくまでモノを介した限定的なものであり，自閉的な関係様式は目立っていました。アイと世界との接点はもろく，“閉じこもったアイがこのまま逆行して世界とかかわりをもたなくなってしまうのではないか”とでもいうような名状し難い空想的な恐怖を，母親はどこかで感じていたのかもしれません。No. 12, 13で筆者が強く動揺したのも，こうした恐怖を根底に抱いていたゆえかもしれません。そして，筆者がアイの思いを類推し，それによって了解可能な行動として思うことで動揺を鎮めようとしたように，母親は，「主張」とみなすことで，そうした恐怖を収め受けいれようとしたのではないかと思われました。そして，母親がそれを「主張」とみなして概ね受けいれることによって，ふすまがアイの“わたし”の境界のように母子のあいだで意味づけられ，機能していくと言えます。その後，この行為は続きましたが固定化することはなく，母親がときどき様子を見たりアイのタイミングで自室から出てきたりといった緩やかなかたちでした。しかし，もし母親が，恐怖に駆られてアイの部屋に頻繁に侵入していたならば，アイは自閉的な防衛スタイルを強化し，空想的な恐怖が現実的なものともなりえたかもしれません。

　(3)　「主張」の明確化
　(1)(2)のような展開を通して，アイの「主張」は母親とのあいだでかたちを成していき，はっきりとわかりやすく母親に伝わるものとなっていきました。母親はメールで，「車で図書館に行ったのですが，アイは車から降りたがらず（シートベルトを握ってはなさない！）お父さんと車の中で待っていました。このごろ，本当に自己主張がはっきりしていて，大変な面も多いけれども，考えていることはわかりやすいという感じですね。ことばは無いけれど，会話が成り立

っているような？？？」（X +2.9.9）と言いました。

さらに母親は，「伝わりやすくなってるって自分（＝アイ）でもきっと思ってるんじゃないかと思う。うん，こうすれば伝わるとか，これをもってきたらわかってくれるんじゃないかとか，そういう，『これならどうだ』っていう作業をするのよ。伝えるための，一生懸命，こう考えてね，やってるんだよね，この頃ね」（X +2.12.5）と語っており，アイが積極的に伝えるようになった変化をはっきりと捉えるようになっていました。

3．研究2のまとめ──母親の"みなし"の機能

母親は，思春期における子の変化に動揺しながらも，その変化を「主張」と"みなし"，子の思いを類推して応じたり子の思いを尊重してかかわったりしました。そのことが，母子の関係性を再編し，子のあふれでる"わたし"，閉じこもる"わたし"の再体制化を促したと考えられました。

子の変化は，母親にとって脅威でした。子の変化を「主張」と名づけてそのようにみなすことにより理解の枠組みを得たことそのものが，母親に一応の情緒的安定をもたらしたと言えます。母親は，筆者に説明しながら咀嚼し，自らを納得させているようにも見受けられました。しかし，「みなし」とは「仮にそうであると想定すること」（大辞林）であって，あくまでも仮定であり，強固な思い込みや一方的な決めつけではありません。母親は揺れ迷いながら，一応の基本的視座としてそこに立ち返っていたのでしょう。

そして，母親が「主張」とみなしたことが，子の，深刻な混乱に陥る危機をはらんだダイナミックな変容にまとまりを与え，子の"わたし"がよりしっかりと改めて作りあげられることを助けました。このように母親が「主張」とみなすことには，次の2つの母親の志向性がこめられていると考えられました（図7）（次頁）。

①意思ある者として共感的に捉えようとする志向性

まず，「主張」という"みなし"は，子を意思ある者として共感的に捉えようとする母親の思いのあらわれと考えられます。子を意思ある者として捉えるのは，一般的には自然なことであり，発達初期の乳児に対しても養育者は，乳児の表出する表情や身体動作に触れると「自ずと」それをさまざまに解釈し，

図7　母親のみなしの志向性

①意思ある者として共感的に捉えようとする志向性
母親が，子どもの思いを感じとろうとし思い入れる
⇨子どもの行動が母子間において対人的意味を帯びる

②能動性を備えた他者として尊重しようとする志向性
母親が，理解を超えた子どもの行動に際して，
子どもの思いが十分推測できなくても，対応をそのつど模索する
⇨子どもの情動のるつぼにひとくくりの枠づけがなされる

意味を与えると指摘されています（篠原，2014）。こうした，「乳児もすでに豊かな心の世界を有した存在とみなし，乳児と心を絡めたやりとりを行おうとする」養育者の子どもに対するメンタライジングはとくに「マインド・マインデッドネス」と呼ばれ，そうした養育態度が，子がこころを理解することを促進するとされています（篠原，2014；Meins et al., 2003）。しかし，アイがどのような思いで壁紙をはがすのか，ふすまを閉めるのか，その思いを即応的に自然に感知することは難しく，母親の「何を考えているのか……」という嘆息にもその困難は見てとれました（No.11）。それでも母親には，アイとのあいだでこれまで培ってきた関係性を土台に，アイの思いを推し量ろうとする姿勢がすでに定着していました。母親は，自閉症スペクトラムに関するさまざまな情報も取り入れ，思春期的な心性に共感を向け，アイの行動の意味を類推しようとしました。例えば母親は，アイの激しい壁紙はがしに，エネルギーのもっていきようのない苦しさと切なさを思い入れることで（No.11）アイとの行き詰った悪循環を脱しました。また，アイの自室を閉める行動には，思春期的な「1人の世界」を求める思いを母親が感じとり保障することで，自分を収めるという意味をもつ行動として成立せしめました。母親が，これらの行動を単なる対モノ的な行為として捉えるのではなく，その対人的な意味を敢えて読みとろうとすることによって，子の行動は母子のあいだで対人的な意味を帯びることとなり，自室の物理的境界が“わたし”の境界としての機能をもつことができたと考えられました。

　しかし，母親がアイの思いを意図的に感じとろうとし続けることは決して簡単なことではありません。通常，乳児への「マインド・マインデッドネス」では，養育者が「自ずと」感じとってしまうほどに乳児のサインが豊富にあり

（篠原，2014），そして早晩，子のめざましい成長により，子の実際の思いとして手応えをもって返ってくることとなります。一方，アイの場合は，サインはより乏しく不明瞭であり，思い入れてみなしたことが手応えのあるかたちで返ってくることも比較的少ないのです。山上（1997）は，自閉症スペクトラムをもつ子どもに情動的かかわりをもとうとして接近する人たちが味わう深い無力感を指摘しています。極度の無力感や傷つきによって，"わけがわからない"，"しょせん障碍児だから"といった，子を異物化する"みなし"がなされてしまう恐れもあるでしょう。とりわけ，思春期のようなダイナミックな発達的変容のまっただなかで，その意味をそのつど的確に捉えることはきわめて困難です。実際，アイと母親のエピソードにおいても，この共感的類推だけでは乗り越えがたいわからなさが横たわっていました。アイはわたしたちにとって強力な説得力をもつ有意味語を発しません。ふすまを閉めるのはアイが1人になりたいからではないかと類推してひとまず落ち着いても，それが本当にそうであるのかという確かめがたい不確実性はつきまとうのです。

　②能動性を備えた他者として尊重しようとする志向性

　そこで，母親が「主張」とみなした背景に，もう1つのより基底的な志向性をみいだすこととなります。すなわち，アイに能動的な動きを読みとろうとする母親の思いであり，さらに言えば，思うようにならない他者として子を捉え，そのうえで尊重する志向性です。子を同型的な存在として共感的に捉えようとしたのとある意味で相反する"みなし"ですが，異物化して捉えるのではなく，一個の主体として他者性を尊重しようとする"みなし"です。当時筆者は，アイとのかかわりがもちにくくなるという変化の前に困惑し，寂しさに圧倒され，どうしたらよいのかわからないという状況で立ち止まってしまっていました。"わからない"というところで留まってしまうのは，当時筆者が共感的な志向性のみを携えていた限界であったのかもしれません。母親は，"わからない"を超えて共にある志向性をもっていたのであり，「主張」というみなしにはそれが内包されていたと考えられました。

　激しい壁紙はがしに，筆者がたじろぎ中途半端な態度に留まったのに対して，母親は当初，親としてこの行為の了承しがたさからアイと真っ向から衝突しました。その後行動を共感的に受けいれて軌道修正した後も，母親は，アイの行動や思いが予測困難であることに素直な本音をもらしながら，迷いながら，ア

イの反応を見定めつつ自らの対応を調整しました。また，自分の部屋を閉める
行為に対しても，1人になりたいのではという類推を基本としながらも「試行
錯誤，そのつど」，母親自身の不安感にときに突き動かされながらもアイが「決
して嫌がることはない」という反応を確認しながら，対応を模索していました。
こうした，互いの主体性を認め合う「相互主体的関係性」において，養育者は
「『分からない』から関わりを放棄するのではなく，それでも何らかの対応を紡
ぎ出してそこに共にあろうとする」のだと鯨岡（2006）は述べています。母親は，
自身の思いを参照し，アイの反応を確認しながら，たとえアイの思いが十分に
推測できないときであっても，母子にとってよいと思われる対応をそのつどそ
のつど模索していました。その対応は，例えば“こだわりの増悪”といった専
門用語に収まりどころをみいだし押さえつけようとするような一方的な対応と
は異なり，母親自身の思いとアイの反応を参照して行う双方向的な対応である
と言えます。

　これは，思いの中身は十分にはわからないけれどもそれをひとくくりにした
アイの“わたし”をそのつど尊重しようとし続ける母親の志向性です。それが
土台にあることによって，アイの，はじめはアイ自身にもおそらくは了解され
ていなかった感覚情動のるつぼにひとくくりの枠が与えられることとなったと
考えられました。「すでに子どもを一個の主体として受けとめる態勢にあるこ
とが，関係の持続性を保障」し（鯨岡，2006），子どもの情動を支えることと
なるのです。そして，るつぼからあふれでる，混沌として明確な方向性も定ま
らないアイの行動が，母親によって，その意味は十分了解されなくても放棄や
排斥はされずにひとまず受けとめられ，それによって母親が感じた情動反応が
アイに返されます。さらに，それによるアイの反応を母親がまた受けとめます。
母親の情動反応は必ずしも肯定的なものとは限らず，むしろ，不安，脅威，恐
怖，怒りなど，ネガティブな思いも多く見られました。それらの情動反応はや
みくもに覆い隠されるのではなくむしろ率直にあらわされましたが，必ずその
後に振り返って内省する余地を備えていました。例えば，壁紙はがしに怒った

19　先に引用した浜田（1992）による，互いの志向性をおのずと感じとる関係性も「相互主
　体（的関係）性」と呼ばれていました。鯨岡はそれよりもマクロに関係性を捉えてこのこと
　ばを用いており，その意味内容には相違があります。この本では混同を避けるため，鯨岡
　（2006）によるこの概念についてのみこのことばを引きました。

後には父親と相談し振り返り，壁紙の張り替えに不安を表明した後には筆者に尋ね，心配してアイの部屋を開けた後にはアイの反応を確かめていました。こうした母親の志向性を支えているのは，アイの行動のわからなさということに対して，母親が「開放性」（遠藤，2003）を備え「ホールディング」（Winnicott, 1965/ 1977）する身構えでしょう。言うなれば，泣いている赤ちゃんを，養育者が，「まさに自分もそこに主体としておりながら」「おお，よしよし」と抱きとめ，「『赤ちゃんにも泣きたい気持ちがあるのだ』と鷹揚に受け止める態度」です（鯨岡，2006）。母親のそうしたホールディングの態勢は，この変化を「一番大切な部分の発達」としているように，幼少期から一貫して主体性の発揮を有意義なものと捉える母親の価値観に基づくとも考えられます。また，壁紙はがしのもっとも激しかった時期の様子から推察される父親のホールディングもかかわっているのかもしれません。

　こうした相互主体的な志向性に基づくやりとりが展開するなかで，アイの，煮えたぎるるつぼからあふれ出すような行動や，やみくもに押しこめようとするような行動は収まっていき，アイの“わたし”の再体制化，父親のことばを借りればアイの“わたし”の「改装」がなされ，アイと母親のあいだにそれまでよりも明瞭なアイの「主張」というかたちで実際にあらわされるようになっていったと考えられます。

第3章

知的障碍における
関係性のなかの"わたし"

　前の章で，自閉症スペクトラムの特性が目立ち，知的障碍もあわせもつアイ
の"わたし"がいかに立ち現れるかということを見てきました。

　アイの研究は，筆者の臨床や研究の出発点でした。自閉症スペクトラムとい
う，"わたし"の問題が比較的見えやすい機能障碍について，はじめに丹念な
参与観察を行ったことが，発達障碍における"わたし"の困難とその心理療法
について考える筆者の参照枠となりました。このアイの研究の後，筆者は，知
的障碍をもつ人に臨床の現場で多く出会うことになりました。筆者は当時無我
夢中で，十分にそれと自覚していたわけではありませんでしたが，アイとのあ
いだで作った参照枠を活用しながら，それとどこが同じでどこが違うかという
視点で，クライエントを捉えてきたと考えられます。知的障碍の"わたし"の
問題は，自閉症スペクトラムのそれと比べると見えにくい問題です。しかし，
自閉症スペクトラムと何が同じで何が違うのかと相対差として捉えることで，
知的障碍における"わたし"の問題が次第に見えるようになってきたのです。

　この後に続く第2部の臨床事例研究を読む手がかりとして，筆者がこれまで
捉えてきた自閉症スペクトラムにおける"わたし"，それをもとにみいだして
きた知的障碍における"わたし"をこの章で紹介します。実際には，臨床事例
をもとに筆者が少しずつそのかたちをみいだしてきたものですが，臨床事例を
理解する見取り図として先に示すことにします。

第1節　参照枠として──自閉症スペクトラムにおける"わたし"

　知的障碍における"わたし"を捉える参照枠として，まずは，自閉症スペクトラムの"わたし"の特徴を，発達の流れに即して5点挙げて考察します。

1．同調的かかわりの重要性の気づかれやすさ

　一般に，共にあろうとし情動を調律しようとする同調的なかかわりは，"わたし"の発達における最も基本的な出発点となるかかわりであると考えられます。自閉症スペクトラムにおいては，アイに顕著に見られたように，共に過ごすこと自体を拒絶されたり，こちらがかかわりようもなく自分の遊びに没頭していたりするなど，関係性において"かかわりにくさ"が目立ち，同調的かかわりがもちにくいのです。これは重大な困難であり，とりわけアイの幼児期に母親が苦悩したように，家族や周りの人たちにとっても著しい苦しみをもたらすものです。しかし，"かかわりにくさ"がある意味わかりやすく前景に現れるからこそ，こちらは何とか少しでもかかわろうとすることにもなります。筆者が母親にならってまずはアイの「自己対象」（Kohut，1977/1995）的なモノとの遊びにできるだけ寄り添おうとしたように，同調的にかかわる努力と工夫を行うことになるのです。自閉症スペクトラムが社会的コミュニケーションの障碍であるとされていることから，周囲が関係性に対して注目しやすいことも，こうした同調的かかわりを促進することとなるでしょう。自閉症スペクトラムにおける心理療法において，1960年代当初に完全受容と共感的態度が重んじられたのは（第1章第3節），自閉症スペクトラムをもつ子どもにおけるはっきりとした"かかわりにくさ"を前に，何とかかかわろうとする素朴で自然なこころの動きとして，その子のこころに寄り添おうとしたことによるのではないでしょうか。その当時は，障碍の"治癒"というかたちでの成果が得られないことから支援者に無力感をもたらし，その反動としての批判にさらされることともなりました。しかし，その後の心理療法の流れにおいても，クライエントの体験世界や気持ちに寄り添う同調的かかわりは，自閉症スペクトラムにおける心理療法の基本として重視され続けていました。

2．相互的やりとりの立ち上げの困難

　自閉症スペクトラムをもつ人との関係性において，むしろ困難が最も深刻にあらわれるのは，同調的かかわりから相互的やりとりを立ちあげ，共同的対象を獲得していくことであると考えられます。自閉症スペクトラムの中核障碍を「心の理論」の発達障碍と捉えた Baron-Cohen（1989）が，その発達的起源について指さしを介した対象の共有にみいだしているように，相互的やりとりを立ちあげることの難しさによる共同的な対象獲得の困難は，自閉症スペクトラムにおける困難の基底的位置にある可能性があります。相互的やりとりによって共同的対象を獲得することが困難であることが，個々の共通点を他者との共同性を手がかりとして抽象することの困難や，外界の刺激を共同的に理解できず外界の刺激が侵襲的となり安心感を得にくいこと，"わたし"としての弾力性のあるまとまりが得られにくいことなど，自閉症スペクトラムにおけるさまざまな困難とかかわっている可能性が推察されます。自閉症スペクトラムにおける完全受容と共感的態度による心理療法がつまずいた背景にも，"治癒"という限局的な目標設定の行きづまりの他に，同調的なかかわりから相互的やりとりに移行する困難があったのかもしれません。

　相互的やりとりを少しでも立ちあげていくための方法として，１.における同調的かかわりにおいても重要であった，「自己対象」（Kohut，1977/1995）的なモノが鍵となると考えられます。アイに見たように，彼らの「自己対象」（Kohut，1977/1995）的なモノとの一体的なかかわりは，対人関係において安心感を得にくい彼らの対処行動として捉えられました。しかし，モノとの関係性によって得られる安心感を恒常的に保つことは困難であるために十分な対処法とはならないことが，逆に，他者とのやりとりの契機に開かれるということをも意味していました。アイの母親がしていたように，同調的かかわりをベースにしながら，粘り強く慎重に母親の主体性を投げかけることにより，「自己対象」（Kohut，1977/1995）的なモノを介して相互的やりとりが部分的に立ちあがる可能性もあるのです。

　こうした相互的やりとりに移行することの困難は，自閉症スペクトラムをもつ人における困難であると共に，その周りの人びとにおける困難であって，関係性における困難です。アイが思春期に大きく変容したとき，筆者は大きく混乱しました。そのように，自閉症スペクトラムをもつ人と同調的なかかわりを

基調としてようやく部分的なつながりを得たと感じる他者にとって，彼らの相互的な主体性の立ちあがりは，これまでなじんできた部分的なつながりを損なう危機であるかのように感じられてしまうことがあるのです。また，児童期におけるアイと筆者との創作活動で，筆者ははじめアイにどのように応じたらいいかわからずおびえてしまいました。そのように，かかわり手の主体的な振る舞いが彼らの思いとずれることで彼らとのつながりが途切れてしまうのではないかと恐れてしまい，かかわり手が主体性を発揮することを過度に抑制してしまうこともあります。このように，周囲の他者が1.のような同調的かかわりに腐心することによって，その他者が"自閉的"となってしまい，相互的やりとりが立ちあがる貴重なチャンスを逃すことも起こりえます。自閉症スペクトラムにおける心理療法で，セラピストの主体性の発揮や「異質な他者として現前」することが重視されているのは（永山ら，2013）こうした機序を踏まえたものであると考えられます。自閉症スペクトラムにおいて相互的やりとりを立ちあげるには，かかわり手が，同調性に全身を浸してしまわず，自閉症スペクトラムをもつ人の相互的な主体の張り出しを敏感に捉える目と，かかわり手自身の主体の張り出しを試みる勇気をもつことが必要となります。

3．自己完結的な自己理解——固く，まとまりにくい"わたし"

2.に示したように，相互的やりとりが立ちあがりにくいことは，共同性を土台に他の人との関係のなかの"わたし"を理解していくことを難しくします。ある自閉症スペクトラムをもつ当事者が，"わたしは〜である"という個別的理解を積み重ねることによって秩序立てて「知的な自己理解」を進めていこうとしたように（佐藤・櫻井，2010），その理解の仕方は，自己完結的にひたすら独力のものとなりやすいのです。アイに見たように他者との共同的な対象を獲得することが事象を抽象し概念化するプロセスを下支えすると考えれば，膨大な個別的知はバラバラのままになかなかまとまりません。「所与の個別的対象に対して分別理性をはたらかせ，その真理性について判断を下す技術」としての「クリティカ」に長けていても，「しかしクリティカをいくら周到に積み重ねても，それを総合的に判断するトピカの能力が欠けていたのでは『木を見て森を見ず』になってしまうことも確か」なのです（木村，1994）。また，「人間の世界は他者とのやりとりを経て，共通の意味を構築するのみならず，その他

者との対話的交通を行うからこそ，この共通の意味が流動性・融通性をもって
くる」（浜田，1992）のであり，対話性に開かれていない一人称的・一方向的
な知の蓄積は，弾力性や融通性に乏しいものとならざるを得ません。

4．対人的な"わたし"の生成の希求と困難
　　——相互的やりとりを求めて／過刺激による侵襲

　自閉症スペクトラムをもつ人も，成長発達に伴い，自己感を求めて自らコミュニケーションをもとうとするようになることがあると考えられます（佐藤・櫻井，2010）。アイも，母親との相互的なやりとりを部分的であれ自発的に求めていました。自閉症スペクトラムをもっていても，対人的交流を求め，そのなかで"わたし"を確かめ支えようとする希求性が認められるのです。それは，相互的やりとりによって，対他的なパースペクティブで"わたし"を捉えること，共同的な理解を他者と共有していこうとすることの希求であると考えられます。

　しかし，彼らにとって，対人関係において"わたし"を生成するのは難しいことです。共同的な意味を共有することが難しいために，他者からの刺激に意味性を伴った強弱をつけて捉えにくく，対人刺激を過剰に侵襲的に捉えてしまうためです。人とかかわろうとすると対人刺激を過剰に捉えてしまって，それまでに「自己対象」（Kohut，1977/1995）的なモノとの関係性において辛うじて確立されてきたあいまいな自己感を喪失するような深刻な危機に至ってしまうということがあります（佐藤・櫻井，2010）。つまり，対人交流を求めてそこに自己感を得ようとすると，その刺激に侵襲されむしろ"わたし"が揺らぐというジレンマです。それにより，自己理解や対人交流が深まらず自己評価の低下を招くことにもつながることがあるようです（佐藤・櫻井，2010）。そこを乗り越えるよりどころとなるのが，アイにとっても切実に重要であった，「自己対象」（Kohut，1977/1995）的なモノなのではないかと考えられます。

5．自己否定感と二次障碍

　しかし，このように人とかかわって"わたし"を捉えようとしても，"わたし"の構造が抜本的に変容するわけではありません。「愛着が達成され，愛着関係を基盤とする認知面の発達やある種の自己感・他者感が発達する様子が見

えても」「自閉症の症状が消失するわけでは」ありません（山上，2007）。「部分対象から全体対象への移行は容易ではな」く（倉光，2006a），「ほとんどすべてのケースにおいて，愛着対象が非常に断片的で恒常的な範囲に限られる傾向は生涯続く」（倉光，2006b）のです。

　さらに，思春期以降，相互的やりとりが部分的に行われるようになると，おぼろげながら自他の認識がなされるようになるがゆえに，周囲との違和感，周囲からの理解されなさや差別的対応を認識して，自己否定感を募らせることがあると考えられます（佐藤・櫻井，2010）。そして，他者とのあいだのパースペクティブで自らの大変さを捉え他者に援助を求める行動をとることが困難である彼らは，自己否定感といった自らの苦しみが大きいことを十分認識しないままに孤軍奮闘してしまいやすいと考えられます。

　自閉症スペクトラムをもつ青年は，一般人口に比べてより多く精神障碍を併存するとされています（太田，1999）。佐藤・中島（2006）は，自閉症スペクトラムをもつ青年において，自己の問題と，青年期に顕在化する精神障碍や社会生活上の問題との関連を示唆しました。アイに見たように，こうした"わたし"の混乱において，周囲からのホールディングが，"わたし"の再体制化に寄与する可能性も見いだされました。

第2節　知的障碍における"わたし"

　次に，知的障碍における"わたし"の特徴を，第1節に示した自閉症スペクトラムの"わたし"と対照させるかたちで5点考察します。

1．同調的かかわりの重要性の見落とされやすさ

　知的障碍における"わたし"の育ちの最も重大なつまずきは，自閉症スペクトラムと比較して，同調的かかわりが不足しやすいことにあると考えられます。

　一般に，知的障碍をもつ子どもは，早ければ乳児期前半にすでに，あやしても笑わない，追視しない，なんとなく反応が鈍い，声を出さないといった，表出や反応の微弱さが見られることがあると指摘されています（石川ら，2002）。また，養育者は，子の捉えどころのない「わかりにくさ」によって子との「一体感」を抱きにくい（加藤，2012）ことも指摘されています。子どもからポジ

ティブな情動表出や手応えある反応などの社会的報酬を受けとれないことによって，知的障碍をもつ子どもの養育者や支援者が，子どもの思いを積極的に推し量ったり応答したりするモチベーションを低減させてしまう可能性は高いでしょう。母親は親役割を強く意識して「原初の母性的没頭」（Winnicott,1958/2005）を「かりそめの形で」（加藤，2012）行うことも指摘されており，母親としての自然な欲求や情動をもとに，子の欲求や情動を適切に受けとめ応答することが難しくなりやすいと考えられます。さらに，知的障碍という知的発達の遅れを主とする障碍特性ゆえに，養育者や支援者の関心は認知的側面に集まりがちとなると考えられます。とくに養育者は子の養育に責任を感じて知的能力の成長を促そうとするために「過度に教訓的で侵入的」になりやすい（Hodapp & Fidler, 1999/2000）ことから，子どもからのただでさえ微弱であいまいな表出に対する周囲の応答はますます少なくなると考えられます。

このように，周囲からの情動的応答が乏しくても，それに対する反応も微弱で不明瞭であると考えられるため，自閉症スペクトラムのようにはかかわりの問題性が顕わになりにくいのではないかと考えられます。知的障碍においては，同調的かかわりによる「真の自己」（Winnicott, 1965/1977）の生成がされにくいという"わたし"の根幹にかかわる問題が起こりやすいと考えられるのにもかかわらず，周囲が同調的かかわりを工夫し努力することの重要性は，自閉症スペクトラムに比べるとわかりにくく，見落とされやすいと考えられます。

2．表面的な相互的やりとりと過剰適応

1.のような，同調的かかわりによる"わたし"の生成が不十分であることに加えて，理解することが苦手であるために，彼らが圧倒的にわからないことばかりに取り囲まれていることで（中島，2015），彼らの安心感は乏しいこと（滝川，2017）が推察されます。

強い不安感を抱える彼らは，知的能力の向上を目指す指示的な対応が多くなされるのに対して，そうした対応に何とか合わせようと「過剰適応[20]」的に振る舞いやすい（横田ら，2011）と考えられます。知的障碍におけるパーソナリティ特性として指摘される外的指向性（第1章第3節）はこうしたことの結果

20　過剰適応とは，「外的適応が強く内的適応が損なわれた状態」を指します（益子，2013）。知的障碍における"わたし"を理解するうえで欠かせないキーワードです。

かもしれません。彼らは，わかることが苦手でありながらも相手の表情や態度，雰囲気などを汲みとろうとし，少なくとも表面的には相互的やりとりが比較的もちやすいと考えられます。しかし，相互的やりとりとは，相手の“わたし”を自分の“わたし”とつき合わせてその異同を感じとり応答することによって成立するのであり，自身の“わたし”のフィルターを通すことを要するのです。相手からの発信を十分に理解することなく“わたし”を介さずに相手に何となく合わせて行うコミュニケーションは，あくまで表面的な相互的やりとりに過ぎません。

　このように，知的障碍をもつ人は，“わかりにくさ”に対して背伸びして何とか無理して合わせようとする過剰適応が常とならざるをえません。その見かけの相互的やりとりがなめらかに行われることにより，自身にも周囲にも見出されにくい「真の自己」（Winnicott, 1965/1977）はますます置き去りにされていくこととなると考えられます。

3．自他に対するわからなさ──あいまいな“わたし”

　1．，2．で見たように，同調的かかわりによる情動的応答を十分に返されないことによって，同調されることを繰り返すことで徐々に得られていくはずの“わたし”という感触が得にくいと考えられます。そして，相互的やりとりにおいて相手からの発信が十分に理解できないままに不安感を抱えながら表面的に合わせようとするために，相手の“わたし”との違いから相補的に理解されるはずの“わたし”も不確かなままとなると考えられます。こうして，知的障碍をもつ人の“わたし”は漠然とあいまいなまま埋没してしまいやすいと考えられます。先行研究に指摘されるような自己の情動や意思の叙述に乏しい傾向（第1章第3節）は，そうした“わたし”の埋没を示しているのではないでしょうか。自閉症スペクトラムにおける“わたし”がバラバラで固くまとまりにくいものであるのと対比すれば，知的障碍における“わたし”はあいまいにかたちを成さないものとしてそのイメージを捉えられるでしょう。

4．対人的な“わたし”の生成の希求と困難
──“わたし”の受けとめを求めて／ニーズの気づかれにくさ

　あやふやな“わからなさ”のなかで不安を抱える彼らは，表面的であれ他者

とのやりとりをもち他者とのつながりを維持することによって安心を得ようと
すると考えられます。しかし，彼ら自身も十分認識しないけれども彼らが真に
求めることとは，1.～3.を踏まえれば，「真の自己」(Winnicott, 1965/1977)
を他者に受けとめてもらい"わたし"の手応えを得ることなのではないかと考
えられます。こうした"わたし"を受けとめてもらいたいという彼らの真のニー
ズは，彼ら自身十分に捉えられていないこととコミュニケーションの苦手さ
によって，過度の依存や反発，さまざまな"困った行動"といった不明瞭なか
たちをとってあらわれやすく，結果として周囲にもわかりにくいものとなりや
すいでしょう。それゆえに，そうした行動に対する他者からの応答は彼らの真
のニーズにかみ合わず，例えば彼らが反発するのに対して強い指導がなされ，
さらに彼らが反発を強め，周囲はますます強硬となって，というように，コミ
ュニケーションパターンがネガティブなかたちで固定化されてしまいやすいと
考えられます。その結果，そのパターンにわたしたちが強く囚われてしまうこ
とで，彼らの"わたし"が一層埋没してしまうこともあるでしょう。また，ニー
ズへの適切な応答が得られないなかで，彼らが応答を得ることをあきらめて，
発信そのものをしなくなってしまうこともあるでしょう。知的障碍におけるパー
ソナリティ特性として学習性無力感が指摘されていたように（第1章第3節），
わからなさやできなさに多く遭遇し続けてきた彼らにとって，あきらめるとい
うことはとてもなじみのある対処であると思われます。

　自閉症スペクトラムにおいては相互的やりとりを求めて，知的障碍において
は同調的かかわりを求めて，対人的な"わたし"の生成を希求すると考えられ
ます。しかし，自閉症スペクトラムにおいては他者からの応答が過刺激となり
やすいことから，知的障碍においては真のニーズを自らも周囲も捉えにくいこ
とから，対人的な"わたし"の生成が難しいと考えられます。自閉症スペクト
ラムにおいて，過刺激とならないよう，同調的かかわりと彼らの「自己対象」
(Kohut, 1977/1995) 的なモノを軸にした工夫がなされたように，知的障碍に
おいても，彼らが対人的な"わたし"の生成をしやすくなるような周りの人の
工夫が求められます。知的障碍において周りの人に求められる工夫とは，彼ら
の見えにくい真のニーズを見定めようとして，彼ら自らも気づきやすくするこ
とに他なりません。

5．自己否定感と二次障碍

　このように，自己存在感（湯川・三崎，2001）の基盤となる確かな"わた
し"の手応えを得にくい彼らは，過剰適応傾向から周囲の評価を敏感に捉えや
すいことや，こころない差別的対応に多くさらされることも加わって，自己否
定感を蓄積しやすいと考えられます。そして，先行研究で指摘されていた通り，
定型発達と基本的に同型の発達プロセスを歩むからこそ（第1章第3節），自他
の相違を漠然と感じとるようになるにつれ，"わたし"のイメージがよりネガ
ティブになったり混乱したりすることもあると考えられます。

　このように，知的障碍においても，自閉症スペクトラムにおいても，"わた
し"の問題から深刻な自己否定感につながりうることが共通して推測されます。
そして，二次障碍の頻度が高いことも共通しています。知的障碍において一般
人口より高率で精神障碍が出現することが知られています（山崎，1997；
Dykens，1999/2000）。その「明確な理由はまだ明らかにされていないが，認知
機能，適応機能，社会性，神経学的機能，そしてパーソナリティなどが総合的
に関連していると思われる」と指摘されています（Dykens，1999/2000）。筆者
はこの背景のひとつとして，自己表出が乏しく自己肯定感が低いという，知的
障碍をもつ人の"わたし"の問題の関与は否定できないと考えます。彼らの精
神障碍のあらわれは非定型的でありわかりにくく，加えて「適切に助けを求め
られない」こともあって十分に理解されず，それによる「孤独」を深めること
もあると指摘されています（氏家・太田，2001）。例えばアイの思春期の混乱は，
知的障碍的な，ことばにより周囲と共有できない"わからなさ"がその混乱に
拍車をかけたと捉えられます。したがって，自己表出の困難な彼らがようやく
示した重要なメッセージとして，彼らの精神症状や行動的問題を捉えることが
重要であろうと思われます。

第3節　"わたし"を捉える基本的観点

　ここまでの議論をもとに，発達障碍における"わたし"をいかに捉えるか，
その基本的観点をまとめます。

1．関係性において閉ざされた "わたし"

　自閉症スペクトラムの "わたし" の問題を参照枠に知的障碍の "わたし" を捉えることによって，知的障碍における "見えにくい" 困難が可視化され，"わたし" の生成に深刻な困難を伴うことが浮かびあがってきました。ここまでの論点を表 1 に整理しました。

表 1　自閉症スペクトラムと知的障碍における "わたし" の特徴

自閉症スペクトラム	知的障碍
1．同調的かかわりの重要性の気づかれやすさ	1．同調的かかわりの重要性の見落とされやすさ
2．相互的やりとりの立ちあげの困難	2．表面的な相互的やりとりと過剰適応
3．自己完結的な自己理解 　一固く，まとまりにくい "わたし"	3．自他に対するわからなさ 　一あいまいな "わたし"
4．対人的な "わたし" の生成の希求と困難 　一相互的やりとりを求めて／過刺激による侵襲	4．対人的な "わたし" の生成の希求と困難 　一"わたし" の受けとめを求めて／ニーズの気づかれにくさ
5．自己否定感と二次障碍	5．自己否定感と二次障碍

　自閉症スペクトラムにおいては，その比較的見えやすい "かかわりにくさ" から同調的かかわりの重要性が周囲に気づかれやすく，その努力と工夫がなされやすいものの，同調的かかわりから相互的やりとりを立ち上げていくことに，関係性における深刻な困難がうかがえました。相互的やりとりによって共同的対象を獲得することが困難であることから，その自己理解は自己完結的で，固く，まとまりにくい "わたし" となりやすいと考えられました。相互的やりとりを求めて対人交流をもとうとしますが，過刺激による侵襲から対人的な "わたし" の生成が困難であることが推察されました。

　知的障碍においては，表出性の微弱さと，知的障碍を認知的問題に限局して捉えやすいという周囲の認識の偏りから，同調的かかわりの重要性が関係性において見落とされやすく，情動的応答が不足することに，深刻な困難の根がみいだされます。わからなさによって表面的な相互的やりとりを過剰適応的に行いやすく，「真の自己」（Winnicott，1965/1977）はあいまいなまま埋没しやす

104

いと考えられます。彼らは“わたし”を受けとめられ自己感を得ようと対人交流をもとうとしますが，彼ら自身でも十分認識されていないニーズはわかりにくく，周囲に気づかれにくいと考えられます。

いずれも，互いの主体性を認め合う「相互主体的関係性」（鯨岡，2006）を構築することの困難による“わたし”の障碍とまとめることができます。その困難とは関係性において生じるのであり，彼らだけでなく周囲の人たちにとっての困難でもあります。そして，「相互主体的関係性」の構築が難しいことによって安心感が乏しく，対人的な“わたし”の生成を求めますがそれも難しく，“わたし”の障碍が自己否定感や二次障碍に発展しやすい，という共通性がみいだされます。

さらにそれぞれの要点をまとめると，自閉症スペクトラム的な“わたし”の障碍は，他者と相互的なやりとりによる共同化やすり合わせが困難であることであって，“他者性を関係性において感じとることの困難”とあらわすことができます。関係性において相互的やりとりが立ちあがりにくく，それによって自己完結的になり，自他の相互的すり合わせによって明瞭化するはずの自他の境界や“わたし”のまとまりがもろくなると考えられます。

一方，知的障碍的な“わたし”の障碍は，同調的かかわりが少なく表面的に合わせすぎてしまうことにより，他者に「真の自己」（Winnicott, 1965/1977）をみいだされず応答されない，つまり，“自己性を関係性において感じとることの困難”であるとあらわせます。彼らの思いに対して同調されたり共感されたりすることが乏しいために，関係性において彼らのなかの“わたし”が置き去りにされ，彼ら自らも「真の自己」（Winnicott, 1965/1977）を捉えがたく，結果として周りの人もますます彼らの“わたし”を感じとることが難しくなると考えられます。

自閉症スペクトラムと知的障碍のいずれの場合も，彼らの“わたし”のありようは“関係性において閉ざされた‘わたし’”であると言えます。“関係性において閉ざされた‘わたし’”という捉え方は，自閉症スペクトラムにおいては，あくまで「人と人とのかかわりのなかで生起する事態」であるはずの「自閉」（小澤，1984）という現象を正確に表現したものであると言えます。一方，知的障碍においては，これまで彼らの“わたし”にほとんど注目すら寄せられてこなかったという彼らと周囲の環境との構造（Zigler & Gates, 1999/2000）そ

のものを如実にあらわしたものであると言えます。"関係性において閉ざされた'わたし'"としてまとめられる，発達障碍における"わたし"の障碍の要点を，図8に整理しました。

図8　発達障碍における，関係性において閉ざされた"わたし"

> 自閉症スペクトラム的な"わたし"の障碍
> ＝他者性を関係性において感じとることの困難
>
> 知的障碍的な"わたし"の障碍
> ＝自己性を関係性において感じとることの困難

２．"わたし"のありかたのバリエーション

　ここまで，"わたし"のありようを模式的にわかりやすく捉えるために，知的障碍と自閉症スペクトラムを二分化して論じてきました。

　しかし，実際には，第1章第1節で詳しく述べたように，発達障碍は精神発達の相対差として表れる暫定的概念であると捉えられ，この2つの機能障碍は連続性をもつと考えられます。

　知的障碍と自閉症スペクトラムの連続性について考えるうえでとくに興味深いのが，自閉症スペクトラムの受身性に注目した松本（2017）の研究です。松本（2017）は，自閉症スペクトラムにおける人とのかかわり方の3類型（孤立・積極奇異・受身）のうち，これまであまり注目されることのなかった受身性に着目して研究しました。そして，自閉症スペクトラムを「『他者が見えない』状態と『自分が見えない』状態のバランスを取ることが難しい」障碍であると捉え，「自分が見えない」ほうに極端に偏ったありようを受身性として理解しました（松本，2017）。そして，それはたんに自己主張や感情表出が少ないというだけではなく，「他者の考えと自分の考えは異なってよい」と思えないといった，他者のほうに「癒着」してしまうような独特のありかたであり，かかわり手が，「洗脳」とは言わないまでも「強制」させているかのような感覚を抱き，あたかも「人形みたい」に意思や主体が全く捉えがたいように感じられる（松本，2017）といった，不自然さや奇異な感触が強く感じられるありかたです。

筆者は，自閉症スペクトラムの“わたし”の問題を，相互的やりとりのなかで自他のパースペクティブのうちに“わたし”を捉えることが難しいと捉えました。そして，筆者が典型例として説明してきたのが，他者性をうまく自分にとりいれられず自分の側に偏ってしまうありようでした。松本（2017）の表現を借りれば「他者が見えない」ほうに極端に偏ったありようであると言えます。一方，松本（2017）による受身性の捉え方は，他者性にまるごと融和してしまって他者の側に偏ってしまい，「自分が見えない」ありようとして理解することができます。

　このように，自閉症スペクトラムにおけるバリエーションとして，一見すると知的障碍的な“わたし”の問題と似通ったような“わたし”のありかたがみいだされています。自閉症スペクトラムにおける受身性研究も，知的障碍における“わたし”の研究も，いずれも新しい領域であり，いっそうの探究が望まれます。

　そして，個々の事例においては，知的障碍の特性と自閉症スペクトラムの特性の重なり合いも見られることは多いですし，その障碍の特性や度合いも，環境と相互作用しながら関係性が変化していくなかで変わりうるものであると考えられます。第2章で見たアイも，自閉症スペクトラムの特性を色濃く持ちながら，知的障碍の特性も併せもっていました。

　さらに，“わたし”とは“関係性において暫定的に結ぼうとする手応えあるまとまり”のことでした（第1章第2節）。それは決して固定的なものではなくダイナミックに常に変容するのです。図8で，わかりやすさを優先して，自己性／他者性と区別していますが，関係性において他者性を感じとることとは自己性を感じとることにつながるのであって，その逆もしかりです。

　ここで示した模式的な捉え方を下敷きにしながら，その人における“わたし”のありようを関係性において個別的に捉えることが重要であると考えられます。

第3章　関係性のなかの“わたし”　107

第2部

“わたし”が立ち現れる心理療法の実際

第2部で目指したいこと

　この本の中心をなす第2部では，知的障碍をもつ人への心理療法について，4事例をとりあげて検討します。いずれも，知的障碍に加えて，自閉症スペクトラムなどの発達障碍の機能障碍や精神障碍を併せもつ事例です。彼らの重い困難の背景には“わたし”の障碍が想定されましたが，心理療法の経過のなかでくっきりと“わたし”が立ち現れるところが見てとれました。世間の常識に照らせば信じがたいような鮮やかな“わたし”を示した貴重な事例を通して，知的障碍をもつ人への心理療法においてどのようなことをなせばよいのか，それによってどのようなことが起こるのかを明らかにしていきます。

　Stern（1995/2000）が「心理療法の歴史とは大部分，既存の治療的アプローチと，その既存の概念や方法の対象になっていなかった新しい臨床群との出会いの物語」であると述べているように，心理療法の方法論とは，臨床心理学理論とクライエントとのめぐり合わせによって創出されると考えられます。さらに，心理療法とは，クライエントとセラピストのあいだにおいて織りなされるものであり，「普遍的な要素をもった二人（引用者注：クライエントとセラピスト）が個性的な相互作用を展開することで，新たな世界が眼前に拓かれていく」（倉光, 2000）のです。これまで臨床心理学の対象とはあまりされてこなかった知的障碍をもつクライエントと，既存の臨床心理学理論，筆者（セラピスト）の三者の出会いにおいて創造される，知的障碍をもつ人への心理療法の方法論を提示することを目指します。

ここでとりあげる事例について

　ここでとりあげる知的障碍をもつ人への心理療法の事例研究は，それぞれ表2の通りです。過剰適応的な無理の蓄積や，「真の自己」（Winnicott, 1965/1977）の不確かさによる不安など，それぞれの事例に“わたし”の問題が明確に見られました。心理療法の経過において，そうした問題を乗り越え，クライエントの“わたし”が立ち現れる様相がはっきりと見てとれた事例を選んでいます。

　主に検討した心理療法の構造が，個人心理療法（第4章），母子心理療法（第

表2　臨床事例研究一覧

	対象		心理療法の構造 ※採用した構造に○，そのうち事例研究の主な検討素材としたものは◎				所要期間 ※（ ）は検討素材の期間
	年代・性別	診　断	個人心理療法	母親面接	集団心理療法	支援者連携	
第4章 自律的な"わたし"が屹立する	30代女性A	中等度知的障碍 身体表現性障碍	◎	―	○	○	12年間 （1年2か月間）
第5章 母子それぞれの"わたし"を支え育む	30代女性B その母親	中等度知的障碍 気分障碍	◎	◎	○	○	9年間 （5年間）
第6章 仲間とのあいだで"わたし"が立ち現れる	40代女性C	中等度知的障碍 適応障碍 てんかん	―	―	◎	○	1年間 （6か月間）
第7章 もろい"わたし"を多層的に抱える	20代男性D その母親	軽度知的障碍 自閉症スペクトラム 行動障碍	○	◎	―	◎	10年間 （2年3か月間）

5章），集団心理療法（第6章），支援者連携（第7章）と，Bronfenbrenner の生態学的システムの階層モデルに見られるような「社会的環境との関係の進展・拡大」の発達段階（植村，2007）に沿うように配置しました。それぞれの心理療法の構造は，ひとえに臨床的必然性に基づいて，期せずして作りあげてきたものです。必ずしも顕在化していないものも含めたクライエントのニーズや，セラピストによる必要性の判断から，おのずとさまざまな心理療法の構造をとることとなったのです。例えば，成人期においても母親との心理的距離が近く関係性のこじれを示す母子がしばしば見られたことから，おのずと母子関

係に直接アプローチする母子心理療法をセッティングすることになりました（第5章）。また，彼らの生活は，施設などの集団生活を主としながらもかかわる他者やそのかかわり方が著しく限定されています。そのことから，母子関係や家族関係の次のステップに位置する社会的関係性である対等な仲間関係の体験の場である集団心理療法を立ちあげることとなりました（第6章）。さらに，第7章の強度行動障碍の事例では，手厚いホールディング環境の構築なくしてクライエントの生命にかかわる行動化のリスクは免れないと判断したことから，支援者連携を模索するより他に道はありませんでした。以上のように，心理療法とはクライエントに応じてそのつどできる限りのことをブリコラージュ（ありあわせを寄せ集めて自分で作ること）していく営みであると考えて筆者が作り出したバリエーションであると言えます。

　また，4事例は，IQの程度で言えば中等度から軽度の知的障碍をもっているのに加えて，自閉症スペクトラムや，さまざまな精神障碍を併存しており，年代，性別，家族歴など多様な特性を備えています。発達障碍という緩やかな暫定的枠組みのもとで，知的障碍をはじめ，種々の機能障碍の要素をそれぞれの個別的な割合で備え，かつその人個人の特性を土台にした事例のありようを丁寧に見ていくことが実際的であり，この本の目的にかなっていると考えます。

　はじめから期間を区切って行った集団心理療法の事例である第6章を除き，いずれも10年前後の長期にわたった心理療法のうち，特定の期間を主たる検討素材としてとりだしました。クライエントとセラピストとのあいだのやりとりを細やかに捉えようとする第4章では比較的短期間をとりあげ，母子の関係性変容プロセスを大局的に捉えようとする第5章では長期経過をとりあげました。クライエントの退院から地域移行へのプロセスを検討したい第7章ではその該当時期に焦点化しました。継続的な息の長い実践からとりだした事例であることを，ここに確認しておきます。

心理療法の場について

　心理療法はすべて，知的障碍をもつ人が多くかかっている精神科病院において行いました。いずれも，医師から心理療法の要請があって対応したものです。病院では，外来治療，入院治療，相談支援，福祉施設などとの連携協力を柱とする治療が行われていました。心理療法は主に，IQで言うと重度から境界域

の知的障碍をもつ成人期の患者とその家族，支援者に対し，外来・病棟において実施されていました。

事例研究の方法について

すべて，セラピストである筆者の心理療法記録に基づく研究です（第6章のみ，支援者の記述のKJ法分析を含みます）。その方法は，まず記録をもとに反省的に振り返り，その際のアクチュアルな感覚の追体験を試み，そこに漂う要素に受身的に意識を集中して，しっくりとくる「腑に落ちる」ことばを選び出そうとする「現象学的還元」を行いました（竹田，2015；鑪，2001；西，2015）。ついで，アクチュアルな感覚から得られたことばを学術的な概念と照らし合わせながらより適切な表現にしていき（McLeod，2001/2007），事例の典型性を捉えて記述を整理し研究の相対的意義を明確化していくという作業（能智，2011）を行いました。

第4章

自律的な " わたし " が屹立する

[心理療法の実際①]

第1節　問題と目的

　この章は，筆者の臨床実践の原点というべきイニシャル・ケースについて，はじめて執筆した臨床事例研究（佐藤，2003）を再構成したものです。当時の筆者は，スーパービジョンや，何よりクライエントに支えられて，筆者自身に湧き起こる感覚や思い，クライエントから返ってくるもの，場の雰囲気といった，臨床の場に展開するアクチュアリティをみつめ，手探りで自分のできることを模索しました。きわめて苛酷な生育環境において " わたし " の育ちを阻害され，多彩な症状を呈していたクライエントでしたが，個人心理療法のなかで潜在していたパワーを発揮していきました。そして，依存的ではなく自律的に判断して行動するようになりました。12年にわたる長い心理療法を経て症状は目立たなくなり，心理療法は終結しました。初心者のセラピストによる心理療法のプロセスはデコボコとしていかにも危ういものであり，今読み返すと至らない点や恥ずかしくなってしまう点が多くあります。それでも敢えてこの事例を検討するのは，その整っていない生きた相互的やりとりこそがクライエントの " わたし " を活性化したと考えられたからです。セラピスト自身の知識や興味ではなく，「患者のその日に差し出した材料」に忠実であることによって，「訓練中の分析医は，ときには2〜3年後にもっといろいろなことを知ったあ

とにする分析よりも，より立派な分析を行うということもおこる」（Winnicott, 1965/1977）と考えられます。

　クライエントとセラピストとの出会いから，クライエントの自律的な“わたし”がしだいに屹立していくはじめの1年余りの経過をとりあげ，クライエントの“わたし”を確立させた新人セラピストの姿勢とは何であったのか，細やかに検討することを目指します。経過の記述は当時の記載を基本的に残し，考察を大幅に改変しました。その際，はじめに執筆した当時の事例論文に対する村瀬のコメント（村瀬，2003b）を考察の深化に活かしました。

第2節　事例の概要と心理療法の構造

　事例：30代女性A

　診断：中等度知的障碍，脳波異常，身体表現性障碍

　家族構成：父親，母親は行方不明。Aは長女。二女は行方不明，三女は生後3か月で養子に出されたそうです。

　心理療法開始までの経緯：出生時，乳幼児期の状況は詳しくわかりません。Aが7歳のときに母親が家出し，父親では養育困難であったため児童養護施設に入所しました。小・中学校では通常学級に在籍していましたが，学習面での遅れは目立ったようです。小学6年生の頃から，頭痛や腹痛を理由に学校を欠席するようになりました。中学校卒業後，児童養護施設を退所し，住込み就労をしたり，親戚に引きとられて働いたりしましたが，どの仕事も長続きしませんでした。作業のペースについていけなかったことと，頭痛などを理由とした欠勤が続いていたことがその理由だったようです。就労が困難であったため，Aが20代のときに婦人保護施設に入所し，そこではじめて知的障碍の指摘を受けました。イライラして意に添わないときの暴言や暴力など対人的な難しさと生活リズムの乱れが見られましたが，徐々に落ち着いていったようです。その後，知的障碍をもつ人の施設への通所を開始し，知的障碍をもつ人のグループホームに入所しました。15歳のときに脳波異常がわかり，いくつかの病院を転々とした後，30代になってこの病院を受診しました。初診のときには，Aの多彩な訴えにそのままこたえるかのような多種多量の向精神薬が処方されていました。診察では，投薬治療の他，Aの訴えを丁寧に聴くという対応がと

第4章　自律的な“わたし”が屹立する［心理療法の実際①］　**115**

られてきました。身体愁訴や対人的な悩みの訴えが続いたため，医師が，心理療法を始めることをＡに提案し，Ａ本人が希望して開始となりました。医師からセラピストには，話をよく聴いて彼らの生活の大変さを理解してほしいと言われました。また，依存性人格障碍的な側面があるとも併せて伝えられ，留意するよう言われました。

　見立てと方針：きわめて苛酷な生育環境にあったことと現状の訴えの多さとの関連を辛うじて推測したものの，イニシャル・ケースを前にした当時のセラピストはＡの基礎情報に圧倒されてしまい，不安を感じていました。まずは医師の依頼に基づいて，傾聴と適切な距離感をもつことに努めようと考えていました。

　心理療法の構造：２週間に１回30分の個人心理療法を行いました。なお，医師と施設との連携がとれているため，とくに必要がなければセラピストから施設と連絡を取り合う必要はないと医師から助言されていました。

第３節　心理療法の経過と考察

　心理療法の開始から26回までの経過を，３期に区切って検討します。心理療法を開始した年を X 年とします。

第１期　クライエントがリードしての対等な出会い（＃１〜＃６）

　この時期には，セラピストははじめての心理療法という緊張感や不安を抱え，Ａにむしろリードされて，Ａとセラピストの対等な関係性からなる心理療法の構造がかたちづくられていきました。

＃１（X/11/12）

　セラピストは事前にカルテで生育歴などの情報を得ていました。"このような苛酷な人生をたどってきたＡさんとは，いったいどのような人なのだろう"と非常に緊張してＡを迎えました。初回のみＡの通う施設の職員（以下，本章では"職員"と略記します）といっしょに来院しました。Ａの希望で，職員には待合室で待っていてもらい，Ａとセラピストだけで話しました。Ａは中肉中背，髪を茶色に染めており，鮮やかなピンクの口紅をつけ，アクセサリーを

たくさんつけていました。重そうな荷物を抱えて入室しました。ニコニコと親しげな雰囲気でした。〈困っていらっしゃることは〉と尋ねると、「寝つきが悪いことと、対人関係と、朝食がとれないことと、気分によって食事がとれないこと」とこたえました。対人関係で「思ったことを言えずに我慢してしまい、1人でストレスを抱えていて、誰に打ち明けたらいいかわからない」ので心理療法を希望した、とはっきり言い、心理療法に対する強い意欲を示しました。きちんとしたことばづかいで、話すこともしっかりしていると感じました。Aが退室した後に、ごく当然のように職員が入室しました。いつもの診察におけるパターンのままに自然に入室したのだと思われましたが、セラピストはAのはっきりとした同意なしにAを待合室に待たせてやりとりをしたことが気になってしまいました。このことについてスーパービジョンで相談したところ、「全部つつぬけではないと伝えてみては」とアドバイスを受けました。

#2（11/26）

　予約の1時間前に来院しました。人間関係が悩みだと言い、職場にいても楽しくない、ある人を嫌いだと思うと話をしない感じになってしまう、と言いました。「わたしは気分にむらがあり気難しい」。悩みごとが羅列され、それぞれぷつぷつと途切れる感じで話しました。終わりのほうで、〈この前職員の人と話したの、気になったんじゃないかと思って……。面接の秘密は守ります。でも緊急の場合などは連絡をとりますが、いいですか？〉とセラピストが言うとAはにやりと笑い、「気になっていた。どちらが言うかな、と思っていました。秘密、というか、プライバシーないと面接の意味ないですもんね」。

#3（12/10）・#4（12/17）

　来る途中、「（これから長期休みなので）次の面接がいつになるのか」とか、「どの電車に乗ったらいいのか」とか、ひどく不安だった、と顔を紅潮させて勢いよく話しました。「次までのあいだにストレスたまっちゃったらどうしよう」と言い、「心配」と繰り返しました。〈もし不安だったら1週間後に入れましょうか？〉とセラピストが言うと、「必ず来ます」。「自分は人よりも寂しさを感じることが多いと思う」と言いました。数か月先の職員の異動が心配だと言い、毎年今頃から心配になるが「先のことなんだから」と言われてしまう、と。「仕事を人一倍できると見られているから、頼まれてしまうことが多い」「『ここまでしかできない』と言うことができないんです」。セラピストの名刺

がほしい，と最後に言いました。名刺のことを医師に伝えると，「ああいうパーソナリティの人は，そうしていくと際限がないからやめた方がよい」と言われました。1週間後の#4では，Aは「ここのところ疲れやすい」などポツリポツリと話していましたが，前回「心配」と連発していたのに，あっけないくらい落ち着いている印象を受けました。

#5（*X*+1/1/7）

担当職員とうまくやっていけるか心配だと言いました。ことば足らずでやや要領を得ない話しぶりでした。話しながらセラピストを見据えるように話し，話し終えても視線を動かさずにセラピストの反応を待つかのようにしましたが，セラピストがうまく応じられないうちに次の話題に移ってしまいました。Aにはつきあっている彼がおり，「彼のお母さんにお正月着物を着せてもらった。そのときに買い物を頼まれて，おつりの計算が合わなくなってしまった」。すると，彼のお母さんに「単純なお金の計算もできないの？こういう計算もできないようでは，健常者と一緒に生活できない。グループホームで世話になるしかないわね」と言われた，と話しました。話の最中，場の雰囲気はしんとしていて緊迫感がありました。話すAは淡々としていて，セラピストは話に衝撃を受けてことばがうまく出てきませんでした。するとAはさらりと別の話題に移りました。終わり頃に，Aは「病院の帰りも不安。あれも話せなかった，もっといろいろ話しておけばよかったと思うんです」と言いました。〈話せなかったことあったら，次の時間にきかせてください〉と応えました。面接終了間際もAはぼーっとしている様子で，セラピストは〈大丈夫かしら？〉と思わず声をかけました。そこにたまたま看護師が入室すると，Aはパッと笑顔を浮かべました。

#6（1/21）

彼にお母さんの話をすると，「母は母なりに（Aのことを）心配している」と言い，そこで話を終わらせてしまった，と。職員に貯金がなくなってきていると言われ，お金の使い方を制限されていると言いました。「自分のイライラが何だかわからない」。話の前後がつながらず，表情は少しうつろな感じでした。

《第1期考察》

　まず，カルテから得た情報はセラピストにとって圧倒的であり，“このような人と会ってわたしに何ができるのか”と不安を強め，非常に緊張しながら初回面接を迎えました。＃1のAは親しげな雰囲気であり，Aの抱えている「ストレス」がどのようなものなのかセラピストにはつかめず，しっかりした物腰からは中等度知的障碍という診断も腑に落ちませんでした。しかし，このしっかりとした物腰こそ，知的障碍をもつということをはじめは理解されないなかで何とか周囲に合わせようと過剰適応的に頑張って身につけてきたAのスキルであると捉えられます。

　＃2でセラピストが職員の入室について触れ，Aが応答したやりとりが，Aとセラピストの出会いの瞬間であったと思われます。セラピストは，Aの意向をきちんと確認しなかったことを気にしてスーパービジョンで尋ね，次回の話題としました。これは，たんに手続きの問題としてではなく，Aの主体性を尊重しようとするセラピストの基本的姿勢による対応でした。そのセラピストの姿勢をAは鋭く感じとり，これまでの長年の施設生活で体験してきた“支援する人-支援される人”という対人構造とは異なる新鮮さに“オヤ？”と目をきらめかせるような，「にやり」とした笑いを浮かべました。これまでの対人構造のなかで埋もれていたAの感性がキラリと輝き出した瞬間でした。そして，「どちらが言うかな，と思っていました。秘密，というか，プライバシーないと面接の意味ないですもんね」と，この出会いを的確にことばにしました。セラピストの主体性を尊重しようとする姿勢を，Aが鋭く感受し，Aにむしろ導かれるようにして，「プライバシー」，つまり“個の領域”を尊重する対等な相互的関係性として心理療法を始めていこうとする2人の動きが起こったのです。

　セラピストは医師からAには依存性パーソナリティ障碍的な側面があると事前に伝えられ，＃3の名刺のエピソードでは「やめた方がよい」と早々に釘を刺されてしまいました。セラピストは，“Aのペースに巻き込まれてしまうこと”，そして，“Aのペースに巻き込まれていると医師に思われること”がひどく不安になり，“依存”に身構えていました。＃3で，Aはそうした従来の対人パターンを踏襲して，顔を赤らめてやや高ぶった感じで心理療法の間隔について不安を訴えました。セラピストは，まだ心理療法を始めたばかりであるのにここまで強く不安を訴えることをいぶかしく思いながらも，Aの不安の訴

えに押し流されるような感じで1週間後の心理療法を提案しました。しかし，
＃4でのAの雰囲気はそっけなく，そしてこの後，Aは心理療法の間隔があく
ことについて不安を訴えることはあっても，日程の変更を求めることはありま
せんでした。セラピストは，依存におびえるあまり，逆に不安に駆られて性急
な行動化をしてしまっています。しかし，医師の懸念した依存性はその後目立
つことはなく，Aの節度が健康的に発揮され，心理療法の構造は守られていき
ました。Aの依存性とは，これまで非対等な対人構造において他者との関係を
取り結び生き抜くため形成された対人パターンであり，ここでの対等な関係性
においては，敢えてそのパターンをとる必要がなかったのかもしれません。

　＃5で，Aは「彼のお母さん」についてのエピソードを語り，セラピストは
その衝撃に絶句してしまいました。「彼のお母さん」が「グループホームで世
話になるしかない」と言い放ったのは，彼と共に暮らすAの夢を無残にも閉ざ
すメッセージに他なりません。その傷つきや怒り，その根底に横たわる深い孤
独感を，このときのセラピストはうまくことばにすることができませんでした。
終了間際Aは，セラピストが絶句して固まっていたのと同じように，じっと呆
然としていましたが，看護師が入室するとAは板についた所作として外的適応
的な笑顔にすばやく切り替えました。＃6で同じエピソードを繰り返し話して
いるのは，＃5でAの気持ちをセラピストもA自身も十分に捉えきれなかった
ためではないかと思われます。Aとセラピストの関係がもし如才なく振る舞う
関係性であれば，看護師にそうしたように，Aはこの思いをさらりと切り替え
たでしょう。また，依存的な関係性であれば，セラピストからの慰めや励まし
へと展開したかもしれません。しかし，Aとセラピストの関係はそのどちらで
もありませんでした。セラピストはその衝撃のなかで身動きがとれないという
そのままの姿を呈し，そのセラピストを前にしたことでAは自分の思いとその
ままに向き合うこととなりました。ここで発露したAの思いは，さらりとした
切り替えや慰めに紛れてしまわず，第2期で徐々に明らかに表現されていきま
した。

第2期　クライエントの自律性の萌芽へ（＃7〜＃13）

　Aが次第に孤独感を明瞭に表明するようになるのに対して，セラピストは必
死に受けとめ，できる限り応答しようとしますが，ついには限界を感じて立ち

止まってしまいました。Aはこうしたセラピストの態度に呼応するように，他者からの完全な理解をあきらめ，自律的な一歩を踏み出しました。

#7 （2/19）

　休日に外に出たくない，原因不明，かったるい，と言いました。「今あまりお金使っていない。職員は，無理してるんじゃないかと思っているみたい」〈Aさんには，無理しているところはないですか？〉とセラピストが尋ねると，「あるかもしれない。前なら買っていたものを買わなくなっている」とこたえました。〈全部我慢，じゃなくても，お金ためてほしいもの買うの，いいのでは？〉とセラピストからことばをかけました。

#8 （3/4）

　いかにも疲れたような表情でした。「休みになると不安定になるが，原因がわからない」。季節の変わり目だから？グループホームの対人関係がぎくしゃくしているから？など，A自身さまざまに原因を考えますが，ピンとこない様子でした。最後に，「新年度になり，新しい職員が決まれば落ち着くかも。毎年この時期には落ち着かないから」と言い，それがAにしっくりくるようなのでセラピストはそれを支持しました。#8の直後に，担当職員が4月から代わることにすごい反応を示して，毎日のように泣きじゃくっているということが職員から病院に報告されました。

#9 （3/18）

　一目見てセラピストがぎくりとするほど青ざめた顔でうなだれていました。休みにやけ食いをしてしまう，職員の異動が続き，気持ちが安定しない，と言いました。〈やけ食いをして，どう？〉「体重計乗ると，やだなーと思う」。「（やけ食いの原因はわからないが）職員のことはありそう」。「他にも（原因がある）」と言って，保護者宛の案内状を取り出しました。「先生だから見せるんだけど……。こういうの，保護者宛に来るんだけど，わたしいないから」と，さばさばとやや強い口調で言いました。「外出して気分転換しようとしても，足が動かない。こういうのははじめて」。〈すごく，不安になってしまっている……？〉「そう」〈お話うかがっていて，Aさんが今とても辛いの，もっともと思って。やけ食いするのも辛いけど，今，一番大変な時期なんだから，調子悪くなるの仕方ない，やけ食いするの仕方ない，と思っては？難しいけど……〉。Aはセラピストの話にウンウンとうなずき，にこりとしました。

1週間後に職員からセラピストに電話がありました。“やけ食いに対して，セラピストが食べろと言った，とＡさんが言っている。それでＡさんは安心して食べているが，職員からは常識の範囲内で制限している。職員が，セラピストの言ったことに反した対応をしていると承知してほしい”という旨でした。セラピストから，〈伝え方が悪かったかもしれませんが，セラピストからは“食べてしまうの仕方ない”と言ったつもり〉と話すと，職員は「わかりました」とガチャンと電話を切りました。

#10（4/1）

　ぶすっとした表情。〈調子，悪いですか？〉「イライラしている」〈今ここでもイライラ続いています？〉「ここでは落ち着いている」。笑いながら，セラピストをじっと見て，「やけ食いのことで，職員から電話ありました？ずっと気になっちゃってて」。セラピストはたじろぎながら〈はい，ありました〉「何てこたえたんですか？　職員何も言わないんで」〈お答えしますが，その前に，どういうことで電話になったのか，教えてください。よくわからなかったんです〉「（職員にきかれて，かくかく話したと答えると，）確かめるために電話するって。わたしとセラピストのプライバシーのこと，口出してほしくなかったけど，職員も身体のこと心配して聞いてきた」〈わたしは，Ａさんに言ったことをそのまま伝えたつもり。“やけ食いしても仕方ない”と言いました。これでよかったですか？〉。Ａはうなずいて，次の話題に移りました。面接後，待合室を通りかかるセラピストにＡが話しかけてきました。「今日話したこと，職員に言わなくていいですよね」〈Ａさんが話したければ話した方がいいし，話したくなければ言わなくてもいいのではないかしら？〉「プライバシーだから言いたくないんです」。

#11（4/15）

　話し方に生気がない感じでした。「仕事が負担で落ち込み気味。落ち込んで，先生（医師）に電話した」〈電話して落ち着きました？〉「先生（医師）も忙しいから……。“焦らずにゆっくりやって”とは言われた。仕事に行くと，“先生（医師）に電話したいなー”と思っちゃう」。心理療法の後すぐに，再び部屋をノックして，「“障碍者”と“健常者”ってなんですか？」と問うので，セラピストは字義通りの説明をすると，Ａは一応うなずき，「気になっていろんな人にきいている」。

#12 （5/13）

　顔色が悪く，開口一番「すっごく大変だった」と言いました。そして，"つかれて寝つけない""ゆううつな気分""涙が出る"と書かれたノートを見せてくれました。「病院に来て◎◎先生（医師）や○○先生（セラピスト）と話すと落ち着くけど，職場やグループホームでは誰にこころを開けばいいかわからない」と。今日，職員に「他の子は仕事しているのに，なぜAさんだけ病院行くの？」と言われたとのことでした。〈職員さんは，Aさんの病気のことわかっている感じ？〉「よくわかっていない。わたしは病気で，他の人は家族いるけどわたしはいない！！」と，かなり激しい口調で涙をにじませながら言いました。〈職員さん，どう考えていらっしゃるかわかりませんね……わたしが一度会ってお話してもいいけど……〉。Aはセラピストのことばにあいまいな表情を浮かべ，「わからない……」とことばを濁しました。セラピストははっとして〈そうですか，それじゃあこのことはちょっと2週間考えさせて……〉と言うと，「わたしは心理と診察の二本立てのペースがいいと思う。続けたい」と言いました。ノートについて〈今はゆううつな感じなんでしょうね。仕事は大変だと思うので無理しないほうがいいのでは？〉「無理しないように，と病院で言われたと言っても，職員にわかってもらえない。説明を求められてしまう」〈そうか……どうしたらいいかしら〉。面接終了時刻になり，セラピストは〈今日は，職員さんの話，うまく聞けなくて，ノートの方も中途半端になってしまってごめんなさい〉と伝えました。

#13 （5/27）

　表情は前回より生き生きとしており顔色もよいようでした。Aがじっとセラピストの顔を見ており，〈ちょっと話していいですか？〉とセラピストが言うと，Aは「うん」と言ってにやっとしました。〈この前，職員さんの話あったけど，病気のことわかってほしいな，と，わたしちょっとカーッとむきになっちゃって，それでAさんの大変さあまりよく聞けなかったですね，ごめんなさい〉。Aは納得したのか，セラピストの話を聞くと職員への不満を話し始めました。〈ゆううつな感じはどう？〉「職員に言って，仕事途中で休むことが多い（から比較的らく）。とがめられるけど」「涙出るのは最近ないけど，またそういうときが来るんじゃないかと思うと不安」。

《第2期考察》

　＃7で，Aは休日のかったるさを訴え，「金銭的な無理」をその理由として捉えようとしました。しかし，＃8でもその訴えは続き，セラピストはAにとってのしっくりくる理解を支えようとしました。Aは次第に，職員の異動に対する不安，それに連なって，"保護者がいない"ことに焦点化していきました。第1期の最後で捉えきれなかったAの孤独感が，徐々に強度と解像度を増して，「こういうのははじめて」というほどの明瞭さで捉えられるようになっていったと感じられました。当時のセラピストは，保護者宛の案内状を誰にも渡すことのできないことの寄る辺なさ，それをさばさばと言うしかないAのやるせなさに打ちのめされる思いであったと推察されますが，当時は衝撃をことばにできず，ただ〈やけ食いするの仕方ない〉と「現状をありのままにうけとめ」（村瀬，2003b）ようと必死に応答を絞り出しました。その後職員から電話がかかってきました。Aは，セラピストの精一杯の受けとめを職員への説明に活用できていて，セラピストの対応はそれだけAに響き，機能していたのでした。しかし，この当時のセラピストは電話があったことに動揺してしまい，職員のやや一方的な物言いに対する怒りも感じていました。この怒りは，抱えきれないほどのAの孤独の重さをセラピストが受けとめきれず職員への怒りとして転嫁していた部分もあるかもしれません。

　その職員からの電話について，Aはセラピストにじっと見透かすようなまなざしを向けて尋ねました。Aは，セラピストがAの「プライバシー」としての面接の枠をちゃんと守ろうとしているのか，Aの思いを受けとめ守る枠組みをちゃんと維持できるのかとセラピストに確かめようとしたのでしょう。セラピストは，そのときにできる率直な応答に努めましたが，こうしたAの確かめの意図を十分に理解してはいませんでした。#11でも活気がなく，落ち込んだ気持ちのどうにもならなさを語り，＃12でAは再び家族が不在であることの嘆きをより感情をこめて吐露しました。自らの抱えきれなさの転嫁としての職員への怒りをひきずっていたセラピストは，思わず義憤のようなかたちで職員との話し合いを提案し，Aは困ったようにしました。このAの様子からセラピストは何かまずいことを言ったらしいとようやく気づき，はっとしてさやに収めました。Aは，「心理と診察の二本立てがいい」と，セラピストが逃げもせず外に転嫁もしてしまわずに，Aの個の領域を本当に守れるかを念押ししました。

セラピストは，「わたしは病気で，他の人は家族いるけどわたしはいない」Ａの，どうにもしがたい孤独のなかに留まるしかありませんでした。対処のしようもなくセラピストのできることに限界があるという事実に，セラピストは〈どうしたらいいのかしら〉と立ち止まることしかできないことを認め，義憤というかたちで回避しようとしたことをＡに詫びました。転じて #13では，Ａの表情は生き生きしていました。セラピストが改めて前回受けとめきれなかったことを詫びましたが，それに対するＡの反応は，Ａの想定の内であったというような余裕が感じられました。そして，Ａは結局，セラピストが #12で〈どうしたらいいかしら〉と立ち止まった地点を自ら越えて，寄る辺ない孤独感そのものを職員にもセラピストにも十分理解してもらうことはあきらめ，「とがめられる」ことを甘受しながら実際的な対処を自力で行うことができていました。このときのＡは，決して哀れな孤独などではない，凛とした個として屹立する瞬間にあったと考えられます。

　セラピストはそのつど，その場で起こることをできる限りの誠実さで受けとめ素直に応答しようとしていました。そうした透明さが，ＡがＡ自身の思いに気づき，明確化していくことに役立ったと考えられます。しかし，セラピストの懸命さはＡの思いのより深いところへの理解には届かず，その限界から逃げ出したくもなってしまっていました。しかしＡは，共にいて個としての領域を確保してほしいとセラピストの手をとって引き戻しました。セラピストはそこで，理解も対応も十分にできない自分のままにそこに在るしかありませんでした。そのなかでＡは，セラピストの限界を前に，自身の深奥の孤独は容易に他者に理解されないことであることを感じとったのではないかと思われます。そのあきらめがあったからこそ，#13でのＡの乗り越えが可能となったのではないでしょうか。乗り越えたＡは，セラピストより年長の人生の先輩としての深い懐でセラピストの応答を鷹揚に受けとめたかのようでした。他者から理解されることをあきらめることはきわめて辛いことですが，誰であっても他者から完全に理解されるということはありません。その限界を覚知することは，他者の反応に振り回されない自由の獲得であり，誰にも理解されないわたしだけのこころの領域こそ，かけがえのないわたしのプライバシーなのです。つまり，このときＡはプライバシーを得たのだと考えられます。

　当時のセラピストは，こうしたＡにとっての画期的な瞬間に至る流れを真に

第４章　自律的な“わたし”が屹立する［心理療法の実際①］　125

理解していたわけではありませんでした。この後セラピストには自身の限界を受けとめきれない反動が起こり，主体性の立ちあがりつつあるＡとのズレが起こっていきました。

第3期　クライエントとセラピストのズレとその修正（＃14〜＃26）

　Ａの思いを理解しようと前のめりになり，思い入れ，右往左往したセラピストと，セラピストとのあいだに主体的な"わたし"を確立し始めたＡのあいだにズレが起こった時期でした。Ａとセラピストは率直なやりとりによりズレの修正を図ろうとしました。

#14（6/10）・#15（6/24）

　ポツリ，ポツリと「困っていること」を挙げていきました。「疲れやすい。グループホームに帰るとすぐ薬飲んで寝ちゃう」〈するとどう？〉「そうすると疲れはとれる」〈それでは，できるだけ休むというの，続けてみては？〉。#14でセラピストが次回の予定について相談すると，「えーと」と手帳でも取り出すかのようにバッグのなかを見ました。〈あ，予定見てから決めましょうか？〉「いや，大丈夫です。2週間後で」。

#16（7/8）

　薬を自分の部屋で飲みたいのに，職員が「自分の前で飲んで」と言うとのことでした。〈いや？〉「監視されてる感じがするから。立ち入らないで！と思う。それに人の前だとコップをもつ手が震えてしまう。1人で落ち着いているときに飲みたい」〈そのこと職員さんに言ってみては？わたしはＡさんの話，なるほど，と思いました〉「話すのも大変」〈そうですね。わかってもらうのもエネルギーがいりますね〉。

#17（7/22）・#18（8/5）

　「小鳥，飼い始めた」と，生き生きとにこやかな表情で話しました。「夜，鳴き声で起こされるんだけどね」と笑いながら言いました。〈それはいいことですね！〉とセラピストはニコニコして応じました。しかし，#18で「大ショックなことがあった。小鳥が死んでしまった」と言いました。弱ってきて慌ててしまって，Ａが戸をしめたときに挟んでしまったのだそうです。このときのことにはあまり触れてほしくない様子でした。「また飼いたい，（職員に）止められているわけではないが，負担になる，と言われていて。自分のこともちゃ

んとして，仕事もして，それで鳥の世話もしなくちゃならないというの，わかってる」〈前回，Ａさんにそういう身近なものができてよかったなあと思って。Ａさんがとても嬉しそうだったのを覚えています。それなのに死んじゃって……なんと言っていいのかわかりません〉と，Ａとセラピストは思わず顔を見合わせました。

#19 （8/19）

「やっぱり小鳥飼いたい，と思う。ぬいぐるみと一緒にいて安心するけど，ぬいぐるみは小鳥の代わりにはならない」「誰に甘えていいかわからない。だから飼いたい。こっちの気持ち察してくれる人いないから，小鳥がほしい。小鳥は敏感」〈納得がいく。職員さんにはそういうこと言ったことあります？〉。セラピストは，こんなこと言えるわけないのに，と，言った途端に後悔しました。「職員には言えない」〈それはそうですよね。人になかなか甘えられなくて，だから小鳥飼いたい，という気持ち，強く感じました。でもそれを伝えるのは難しいですね……〉。Ａは穏やかなすっきりした表情で「ここで話すとらくになるんだけど，明日になるとまたムーッとしちゃう」と言いました。カレンダーを見て休日を指し，「ここ面接ないんだよね。ストレスたまりそう。（でも）このあいだにいろいろ考えてくる」〈いいですね〉。

#20 （9/9）

「今のところ調子いい。でも人間関係で落ち込む。今仲良くなっている子と距離を縮めようと一緒にいるけど，部屋に帰るとどっと疲れてしまう。先のことが心配。今は仲良しだけど，裏切られたらどうしよう」と言いました。Ａが面接にあいだがあくことを心配していました。〈こういう，診察や面接にあいだがあくときには，誰に相談しますか？〉「相談する人いない」〈前にやってらした，メモを書くっていうのは役立ちますか？〉「書くことで追い詰めちゃう。伝えるのにはいいけど」〈なるほど，書いてらくになるというより，書いて追い詰めちゃうんですね〉「職員は『次に病院行ったときに相談していらっしゃい』と言う。話聞くから，という職員少なくなった」〈そう。じゃあ，病院がないからそのときだけでも話聞いて，と言えば聞いてくれるかしら？〉「うん。でも仕事のときは無理だけど……。今日は何かいろいろ話せた気がする」〈そうですか！〉。

　セラピストは思わず嬉しくなり，〈次の面接まで，Ａさん大丈夫なんじゃな

第4章　自律的な"わたし"が屹立する［心理療法の実際①］ 127

いかとも思います〉と言うと，即座に，不満そうに，「どうしてそう思うの？」
と言いました。セラピストはしまった！とたじろぎつつ，〈Aさんの様子から
感じたんです〉「そういうふうに言われると，『その日まで頑張らなくちゃ』と
プレッシャーになる」〈ああ，そうか，そうですよね……〉。

#21（9/30）

「風邪ひいちゃった」と言い，無理にひねり出すように話しました。セラピス
トの応答はあまり入らずぼーっとしていました。〈困ったこととか考えるの
は次のもう少し元気になったときにして，今日は休みましょうか〉「うん，そ
うする」と言い，いったん退室しましたが，まもなくノックし，「もう少しこ
こにいる」〈そうですか。あと少しAさんの時間あるので，自由にしていいん
ですよ〉。Aはしばらく黙って座っていました。

#22（10/21）・#23（11/11）

昨日，児童養護施設の学園祭に行ったとのことでした。「グループホームに
いると言えば"知恵おくれ"と見られてしまうから言えなかった。知的障碍と
普通の人は，どこが違うのか，と考え込んでしまう。街を歩いても，自分だけ
知的障碍と人に見られるんだと思って……。薬飲んでるのも，精神病と見られ
るのは嫌だから言えない」。セラピストはとても稚拙にしどろもどろに〈わた
しがAさんの立場なら，と言っても，Aさんの気持ち，全部わかるわけではな
いけれど，でも，言えないと，感じるかもしれない……〉。セラピストは，自
分で何を言っているのかと赤面しましたが，それでもAはなぜか満足そうな様
子でセラピストのことばを聞いていました。

#24（12/9）

とても寒い日でした。〈寒いなかよく来たねー！〉「雪を見て，今日休もうと
思ったんだけど，（職員に）話してきな，と言われた」。「グループホーム出たい，
と職員に言ったら，『今の段階ではやめたほうがいい』って」〈グループホーム
出たいのはどういう？〉「うざったいと思ってた時期だった」〈職員のことば，
納得した？〉「1人で暮らすとなると，光熱費とか，食材費とか全部かかるか
ら……。職員，『やなことあったら自分の部屋に戻る，というのはグループホー
ムのやり方だ』と言ってて，納得した」。「最近音楽よく聞く」と断片的に話
しました。〈音楽聞くと，少しは落ち着く？〉「落ち着く，というか，子守唄み
たいに聞こえてきて，寝ちゃう，つけっぱなしで」〈あー，リラックスできる

のね。つけたまま寝ちゃうのは，ちょっと困っているのかしら？〉Ａ，そうだと言うように笑いました。「さっき，○○さんと話してて，『最近安定してるじゃない』と言われた。そう言われると，『そうかな？』と疑問に思ってしまう」と。〈あー，それはＡさん，辛いね。いつも，どこかに不安があって〉。セラピストのことばは，Ａの腑に落ちない感じでした。

#25（X+2/1/6）・#26（1/20）

　マスクをして足をずるずると引きずるようにして入室しました。改まった感じで「質問してもいい？」と切り出し，セラピストはどきりとしつつ，〈はい，いいですよ〉と応えると，「"知的障碍"と"障碍者"って，どう違うの？」〈"知的障碍"と"障碍者"……〉。セラピストは呟きつつ，メモにそれらのことばを書きました。〈えーと……障碍にはいろいろあって，目が見えないとか，足が動かないとか。知的障碍は，障碍の，いろいろあるもののひとつ。どういうものかと言うと，計算できない，とか，漢字が書けない，とか，そういうことで，生活するのに困っている，という意味です。これでわかりましたか？これで答えになっていますか？〉「うん，ずっと気になっていたから……。納得した」。

《第3期考察》

　セラピストは，#16でＡの普段の生活が語られるにつけて，Ａの自由のない日々を今更に強く感じるようになり，「思ったことを言えずに我慢してしまい，1人でストレスを抱えて」いるという主訴が遅ればせながら浮かびあがってくる感じがしていました。セラピストはＡをあたかも哀れな弱き者であるかのように思い入れるようになってしまいました。しかし一方のＡは，第2期の最後に芽吹いた主体性を発揮し，力強く自律的に振る舞うようになってきていました。セラピストの遅れてきた思い入れは，Ａのこころの推移とはかなり大きなズレがありました。セラピストは，第2期の最後に自らできることの限界を認め，それがＡの自律的な変容に寄与したと考えられます。しかしその後，自らの限界を受けとめきれないセラピストの不全感の反動として，セラピストとして何かもっとできるのではないかという背伸び，Ａから頼られることによって自尊心の傷つきを補償したいという欲望が知らず知らず頭をもたげていたと考えられます。このセラピストの欲望はＡの主体的な動きを阻害するもので

あり，第3期の流れをしばしばぎくしゃくと滞らせました。

　#14で，次回の予定を決める際にAははじめて手帳でも取り出すようにバッグのなかを見ました。スーパービジョンで，これは「これまで主体的に生きられなかった人が主体的に振る舞えた瞬間ではなかったか」と指摘されましたが，セラピストはその指摘をすんなり理解することができませんでした。#16でも，セラピストはAの生活の自由のなさを思い入れましたが，Aには最早その状況そのものを変化させようとする意向は少なかったと思われます。つまり，当初の主訴にあった“思ったことを言えずに我慢”から，“思ったことを言わない自由”へと向かおうとしていたと考えられます。それゆえ，セラピストからの，職員に伝えるというアクションの提案（#16，19）は，いずれもAに拒否されました。セラピストの職員へのアクションの提案は，第2期での電話の一件以降，セラピスト自らの抱えきれなさを職員への怒りに転嫁させている流れを引き継いだものであり，“何かなさねば”というセラピストの欲望が後押ししてなされたものと考えられます。Aの，どうにもしがたい制約の多さ，それゆえの不満や悲しさといった細やかな思いを，セラピストは，ただ受けとめてじっと寄り添うことがなかなかできないでいました。#17，18の小鳥の飼育のエピソードは，Aが，“一方向的に庇護される弱き者”から“双方向的に理解し合う育てる者”へ転換しようとしていたことの象徴的なエピソードでした。しかし，非常に痛ましいことに，小鳥はAの飼育スキルの限界から，すぐに死んでしまいました。飼育スキルの限界は，Aの知的障碍に由来するところが大きいと考えられます。知的障碍の足枷によって“育てる者”になりきることのできない悲哀に，セラピストもAもことばをなくし，顔を見合わせるしかありませんでした。

　そして#19で，Aはそれでも小鳥を飼いたい，という叶い難い思いをもらした後，「ここ面接ないんだよね，ストレスたまりそう。（でも）このあいだにいろいろ考えてくる」と言ったのは，依存的なスタイルではなく自ら自身の思いを抱えようとするAの姿勢の大きな変化でした。しかし，セラピストは〈いいですね〉とかろうじて言うものの，それ以上ことばが出てこず，Aを弱き者として見る思い入れから脱し切れていませんでした。さらに，#20で〈（診察や面接のあいだがあくときには）誰に相談しますか？〉と尋ねているように，セラピストはAを“誰かに相談する”以外の対処法に乏しい人と捉え続けていま

した。そうかと思えば今度は逆に，安易に一足飛びに〈大丈夫じゃないかとも思います〉と言ってしまったり（＃20），〈それは辛いね。いつもどこかに不安があって〉とＡの思いから離れて俯瞰するような発言をしてしまったり（＃24），セラピストの発言はＡの思いになかなかフィットしませんでした。

　セラピストのこうしたズレを何とか修正することができたのは，バッグのなかを見るといったさりげない振る舞い（＃14）や腑に落ちない雰囲気（＃24）といった暗示的なフィードバックや，セラピストのことばに対する否定（＃19）や不満の表明（＃20）といったわかりやすいフィードバックをＡがしてくれたからであり，セラピストがそれに気づき応答できたからでした。力強く主体的な一歩を踏み出し始めたＡは，セラピストの不全感による反動に巻き込まれることもなく，セラピストへの異議を含む意思表明を素直に行うことができたのです。セラピストも，そうしたＡの反応をキャッチし，そのときに応答できなくてもそのサインを少なくとも認識に留め，そのときに応答できる場合は即座に応答を返しました。わかっていない，ずれたセラピストへの異議申し立てにより，Ａは自分の思いを確かめることにもなっていました。ここまでのあいだに，互いに率直に表現しそれに応答し合う相互的な関係性が土台にあったことが，こうした相互的調整を可能としたと考えられます。

　Ａの思いや状況は，決してたやすく理解できるものではなく，簡単にはわからないという限界に立つのが，セラピストの初心者として正直な姿であったと言えます。そうしたセラピストの理解の限界が如実に示されていたのが，障碍をめぐる，繰り返された問いかけでした（＃11，22，26）。Ａが成人して突如障碍という名が付されてから，Ａが経験する多くのうまくいかなさ，わからなさ，孤独，限界，差別などの理不尽に，その名がかかわっているようにＡに感じられてきたのでしょう。繰り返された問いは，そうしたとても消化しきれない理不尽の総体に対する，“なぜ？”の問いかけに他ならないのではないでしょうか。セラピストは，その問いかけの戸口でたじろぎ足踏みしていたのに過ぎませんでした。セラピストの，その問いのなかにどう入ったらよいかもわからないしどろもどろ（＃22）は，理不尽さを前に惑い翻弄されてきたＡと多少重なるところがあったのかもしれません。Ａの満足そうな様子からは，セラピストの姿に惑ってきた自分を確かめ，踏み込めないセラピストを受けとめながら理不尽さを受けとめる作業をしたことがうかがえます。＃26で，「納得した」

第4章　自律的な“わたし”が屹立する［心理療法の実際①］　131

と述べたＡでしたが，障碍とは何であるのか，自分はなぜ障碍とされるのかということの了解に至ったということではないでしょう。セラピストの正直な姿のままでそこに留まることこそが，このときのセラピストがＡに対してできたなかでの最善の対応でした。

　Ａは，その自律性の屹立に伴い，第２期より状態が安定し，職員との関係性は和らぎ，職員に相談しようとする（＃20），職員の提案を受けとめる（＃24）など見られるようになってきました。こうした職員との関係性の変化は，Ａの“わたし”の生成に伴ってＡの態度が変わってきたことによるのではないかと考えられます。Ａは職員に理解を求めすぎなくなり，ゆえに職員とのコミュニケーションは自由度を増したのではないかと思われます。

補足：その後の経過

　次第に，心配の訴えばかりでなく楽しかったエピソードもよく話すようになり，徐々に身体化症状は軽快していきましたが，心理療法がないと不安，という訴えは続きました。障碍とは何かという問いは繰り返され，Ａが抱える不可解な思いが次第にうかがえるようになりました。過去の辛かった記憶が断片的にごくたまに話されました。新たな彼との交際が始まり，障碍や通院のことを迷いながらも伝えることができました。また，持ち前のスキルの高さがこれまで以上に作業に発揮されるようになり，職場における評価が上がり，励みとなっているようでした。病院でセラピストが運営していた集団心理療法にも積極的に参加し，他の参加者のモデルとなり“素敵なお姉さん”として慕われるような思いやりのある振る舞いを示しました。「話すこと思いつかない」，「自分でももう大丈夫かなと思うこともあるんだけど」などと述べられるようにもなりましたが終結の提案には応じず，セラピストは焦らず対応を続けました。はじめ抵抗感の強かった職員とセラピストの連携についても次第に態度がやわらいでいきました。Ａ自ら職員によく相談できるようになっていき，ときに職員を伴って来談もしました。開始から12年経過し，「終えてもいいと思った」と自ら述べ，心理療法は終結しました。同時に身体化症状の訴えは消失し，心理療法過程と並行して投薬調整が進み大幅な減薬に至りました。

第4節　まとめ——アクチュアリティに開かれた態度の意味

1．Aの"わたし"の屹立の経過

　Aは，発達早期から養護施設に入所し，一見如才ない社交性を身につけながらも多彩な身体愁訴や悩みの訴えを繰り返し，身近な職員や医師に対する依存や反発が目立っていました。長い施設生活でAは，依存するというポジションに身を置くことによりかかわりとケアを受ける機会を得ていたのであり，依存するというありかたはAにとって対人関係を維持していくために余儀なくされた唯一の手段であったと考えられます。Aはしがみつくような不安や心配を訴え，そのように弱き者の立ち位置をとることで依存の構図が維持されていたと考えられます。そして，職員に対し「わかってくれない」と反発するのは，奥底の孤独感そのものをわかってほしいと，職員に対する信頼感と期待がAのなかに芽生えたからこそ生じた行動なのではないかと思われます。しかし，苛立ちや泣きなどの強い情動表出や多彩な身体化や行動化を伴ってぶつけられる反発の奥にひそんだAの思いを，職員が適切に受けとることは簡単ではありません。得てして指導的な対応が返されてしまうこととなり，Aはそれにますます反発を強めるという構造が固定化していました。そして，いずれの関係性も，依存‐庇護，反発‐指導という非対称的な関係性であると言えます。

　セラピストとの出会いで，これまでの非対称的な対人構造とは異なる新鮮さを感知したAは，次第に，依存や反発という表現のしかたとは異なる，深くやるせない孤独感の率直な表出をし始めました（第1期）。セラピストからの，懸命ではあるものの十分な理解とは言い難い応答を経て，Aは，自身の孤独の深さを自ら抱えることへ推移していきました（第2期）。依存という対人関係様式は，施設生活において生き抜くためのコーピングツールとしての擬態であったのと同時に，当然ながら，これまでAが得られなかった関係性への切実な欲求のあらわれでもありました。しかし，その欲求は，セラピストによっても誰によっても，完全に理解され満たされることは不可能であることを，Aは「明らかに認識」，すなわち「明らめ」はじめました（倉光，2011）。そして，誤解されることを甘受しながらも自分の意向で自分の行動を決める（#13），自分のスケジュールを自分でマネジメントしようとする（#14），相談するの

ではなく自分で考える（＃19）などの自律的な行動が見られるようになりました。依存というかたちで欲求を満たすことをあきらめはじめたＡは，依存というありかたにしばられずに自分の意志で行動する自由を獲得しつつありました。そして，他者が自分を完全に理解することをあきらめはじめたからこそ，職員への相談という方法を実際的な対処として活用しうる自由も手にしました。

２．Ａの“わたし”の屹立を促したセラピストの姿勢について

　この心理療法は，セラピストがＡの主体性を尊重しようとする基本的姿勢をＡが確実にキャッチし，そのＡの反応のきらめきをセラピストが捉えた＃２での一連のやりとりが出発点となりました。Ａにとっては新しい体験である，対等な相互主体的関係性が展開したことにこの心理療法の最大の意味がありました。ここでは，セラピストが，臨床の場のアクチュアリティに開かれた態度をとろうとすることが一貫していたと考えられます。

　“アクチュアリティに開かれた態度”とは，「純粋性」（Rogers, 1957/2001），すなわち，Ａとセラピストとのやりとりのあいだに起こることに対してセラピストが素直に感受し応じようとすることです。これについて，「自分の気持ちと状況を素直に捉えて」，「クライエントに真摯に正直に対しておられること，自分が関心を今抱いている理論や方法論に則って，ア・プリオリに現実を捉え意味づけしようとするのではなく，目前の経験事実を忠実に見つめて，それをもとに考えていこうとされていること」，「クライエントとともに経験事実を分かち確かめようとしながら面接を進めていくという姿勢が一貫」と，村瀬（2003b）は繰り返しその重要性について指摘していました。

　“アクチュアリティに開かれた態度”とは，より細かく見ると，セラピストが，①Ａの“わたし”を前提として，②Ａの情動反応を敏感に感知し，③それによって生じたセラピスト自身の情動反応に，④セラピスト自身が素直に敏感に感知すると共に，②セラピストの情動反応に対してＡが示す情動反応にセラピストが敏感に気づき，……という円環的な間主観的やりとりをセラピストがもとうとする姿勢と表現することができます（①②③④は図９に対応しています）。“Ａの‘わたし’を前提として”とは，“セラピストが捉えるようにＡが捉えているとは限らない”ということを前提に，Ａに対する新たな理解や発見への余地をセラピストのなかに常に携えておくということです。この余地とは，

図9　アクチュアリティに開かれた態度

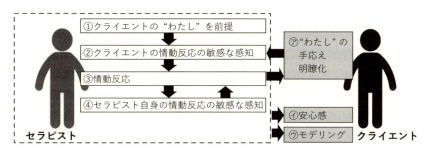

わからなさへの謙虚さと簡略に言い換えることもできるでしょう。初心者のセラピストであることによって，この謙虚さをもちやすいということは多少あるかもしれません。しかし，セラピストが初心者であるということだけでこの謙虚さを保てるほど，それは簡単なことではありません。先入観となるような理論や経験をあまりもたないということはセラピストを不安にさせ，わからなさに留まることを阻害しますし，一生懸命に誠実であろうとすることは視野狭窄にもつながります。筆者の場合でも，第3期は，セラピストが自らの思い入れを十分に内省できず，「純粋性」（Rogers, 1957/2001）を維持することは困難でしたが，Aからの応答を受けとめることによりセラピストのアクチュアリティとのズレが修正されていきました。

　セラピストとのやりとりを経て，Aは次第に，依存というかたちでの対人パターンをとらなくても，他者に必ずしも自分の思いを十分に理解されなくても，自分の思いや感覚に沿って行動し，他者との依存的ではない関係性を取り結べるようになっていきました。すなわち，"わたし"を確かにし，セラピスト以外の他者とのあいだにもそれを発揮できるようになったのです。以下に，セラピストの姿勢が，いかに機能してAの"わたし"の屹立をもたらしたのかを論じます。

　第1に，"必ずセラピストにキャッチされ，リアクションされることが確実である"というやりとり構造そのもののもたらす安心の機能が挙げられます（図9④）。Aが表現したものが何であれ，それをセラピストにキャッチされ，それに基づいた何らかの反応が必ず返ってくる，その経緯がAにわかりやすい，という構造が，Aに大きな安心をもたらしたのではないでしょうか。この点に

ついて，「この先生は操作や指示という次元ではなく，自分の気持ちを分かち分かろうとしてくれている人だという安心感をもたらしている」と村瀬（2003b）は指摘しています。その反応が，必ずしも的を射た深い洞察ではなかったとしても，Ａの表現が必ずやりとりの俎上に載せられることがＡの安心感となり，表現の自由度と積極性を増したと考えられます。

　第２に，セラピストが自身の情動をつかもうとし他者とかかわろうとする，すなわちその場で"わたし"であろうとするありよう全体が，Ａの"わたし"の生成のモデルとして機能したとも考えられます（図9⑦）。村瀬（2003b）が，「その時その時の自分の内にわき起こる気持ちや，必ずしも滑らかに運ばなかった自分の応答について，率直に記述し，考えておられる，この態度は沢山課題を抱えたＡさんにとり，自分とどこかしら共通する，向上を課題としている面接の先生（と感じられている）」とコメントしているように，Ａがそうあろうとする，ありたいと思うありかたとセラピストのこうした姿には共通性があり，そこをＡが取り入れた部分もあるかもしれません。「私との関係において他者の成長を促進しようとするのならば，私が成長しなければならない」（Rogers，1961/2005）のです。これは，「セラピストがその場で『私』を生きることにより，クライエントも一人称としての『私』を提示しやすくなる。セラピストがその場で感じていることを大事にしながら，自らも変化していくことを恐れずにクライエントの前にいるとき，クライエントの一人称化はさらに深まる」（本山，2015）という「『相互一人称化』の過程」（増井，1994）に他なりません。

　そして，最も重要な点として，第３に，セラピストからの多様なフィードバックにより，Ａが"わたし"の手応えを明瞭にしていく機能があるでしょう（図9⑦）。セラピストにとって何よりも印象的だったのは，Ａがセラピストをじっと凝視するまなざしでした（＃10，13，26）。セラピストはそうしたＡのまなざしの前に自らの"わたし"をできるだけそのままにさらけだすことを余儀なくされる感覚がありました。Ａに最も求められていたのは，「すきとおって見えるほど」（Rogers，1967/1972）のセラピストのなかで起こっている受けとめのプロセスを明らかに示すことでした。＃5で，セラピストは，Ａの抱える深い孤独感を認識しきれず，その衝撃に絶句し固まってしまいました。そのセラピストの，調整や修正のなされないそのままの応答は，Ａが自らの思いと

136

向き合うことを促しました。「(純粋性を重視したあり方の)基盤は，言語活動水準ではなく，むしろ言語下体験水準のもので，場合によっては『何も言わない』ないし『何も言えない』状態を示す沈黙，という非言語的自己開示それ自体が純粋である場合もある」(増井，1994) のです。セラピストのそのつどの素直な応答で，Ａは自らの思いの認識を進め，＃9での保護者不在の嘆きの表明へとつながりました。セラピストはその場で何とかその思いをそのままに受けとめようと努めました。その後やはり受けとめきれず，職員への怒りに転嫁しかけましたが，Ａの反応を受けとめてアクチュアリティに引き戻され，どうにもしがたいというセラピストの限界にそのまま素直に身を浸しました (＃12)。そのセラピストの素直な姿により，Ａは自らの孤独が他者によって容易に理解されるものではないことを「明らめ」る (倉光，2011) に至りました。その後のセラピストの「純粋性」(Rogers，1957/2001) の揺らぎには，Ａが異議を含む意思表明として応じることによって修正されることとなり，そうしたセラピストの応答によってもＡの"わたし"は補強されていきました。

　Ａとセラピストとの関係性は，横並びに互いに自他の違いの余地をもち，いずれか一方が他方をコントロールするのではなく，それゆえにどのように展開するのかＡにとってもセラピストにとっても未知であるユニークなやりとりの関係でした。これは，Ａにとってはじめて得たタイプの関係性であり，まさにＡが潜在的に切望していた関係性であると考えられます。Ａが強調したことばこそ，個の自由な領域としての「プライバシー」であり，それまでのＡの生涯でこれほど欠けていたものはありませんでした。初出論文での結びのことばは，「今後新たな気づきに愕然とさせられるのだろうし，またもお手付きをしてしまうこともあるだろう。このように考えると，これからの面接に際して正直たじろいでしまう。それでも，Ａの生きてきた力に勇気づけられ，Ａに教えられながら，Ａへの援助を考えていきたい」としていました。未知への構え，そこにたじろぐ"わたし"の率直さ，背伸びや回避をしてしまいアクチュアリティからずれてしまったとしてもＡとの相互的やりとりを常に第一の羅針盤としようとする姿勢が一貫していたことこそが，Ａの孤独を自律へと転換せしめ，Ａがそうありたいと切望していた個としての"わたし"の生き方を引き出したと言えます。

第5章

母子それぞれの"わたし"を
支え育む

［心理療法の実際②］

第1節　問題と目的

　ここまで繰り返し述べてきたことですが，"わたし"の問題はその人ひとりの個において起こるのではなく，関係性において起こると捉えられます。

　現代の日本において，知的障碍をもつ人の養育の多くを担うのが母親です。知的障碍をもつ人の"わたし"の問題に取り組むうえで，母親との関係性は抜きにすることのできない課題です。それはもちろん，母親のかかわりに何か問題があるという意味ではありません。むしろ，知的障碍をもつ子どもの母親は，第3章第2節に示したように，子どものわかりにくさや親役割のプレッシャー，周囲のさまざまな情報などに影響を受けて，母親としての自然な欲求や情動をもとに，子とかかわることがとても難しくなると考えられます。母親もまた，"こうあらねば"という思いにしめつけられ，外向きに過剰に適応して苦しんでいることが推察されます。

　そこで，知的障碍をもつ子と母親の双方の"わたし"を支え，母子関係をつなぐ心理療法が求められます。とくに，知的障碍をもつ人が大人になると，家族の加齢や発病，死別などによる家族システムの変化や，"障碍者の自立"を迫る社会的要請などによって，母子関係は大きく揺さぶられます。子が大人になっても母子の分離が難しいことについて，母親の「抱え込み」として指摘さ

れ，社会福祉学などで検討されています（植戸，2011）。しかし，それは母親のみに帰属させられるべき単純な問題ではなく，子と母親，それを取り巻く環境のなかでどのようなことが起こっているのかを関係論的に捉えることが必要となります。母子の離れがたさという関係性障碍の背景に何が起こっているのか，母子とその周辺をとりまく関係の綾を細やかに捉え，母子それぞれの進んでいきたい方向を汲みとりながら支援していくことが求められます。

そこでこの章では，知的障碍をもつ成人女性と母親の母子分離困難という関係性障碍に対する5年間の長期にわたる心理療法の事例を検討します。この事例では筆者1人がセラピストとして母子を担当しましたので，関係性変容プロセスを全体的に把握することが可能でした。この事例は当初，母子共に強い混乱を示していましたが，心理療法のプロセスのなかで関係性の明瞭な変容が見られ，母子それぞれの"わたし"がくっきりとしてきました。そうした関係性の変容プロセスを包括的に捉え，心理療法が何をなしたのかを考えます。

第2節　事例の概要と心理療法の構造

1．母子の基礎情報

子：30代女性B。知的障碍をもつ人の作業所に通所し，母親と同居していました。外見はやや小柄でやせ型，目をカッと見開き緊張した表情をしていました。性格はまじめで大変な頑張り屋でした。対人的に敏感で，過剰に人に合わせてしまう傾向が目立ちました。診断は中等度知的障碍（田中ビネー知能検査Vの結果によれば語彙と記憶力に比較的優れていました）・気分障碍（とくに躁病相としての不眠，多弁，興奮が優位でした。環境要因が症状の出現や増悪に強く関与しているようでした）・身体表現性障碍（手の振戦や転倒発作が見られました。身体症状を多く訴えました）。他に強迫的手洗いや多飲水が見られました。母親が自分をどう思っているか不安であると訴えました。

母親：60代。知的障碍をもつ人のヘルパーとして働いていました。抑うつ感，疲弊感が目立ちました。Bの養育に関する罪悪感が強く，Bを恐れるかのように回避的でした。Bと同様，まじめで他者配慮的な性格で，内省的でした。

第5章　母子それぞれの"わたし"を支え育む［心理療法の実際②］　139

２．家族構成

父方祖母：80代。母親によれば、「家族で一番偉い人として家族を支配」していたそうです。父母の結婚当初から同居していました。Ｂの障碍を母親の育児のせいと責め、とくにＢへの過干渉が目立ちました。

父方祖父：すでに死去。

父親：ひとりっ子で祖母に溺愛されていたそうです。会社員。結婚後、祖母に気兼ねし母親と２人での外出はしませんでした。Ｂが30代になって死別しました。母親はまじめな「よき父」としネガティブなことは一切語りませんでした。母子は墓参をかかさず、Ｂは毎年父の日にカードを供えていました。

弟２人：２人共に、自立して家族から別居するのが早く、Ｂが20代の頃でした。まじめで家族思いであることがうかがえました。

３．心理療法開始までの経緯

妊娠８か月で切迫早産となり、医師はＢが障碍を負う可能性を伝えました。満期産。生後２か月で父親がある慢性疾患を発症しました。母親は父親の発病のショックで母乳が出なくなりました。しかし、状況をよく把握していない祖母にミルクは駄目だと一方的に言われ、母親はそれに逆らえずＢは一時栄養不良になったそうです。父親はその後も入退院を繰り返しました。始歩は１歳11か月。始語は早かったそうですが、２歳半までおうむ返しのみでした。３歳のときに知的障碍と診断されました。小・中学校は祖母への気兼ねがあって通常学級に在籍し、いじめを受けました。高校は特別支援学校に通いました。

Ｂが20代のとき、不眠、多弁、興奮、不安感、強迫行為を主訴にこの病院に受診しました。その後も断続的に症状があらわれました。Ｂが30代になって、父親が持病がもとで死別し、かねてから物忘れが目立ち始めていた祖母が認知症を発症しました。やがて、祖母の認知症が進行して、Ｂに「これを食べろ」などと言い続けＢが吐き戻してしまう、Ｂが体調不良で横になっていても小言を言い続けるなど、Ｂに対してこれまで以上に度を越した過干渉が見られるようになりました（このときを*X*年とします）。その頃より母親と祖母の言い争いが増えました。また、大声を上げたり手洗いをやめられなかったりするＢに対して、せっぱつまった母親が思わず手をあげてしまうことも一時的にありました。さらに、Ｂから祖母を叩いたり押したりすることも見られたそうです。Ｂ

は情動の抑制が困難となり，B自身の希望もあって入院しました。祖母は高齢者グループホームに入居せざるをえませんでした。入院直後，医師から，Bの不安感の緩和と母親面接の導入を視野に入れた心理療法の依頼を受けました。

4．見立てと方針

　Bは生まじめな一家に生まれ落ちました。生まれてすぐから祖母の支配的な過干渉にさらされ，鋭敏な感覚で家族状況を察し，受け身で過度に抑制的な傾向を強めていったと考えられます。母親は十分な母子交流をもてなかったことに強い罪悪感を抱いていました。家族関係のひずみが波及して，学校教育はBにミスマッチな場を余儀なくされました。30代になり，父親が死別し，祖母の認知症が進行するという，家族システムが激変する事態となりました。母親は，その最も大変なピークに，Bを祖母の過干渉から守り切れず，自らもBに手をあげてしまいました。そのことで母親はBへの罪悪感を一層強め，Bの反応を恐れて回避的になりました。一方のBは，母親に見捨てられるかのような不安感に襲われ，母親とのつながりを求め，母親がそれに対してますます回避的になる，という苦しい関係性に陥りました。

　Bの精神症状について，情動を適切に表現して調整する機能を他者との情動交流のなかで十分に育んでこなかったという関係性の問題，つまり"わたし"の問題として筆者は捉えました。情報の入力に比較的長けていますが，その反応として，心理的負荷が比較的小さいときは受け身的に我慢に徹し，負荷がより強まると身体化や強迫症状が出現し，さらに躁的に抑制困難な状態に至ると考えられました。あたかも，蛇口の微妙な開け閉めがきかず，閉まったままの蛇口に水がたまりにたまって破裂してあふれ出るようなイメージで捉えました。

　そこで，母子関係のこう着状態の解消とBの症状緩和を目指し，母子を同時的に捉えて関係性を調整することが可能な同一セラピストによる母子心理療法を行うこととしました。

5．心理療法の構造

　母親面接は隔週1回（後に月に1回）1時間，Bの心理療法は隔週1回（入院中は毎週1回）30分行いました。時宜に応じ同席での心理療法も行いました。

入院中は病棟職員に生活状況を聴きとり，入退院などの方針決定に際しては医師と情報交換しました。Bの作業所の職員とも数か月に1回必要なときに情報交換をしました。また，躁状態の緩和を図った投薬治療が並行して行われていました。

第3節　心理療法の経過と考察

　心理療法の開始から母子分離に至るまでの経過を，Bの入退院の区切りで4期に分けました（図10）。さらに，5年間という比較的長期の経過を検討素材

図10　経過の区分

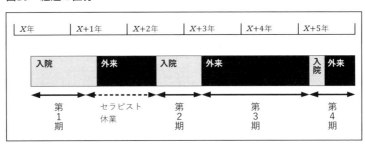

とするため，全体の流れを概観しやすいように，それぞれの時期を内容的な推移に基づいて①②……と区分し，小見出しをつけました。母子の共変を把握するために①②……ごとに母子の経過を並べて記しました。

第1期　母子が向き合い始める（X年7月〜X＋1年4月：入院）

　はじめ母子共に強く混乱しており，それを納めていくための対応が求められました。次第にそれぞれの関係性に対する不安感が語られるようになり，同席心理面接の場でようやく母子が向き合い始めました。
　この第1期は，以下の3つの区分で捉えます。
①B：極度の混乱／母親；あふれる語り（X年7月〜8月）
②B：母親との関係性への不安感の萌芽／母親：Bへの理解の萌芽（X年9月〜X+1年1月）
③同席面接→B：入院前エピソード語る／母親：祖母の面会（X+1年1月〜

3月)

　それでは以下に，ひとつひとつの時期を見ていき，その終わりにこの第1期について考察します。

①B：極度の混乱／母親：あふれる語り（X年7月〜8月）
　B：
「はじめまして」と丁寧な口ぶりで挨拶したかと思うと，「あ，失礼しました。外来でお見かけしてました」とブワッと泣き，入院の経緯などタガが外れたように一方的にまくしたてました。混乱しながらもBの確かな思いが端々に垣間見える語りは次のようでした。「お父さんが亡くなった，おばあちゃん元気だったのに車いすになってかわいそう，認知症になって，お母さんもおばあちゃんも疲れて，6月に入院したいって言ったけど，お母さんは入院反対って，おうちで薬飲もうって，（病棟の）個室は寂しくて眠れないって言ったけど，部屋あいてなくて，皆と一緒がいいけど，意地悪な子もいて，母親はヘルパーで忙しくて電話できなくて……」。セラピストは，Bの思いを汲もうとし，〈辛いことあったの，わかりました。我慢していたんだね〉とBの思いに対するセラピストなりの理解をわかりやすくまとめて伝えました。そして，〈これから続けて会えますからね。少しずつお話していきましょうね〉と今後の継続を保障しました。その回の終わる頃には落ち着いてきました。その後Bは医師に，「心理の人と話したい。今までいじめとかあって，障碍があって，うまく話せる人いなかった」と述べたそうです。病棟では，多弁，興奮，多飲水，身体愁訴が目立ち，保護室に隔離も行われました。

　まずは語りすぎて混乱を深めてしまわないよう，セラピストの言語的応答は受容的に，かつ最小限に留め，あふれる情動を受けとめるツールとして塗り絵や描画を提案しました。Bは塗り絵を置かれたはしから塗っていき，「塗り絵すると落ち着く」と言いました。Bがまとまりのない語りに紛れて「わたしが悪いの，こういうふうになったのも」と自責感をもらすことがたびたびありましたが，セラピストは〈Bさんは，辛かったのよね。Bさんは，悪くないね〉と修正して応じました。するとBはさらに，「保護室なんて，入りたくなかった」など呟きました。

第5章　母子それぞれの“わたし”を支え育む［心理療法の実際②］　143

母親：

　Ｂのことを教えてほしいとセラピストから面接を提案しました。母親は祖母への恨みをあふれるように涙ながらに語り，その姿はＢに重なりました。祖母がグループホームに入居するときには苛烈なことばでののしられたと言いました。祖母は絶対的な存在であり，Ｂは祖母に「常に責められ，批判された」とのことでした。家にある祖母の荷物をなるべく見ないようにしていると言い，「祖母には最愛の息子をとられた憎しみや先立たれた悲しみがあるのだろうが，わたしも祖母に恨みをぶつけたくなる」と言い，父親が死別した際の夫婦のやりとりをむせび泣きながら語りました。またＢへの罪悪感も強く，とくに入院前「Ｂは誰よりもわたしに助けを求めていたのに助けてあげられなかった。わたしにも不信感があると思う。Ｂに一番しわ寄せ」と泣きました。母親は「相談できる場がほしかったんです。こうして話すとわたしも無理してるんだなと思います」と言い，続けて相談することを希望しました。セラピストは，とくに祖母に対するあふれる思いをそのまましっかり聴きとることに努めながら，あくまでＢへの対応を考える場として位置づけたうえで，母親面接を継続することを決めました。

②Ｂ：母親との関係性への不安感の萌芽／母親：Ｂへの理解の萌芽（*X*年9月〜*X*+1年1月）

　Ｂ：

　落ち着いて塗り絵をするようになり，次第に，自責感で押さえ込まずに，母親が自分をどう思っているか不安であると率直に語ることができはじめました。「今日お母さん（面会に）来る。でも……いいのかな，お母さん，わたしのこと好きなのかな」。また，「お母さんとどんな話した？」とセラピストに頻繁に尋ねました。セラピストは，ごまかさず，しかし母親面接の枠を守るため直接的ではなく〈Ｂさんに，辛い思いさせたって思ってるんじゃないかな〉と母親の思いを類推して伝えました。Ｂはぽろぽろ泣き，「お母さんはわかってくれてる，やり直したいって言ってた」。医師から母親との外出許可が出た頃から，退院したいという訴えが目立ち始めました。「早く退院したいよー！」〈夏からずっと頑張っているものね。こんなに家を離れるのはじめてだものね〉「そう，寂しいよ」。「外出で今度イルカを見に行きたいな」と述べたとき，（後述の母

144

親の語りを念頭に）セラピストが〈お母さんに言ってみたら〉と投げかけると，「言えないの，不安，こわい」，「やりたいこと素直に言えない」と涙しました。セラピストは〈Bさんは，ずっと我慢してきたからなかなか言えないのね。素直に言うのが，Bさんの大事なこと〉と素直に表出することを励ましました。Bは「今度お母さんに言ってみよう」と述べました。病棟では徐々に落ち着いてきましたが，手洗いや多飲水は続いていました。

　母親：

　「Bは面会で表情良くなってきた」，「Bは祖母の顔色うかがってきた。これから自分の気持ちを素直にあらわせるかが課題」などBへの理解を述べましたが，始終浮かない表情でした。一方で，「当面の退院はとても無理」，「Bのことというよりわたし自身の受けいれるこころの問題」とこれからの不安を述べました。入院前「余裕なく，Bを叩いてしまった」ことを語り始め，Bにそのことがよみがえるのが心配と言いました。そして，Bから母親へ反応が返ってくるのを強く恐れているようでした。セラピストはBを理解しようとする母親のこころの動きをより強く支持しようとしました。あたかも，Bに対し逃げ腰の母親の手を“どうか頑張って，お母さん……”と願いながら引きあげるようなイメージを思い描いていました。

③同席面接→B：入院前エピソード語る / 母親：祖母の面会（X+1年1月〜3月）

　初の外泊が予定されましたが，母親の体調不良により中止となりました。セラピストには母親がBの外泊を受けいれがたい抵抗感が身体症状としてあらわれたようにも感じられました。Bは「（他の患者は外泊しているのに）何でわたしばっかり（外泊できないの）！」と怒りを露わにしました。〈怒りたくなるよね。とても自然な気持ち〉「怒りたいけど，お母さんに言うと悪いと思って言わないの。言いたいよ」。セラピストは〈今度，お母さんと一緒にここでお話しようか〉と提案し，Bは即座に「そうしたい」と言いました。セラピストは，Bと向き合うことを恐れる母親と，母親と向き合い自身の思いを伝えることを望み始めたBが出会う契機として，また，2か月後に迫ったセラピストの産休を伝える必要もあったため，同席面接を設定しました。

第5章　母子それぞれの“わたし”を支え育む［心理療法の実際②］　145

同席面接：

はじめに母親のみが入室し「入院はBにいい経験になった」など表面的に固い表情で述べました。続いてBが入室し，母親と他人行儀に挨拶してぎこちない雰囲気が漂いました。Bは「早く退院したい！アーンアーン！」「何でわたしばっかり！」と泣き，母親は「一歩一歩でしょ」など説得するようにことばをかけていましたが，表情は強張っていました。それでも，Bは「言えてよかった」と落ち着いた表情を見せました。セラピストは，Bが母親に“こちらを向いて”とでもいうように思いを表現し，母親が十分に受けとめきれないまでも何とかその場に留まろうとしていることを見守り，1年間の産休を伝えました。Bは「（セラピストと）話せないの悲しいよー！」と再び泣き，母親がBをぎこちないながらも慰めました。その後はじめての外泊が実施されました。

同席面接後のB：

入院前にどのようなことがあったのかをはじめて落ち着いて語りました。B「お母さんと仲直りなの」〈ケンカしたの？〉「うん，前に」〈ケンカって？〉「思い出したくない」と涙。B「早く帰りたいって言うとお母さんが辛くなるから言えないよ」〈ケンカ，傷ついたね。早く仲直りして帰りたかったのね〉B「はじめ面会にも来てくれなくて。もうやだよ」と言って泣きました。セラピストが〈仲直りしたくて，待ってたんだよねえ〉と言うとBはストンと落ち着き「うん」とうなずきました。

同席面接後の母親：

母親は，祖母の面会にはじめて行ったと報告しました。強い不安があったと言いますが，「やはり会っておかなくてはと思い切った」。祖母から母親に思いがけず労いのことばがあって，母親は「安心しました」と述べました。

同席面接後，母子が向き合おうとする着実な一歩が見られました。セラピストの引継ぎから5か月後の$X+1$年9月に退院し，その時点で心理療法は一旦終了しました。

《第1期考察》

心理療法を開始した当初，母子共に激しく泣き多弁で，情動の抑制が難しいようでした。とくにBは隔離を要するほどの強い興奮を呈しました（①；以下，（　）内は経過 No. を示します）。この事例において，“過干渉で支配的でありB

を受容しない"という祖母の実際のありよう，およびそうした祖母のイメージが，母子関係の構築に大きな障碍となったと考えられます。とくに母親においては，祖母に対する感情の整理と，Ｂとの関係性の修正は密接に関連しあって進んでいくようでした。母親は，祖母のせいで母子交流が妨げられたと捉え，強い怒りや恨みを抱いていました。母親はまず何より，その感情を父親の離別の悲しみと共に十分にあらわす必要がありました。そのうえで母親は，祖母の過干渉からＢを守りきれず，とくに混乱していた時期には母親が祖母への怒りをＢへ代わりに向けるかのように暴力を振るってしまったこと，さらにその影響を受けたＢが祖母に暴力を振るってしまったことへの直視しがたい罪悪感と，Ｂからどのような反応があるのかを恐れる思いを語り始めました（②）。

　一方Ｂは，セラピストとのやりとりのなかで徐々に気持ちを落ち着かせ，家族のなかの混乱はわたしのせいだという自責感を修正していきました。母親が離れてしまうのではないかという不安感や母親に向き合って母親の思いを確かめたいという切実な思いを，少しずつ素直にあらわすようになりました（②）。これまで，ことばにすることで母親がどう感じるかという心配や自責感から，なかなかことばにされず，Ｂにも十分にはっきりとは認識されてこなかった思いであると感じられました。初回の心理療法で，きわめて強く混乱をしていたのにもかかわらずはじめにセラピストと丁寧なあいさつを交わそうとしたことに如実にあらわれているように，Ｂは自分の思いを感じ伝えることよりも，外向きに周囲に合わせることにばかりにエネルギーを向けていたのではないかとセラピストには感じられました。だからこそ，セラピストは素直に表出することがＢにとってとても大切なことであると強く支持しました。母親が罪悪感によってＢから逃げ腰になり，それによってＢが母親との関係に不安感を強めるというこう着した悪循環がセラピストにもくっきりと感じられるようになってきました。セラピストは，Ｂの母親に対する強い思いをひしひしと感じ，母親にそれを少しでも受けとめてもらいたいと考え始め，母親がＢの思いを受けとめるサポートを直接行うことのできる同席面接を設定しました。

　同席面接で，Ｂと母親はとてもぎこちないながらもしっかりと向き合おうとし始めました（③）。その後，はじめての外泊が実現しました。母親は当初その荷物すら直視できなかった祖母とはじめて面会し，祖母と向き合い始める兆しが見られました。そしてＢは，直視しがたい入院前の母親との「ケンカ」を

第５章　母子それぞれの"わたし"を支え育む［心理療法の実際②］ 147

はじめて落ち着いてことばにすることができました。

第2期　母親の受けとめ（$X＋2$年7月〜$X＋3$年5月：入院）

　第1期から1年あまりが過ぎ，Bは再び入院することになりました。とくに母親には，再入院に至ったことを失敗として捉える思いが強く，改めて母子で再出発をはかることとなりました。母親は，Bの思いを受けとめ，かつ祖母を赦すという，大きな心理的作業を達成しました。それにより母親はこれまでよりもどっしりとBを抱えるようになり，それに伴ってBも不安感をコントロールできるようになっていきました。

　この第2期は，次の4つに分けて捉えます。

①B：同席面接の希望／母親：母子関係再編の挫折感（$X＋2$年7月〜8月）

②同席面接→B：葛藤し始める／母親：幻想からの脱却（$X＋2$年8月〜10月）

③B：不安感の減少／母親：Bと祖母を受けとめ（$X＋2$年11月〜$X＋3$年1月）

④B：不安のコントロール／母親：Bの不安を抱える（$X＋3$年1月〜5月）

以下に経過を紹介し，最後にこの第2期の考察を行います。

　①B：同席面接の希望／母親：母子関係再編の挫折感（$X＋2$年7月〜8月）

　B：

退院後半年ほどして，母親への強迫的な確認や身体症状の訴えが徐々に増えたため，$X＋2$年7月に再び入院しました。同時期にセラピストが復職し，母子の希望で心理療法が再開されました。再開後はじめて会ったBは，涙は流しますが興奮することはなく，「お母さんとうまくいかなくなって入院したの」と言いました。母親から作業所に通所するよう言われ，苦しいけど苦しいと言えず包丁で自分や母親を刺したくなったと述べました。退院の見通しが立っていないことについて「お母さんはわたしに帰ってきてほしくないのかな」と言いました。苦しかったことを母親とまたここで話したいと，自分から同席面接を希望しました。

148

母親：

退院後「期待しすぎました。祖母がいなくなれば自由に2人で楽しめるだろうって。実際にははじめてのことばかりで戸惑い，疲れました」と述べました。「これまで全て決定してきた祖母が不在となり，Bの支柱がなくなった」ため，Bはひとつひとつ細かいことを母親に確認するようになったと言いました。「Bを突き放すと余計しがみつく。わたしの柱がぐらぐらして，Bを受けいれられなかった」とし，仕事で留守がちにしたり，強く言いすぎたり，無口になったりしてしまったと述べました。新しい母子関係を築くのはまだこれからと語る一方で，「どうしたらいいのか自信なくて」と涙を流し，知的障碍をもつ人のグループホームにBを委ねたいとも語りました。セラピストは〈お母さんもBさんも，頑張って新生活を始めようとした〉とこの時期を意味づけようとしました。

母親は，"祖母が不在となったので自由に楽しめる"ということと"Bを全て受けいれてやり直さなければならない"という2つの幻想に囚われ行き詰っているようでした。セラピストはBがはっきりと自ら述べた希望を尊重したいと考え，母親の負担感を懸念しながらも，母子で再出発をする対話の場として同席面接を再び設定しました。

②同席面接→B：葛藤し始める／母親：幻想からの脱却（X＋2年8月〜10月）

同席面接：

まず母親が来室しましたが，涙を流し考えが定まらない様子でした。「この1年失敗してしまった」，「いろいろ考えていく気力がわかない」と語りました。それに対してセラピストは，Bの気持ちとして，今後の目途が立たず不安になっていること，母親の気持ちを確かめたいと思っていること，母親に辛さを知ってほしいと思っていることを伝えました。母親は「産まれたときから抱きしめてお乳をやってというかかわりをしてこなかった。出ないおっぱいをくわえさせることしかできなかった」と嘆きました。そこにBが緊張した面持ちで入室し，母親は涙を納めてぎこちなく笑顔を浮かべました。Bは「ずっと退院できないの？」など切れ目なく話し，「死にたいくらいつらかった」と書いた手紙を母親に渡しました。母親は涙ぐんで，「言いたいことは何でも言っていい

んだから」と受けとめました。Bが「お母さんを傷つけちゃったかな」ともらしたのに対して，セラピストは〈そうかもしれないけど，それでいい。お母さんは受けとめようとしてくれている〉と応じ，Bは「うん，言えてよかった」と述べました。セラピストはこのように力強く言い切ったのですが，確かに自らのことばでありながら，面接後にはなぜこれほど力強く言うことができたのかと不思議になるような感覚がありました。母子それぞれが必死に足を踏ん張って，Bは母親に必死に思いを伝えようとし，母親は必死にそれを受けとめようとしていました。セラピストはそうした母子の必死さをひしひしと感じとり，それに突き動かされて，母子がそれぞれ向き合おうとしているのを力強く支え保障しようとする動きにおのずと向かったのだと思われました。

同席面接後のB：

母親との関係性への不安感ははっきり言語化しますが，母親にわかってほしいという訴えはやや減りました。退院を希望する一方で，「（自分は）お母さんといると緊張して，無理しているんじゃないかって思う」，「退院して調子崩すのも不安」と葛藤を語り始めました。

同席面接後の母親：

同席面接が負担になりすぎたのではとセラピストが懸念を伝えると，「Bがここまで切羽つまっていたとわかった。よかったです」と涙しました。そして「祖母がいて大変だったけどそれでまとまっていた」と気づき，Bの思いが全て母親に向かったのを「全部受けいれられないのは当然」と述べ，幻想から脱却する方向への切り替えがうかがえました。今後についても「わたしも受けいれたい半分不安半分，Bも帰りたい半分不安半分」，「誰もどうしたらいいかわからない状況」と明瞭に捉え始めました。

③B：不安感の減少／母親：Bと祖母を受けとめ（*X*＋2年11月〜*X*＋3年1月）

B：

医師から退院への見通しが告げられ「少し安心」。母親から外泊が提案され，「とても嬉しい。待ってるから焦らなくていいって」と笑顔で述べました。

母親：

同席面接後に始まった幻想からの脱却が一層進みました。

まず，Bへの受けとめが明らかに変化しました。Bが退院希望など母親によ
く言うようになり，「『お母さんは逃げない，待ってるから』と話したら，繰
り返し『待ってる？』って。このことばを聞きたかったんだと思う」と涙を流
しました。そのやりとりの後Bは落ち着いてきたと言います。母親は，「焦ら
ずやっていかなければと思いました」とし，グループホーム入居はいったん保
留にすると判断しました。自分の不安感をそのまま抱えるようになり，例えば
外泊について「不安がないと言えばうそ」と認め，「我が家はまじめすぎる。
駄目でもそれはそれでいい」と述べました。

　第2に，祖母への受けとめが変化しました。祖母を遠方の施設に移す予定で
したが，「許す許さないとかではないですけど，最後のおつとめと思って，近
くを再検討しようと覚悟を決めた」とあふれるように泣きました。

　このような圧倒されるような母親の変化が，Bの不安感の軽減に大きく寄与
したと考えられました。

④B：不安のコントロール／母親：Bの不安を抱える（X＋3年1月〜5
　月）

　B：

退院予定が立ってから，身体症状の訴えが増えました。しかし，「退院が不
安になった」と青白い顔で泣いても，セラピストが見守っていると間もなく顔
に赤みが差し「外泊のお花見は楽しみ」と自ら切り替えるなど，コントロール
しようとしていることが感じられました。その背景で母親がBをしっかり抱え
ていることがうかがえました。「お母さんが，うまくいかなくてもいい，ケン
カしてもいいって言ってくれた」，「お母さんに，大好きって，前よりだんだん
好きになってきたって言われた。嬉しくって涙出るよ」と語りました。

　母親：

外泊中Bの手洗い強迫が目立っても「さらりと自然にしている」と言いまし
た。「何かがふっきれたのかもしれない」と言い，「あ，これ関係あるのかわか
りませんけど」と前置きして，祖母への思いが変化し，かわいらしいと思うこ
ともあると述べました。「義務ではなく，最期までみようと思えるようになり
ました」。X＋3年5月，Bは退院しました。

第5章　母子それぞれの"わたし"を支え育む［心理療法の実際②］　151

《第2期考察》

退院後，母親は祖母の存在をなかったかのごとくリセットしようとし，Bへの罪悪感の反動からBを全て受けいれて母子関係をやり直さなければならないかのような幻想に囚われ，行き詰まりました（①）。2度目の同席面接によってそうした幻想から脱却し，Bへの回避的感情を認め全てを受けいれられるわけではないとあきらめました。そのうえで，Bの思いをできる限りの範囲でそのまま，しっかりと受けとめようとしました（②③）。それは，祖母の存在を受けとめ，それまで祖母にのみ集約しているかのように投げかけていた母親自身のBに対する受けとめがたさを，母親自らのものとして引き受けるという痛みを伴う赦しの作業（③）とパラレルであったと思われます。

これによって母親は，これまで罪悪感に塗りこめられ十分に発揮されなかった母親としての機能を，気負いを緩めて「さらりと自然に」発揮できるようになりました（④）。

こうした母親の作業は，2度の同席面接後に母親の大きな変化が起こっていることから明らかなように，Bが母親との関係性に対する不安感や怒りを切実に伝えたことによって促進されたと考えられます（①②）。そして，母親の受けとめによりBの不安感は明らかに納まっていきました。とりわけ，「お母さんは逃げない，待ってるから」ということばに如実に表れているような，母親のどっしりとした抱えのなかで，Bは不安感を自らコントロールし始めました（③④）。Bがコントロールできるようになってきたのは，母親に情動を受けとめられることによって安心感を得るなかで，手応えをもって自らの情動が捉えられるようになったことによると考えられます。「さまざまな体験や情緒を関連付けるまとまり（オーガナイザー）」（森，2010）としての"わたし"が形成されてきたと捉えられます。

第3期 母子の充実した時間から母子分離へ
（X + 3 年 6 月〜 X + 5 年 3 月：外来）

退院後，Bにおける"わたし"はいっそう確かなものとなり，自分の思いを適切にことばで表現するようになりました。母子で過ごす時間が生き生きと充実してきました。Bは自立訓練として施設のショートステイを開始し，自立への思いと不安との葛藤が強まっていきました。Bの"わたし"が確かになって

きたからこそ主張も増え，母子は次第に疲弊しました。いつも頑張りすぎる母子が，ここで敢えて無理をせず，入院してお互い休むという判断をすることができました。

第3期は次の3つに分けて捉えます。

①B：豊かな感情表現／母親：一時的動揺（$X+3$年6月～10月）

②B：生活を楽しむ／母親：自信をつけていく（$X+3$年11月～$X+4$年4月）

③B：自立と不安の葛藤／母親：母子分離の検討（$X+4$年5月～$X+5$年3月）

以下に経過を示します。第4期の後に，第3・4期を併せて考察することにします。

①B：豊かな感情表現／母親：一時的動揺（$X+3$年6月～10月）

B：

退院直後一時的に訴えが増えました。はじめて祖母と面会し，そのことについて「わたしのことわからないのはショック。でも会えてよかった。生きててくれてよかった。帰りたいと言われ，嬉しいけど困ると思った」と率直に語りました。また，自立訓練として定期的な施設のショートステイを母親から提案され「うーん，という気持ち。迷ってる」が「将来何があるかわからないから行くこと決めた」，「お母さんがわたしのこと嫌って言っているわけじゃないってわかっているから」と言いました。セラピストには，Bの多様な言語表現とB自身の感情がしっかりと一致しているという感触があり，まさにそうだと首肯しながら聴きました。

母親：

Bの一時的な不安定に自身の体調不良も重なって動揺しましたが，まもなく切り替えました。

②B：生活を楽しむ／母親：自信をつけていく（$X+3$年11月～$X+4$年4月）

B：

状態は落ち着き，「作業所でおしゃべりするのは今の自分に合ってる」と明るい表情で述べました。母親との時間を生き生きと楽しんでいました。「お母

さんとうまくいっている」。セラピストが〈そういえばお母さんといて緊張しなくなった？〉と聞くと「うふふ，あまり緊張しないね」と表情を緩めました。待合室で自然に寄り添って座る母子の姿が見られました。

母親:

Bが作業所に行く前にぐずぐず言っても，「出たら出たで楽しんでいるので」送り出したとし，「行くのはわかってた」と述べました。「自然体の会話ができるようになった」と述べ，怒ったり無視したりすることもある，と笑って語りました。

③B：自立と不安の葛藤／母親：母子分離の検討（*X*＋4年5月〜*X*＋5年3月）

B:

施設のショートステイを開始し，とくにはじめはとても緊張しているようでした。Bの主張が増えた分，母親とケンカが増えてきました。「（ショートステイは）寂しいけど仕方ない。グループホーム入るためってわかってる」と言う一方，「本当はお母さんと一緒にいたい。つい，何で？って思っちゃう」と，自立への思いと不安感との葛藤をあらわしました。1回の心理療法のなかで，自ら語り進めながら，涙ぐんだかと思うと明るい表情に切り替えるなど，何とか自力で気持ちを立て直そうとする姿も見られました。しかしついに，「不安になってどうでもよくなって，自分が怖い」，「疲れた。入院したくなった」と泣き，セラピストは〈よく頑張ってきたね。疲れた時は休むといいね〉と受けとめ，入院に向けて調整を図ることとしました。

母親:

Bへの対応で母親は疲労し，「わたしの許容範囲ぎりぎりにならないうちに対応したい」と述べました。セラピストは無理をしないようにするという母親の意向を支持しました。母親はBのグループホーム入居を改めて本格的に検討し始め，「罪悪感は前ほどなくなった」と語りました。母親はBの笑顔がなくなってきたことを敏感に捉えて入院を判断し，「これからも頑張ろうと思えば頑張れなくもないのかも。でも先を考えると入院してお互い休んだ方がいいと思う」ときっぱり述べました。*X*＋5年4月Bは入院しました。

第4期　安定的な“わたし”の確立へ（X＋5年4月〜12月：入院→外来）

　入院したBは穏やかであり，母親と自分を分けて捉える，感情の表出をたくみにコントロールしようとするなど，Bの“わたし”はますます確かなものとして感じられました。グループホーム入居の準備を，母親は大きく揺らぐことなく行い，スムーズに入居が決定しました。

　第4期は次の2つに分けて捉えます。

　①B：巧みな自己コントロール / 母親：グループホームに向けた準備（X＋5年4月〜8月）

　②B：動揺を納める / 母親：Bを支える（X＋5年8月〜12月）

　最後に，第3・4期をあわせた考察を行います。

　①B：巧みな自己コントロール / 母親：グループホームに向けた準備（X＋5年4月〜8月）

　B：

　「疲れをとるための入院」と自ら述べました。病棟では不安をことばで訴えますが穏やかでした。「お母さん元気だった？元気ないみたいに見えたの」と母親を思いやってセラピストに尋ね，「お母さんの話すると涙出ちゃうな」と言いました。また，「お母さんはまだ外泊無理かもしれないし。わたしは疲れとれたけど……，まだかなと思う」と母親と自分を分けて考えることができはじめました。セラピストが病棟にBを出迎えた際，「トラブルあって……」といったん言いかけましたが，「ここじゃなく部屋で話す」と納めることもできました。

　母親：

　グループホーム入居に対する迷いも語りましたが，Bの意向を確かめながらその手続きを淡々と進めました。「いい方向にむかっている」と述べました。

　②B：動揺を納める / 母親：Bを支える（X＋5年8月〜12月）

　B：

　退院後，グループホーム入居がスムーズに決定しました。「お友だちと仲良くなれるかなあ」と明るい表情。「グループホーム不安でパニクっちゃうんです」と泣いても，セラピストが〈グループホーム入るのは大変なこと。パニク

第5章　母子それぞれの“わたし”を支え育む［心理療法の実際②］　155

るよね〉とことばをかけると，「涙ふいていいですか」と言って落ち着きました。セラピストは，"おきあがりこぼし"がのずと揺れを納めていくようなイメージを頭に描きながらBの納める力を信頼して聴きました。

母親：

Bは徐々にグループホームに慣れてきたとのことでした。「Bは寂しいと言うけど，わたしは，今は寂しさよりも安心感，嬉しさ。後から寂しくなると思います」と述べました。

《第3・4期考察》

第3期に，Bの言語表現は眩しいほどに豊かで適切なものとなっていきました（3-①）。母親に受けとめられる安心感から表現への動機づけが高まり，感受した情動と優れた語彙とが適切に結びつけられるようになったと考えられました。そして，多様な情動をことばであらわしながら，むき出しの情動を母親にぶつけなくなり，母親への思いを飲み込んで赦したように感じられました。それは，母親に受けとめられ共に楽しむ（3-②）という経験の蓄積を土台にして，しかしそれでもBの全てを受けとめられるわけではないと自己覚知した母親をBがそのまま引き受けたということであり，さらに母親が自分と異なる他者であると他者性を捉えた（4-①）ということでしょう。これは，「脱錯覚過程」（Winnicott, 1958/2005），あるいは，幻滅の苦痛をひとつひとつ体験することによる自己対象機能の段階的な内在化である「変容性内在化」（Kohut, 1984/1995；丸田，1992）が母子に連鎖的に生じたプロセスとして捉えられます。このプロセスは，「（祖母が）生きててくれてよかった」ということば（3-①）に象徴されるようなBの深い寛容によって進められたものでしょう。

このように，母親は，祖母に対する感情の整理とBからの思いの発信によってBと向き合い，Bを受けとめる限界性を含めた"わたし"を認めて罪悪感を納め，Bをできる限りにおいて確かに受けとめました。一方Bも，母親からの受けとめを土台に，リアルな母親を認識し赦していくことによって，自分の情動を抱えて適切に表現する"わたし"を確立していきました。

こうした母子の相互交流を経て，母子は分離の作業に向かいました。Winnicott（1958/2005）は母親が子のニーズに対する適応を徐々に減らしていくことを「段階づけられた適応の失敗の提供」として，そうした母親の対応が

子の欲求不満を容認する能力を育み"わたし"の統合を促すとしました。それを受けて加藤（2012）は，知的障碍をもつ子の母親の内に深く根付いた罪悪感が子への「適応の失敗の提供」を妨げる可能性を論じています。しかし，母親におけるBへの回避的感情は母親の内にしっかりと抱えられ，Bの自立に向けた葛藤（3-③）に際して罪悪感を惹起することはありませんでした。母親は，適切に「適応の失敗の提供」を行い，きっぱりとグループホーム入居の準備を進めることができました（3-③，4-①）。Bも葛藤を内に留め自ら自立に向かっていきました（4-②）。

　一貫して語られなかったのは"母子を守りきれなかった父親"の物語です。父親のよきイメージを母子で守り抜き，支えとしていたように感じられました。

補足：その後の経過

　以後，母子共に頻度をあけてフォローアップしました。Bは，グループホーム入居から年単位経過しましたが，入院することはなく身体愁訴や手洗い強迫は軽減しました。職員によく相談し，感情の切り替えも素早くできるようになりました。母親は，初回入院前のBの日記（祖母の言動に対する辛さの記述）が偶然見つかった際「あの子の辛さ，わかっていた。Bの思いはわたしの思い」と述べました。祖母に暴力を振るったBを叱る他の家族から，母親がBをかばい守っていたという，これまでの罪悪感に満ちた捉え方とは異なる新たな物語も語りました。母親は極力グループホームの職員に委ねて見守り，Bは母親に過度に頼らずむしろ気づかおうとしていました。

第4節　まとめ──ホールディングの機能

　この心理療法のプロセスを支え促したセラピストの対応について，「ホールディング」（Winnicott, 1965/1977）という概念を軸にして考察します。北山（1985）は，Winnicott の使うことばを「多義的な日常語」であるとし，それ自体「移行対象」のような中間性や豊饒さをもっているのと同時に，必然的に誤解や錯覚を招く恐れもあるとしています。そこで，北山（1985）による，ホールディングの重複しあう意味内容を敢えて「便宜的に分解」した諸記述（表3）をもとに，経過に即してそのつどいかにセラピストがホールディングした

表3　ホールディングの多義性（"内容"は北山（1985）より引用。"名称"は筆者による）

名　称	内　　容
支持すること	比喩的に，手や腕に抱えてもつこと
連続して保つこと	その状態を連続して保つこと
保護すること	内側にあるものを外側からの侵入から守り，内側から頼られ安心感を与えること
まとめること	内側にあるものを，とりこぼすことなくまとめること
管理すること	場を提供してそこで行われることの責任者となること
統制すること	動揺させず，コントロールすること
包容すること	包容力をもって受け容れて，それを保持，ときによってはその内部からの苦痛に耐えること
納めること	（感情や思いを）抱いて，それを内側に納めていくこと
枠どること	枠を与えて内外の境界を示し，内側からあふれるものに手応えを与えること

かを分析的に検討することとしました。もちろん，厳密な分類はこの概念の特質上困難であり，むしろこの概念のもつ豊かさを損なうことになります。この目的は機能の分類ではなく，ホールディングのどの側面が際立っていたかを分節することで，ホールディングの多様な総体を如実に描き出そうとするものです。

　セラピストは，まずBには，当初の極度の混乱に対し，それを納めるべく強力なホールディング（統制すること，枠どること，連続して保つこと，保護すること）を行いました（1-①）。セラピストは，〈辛いことあったの，わかりました〉という大枠でBの表現をシンプルに枠どってBの言語表現をいったん抑え，塗り絵の枠どりにセラピストのホールディングが縁どり，さらに入院という強固な構造が支えているような環境を作り出そうとしました。また，セラピストは，心理療法を続けていくことを強調して伝え，"Bは悪くない"と保障して過度

の自責感を和らげ保護しました。こうしたセラピストのホールディングにより，Bは，混乱が統制されて落ち着き，母親との関係性に対する不安感が枠どられてかたちをなし，ためらいながらも罪悪感で抑制せずにあらわせるようになりました（1-②）。セラピストは，その思いをホールディング（支持すること，包容すること）し励ますと共に，母親の肯定的思いを類推しながら素直に代弁して母子の橋わたしをして，ホールディング（まとめること）を目指しました。それは，母親面接で得たそのつどの手応えを活かしながらの対応でした。知的障碍をもつ人への心理療法の工夫として田中（2005）は「訴えの中核にある気持ちを汲む」ことを指摘しています。セラピストはBや母親の思いのエッセンスを捉えわかりやすくBに応答することに努めました。Bはセラピストの対応から母親の思いの感触を確かにしていき，母親に思いを伝える勇気を得ていきました。

　一方，母親に対して，セラピストは，祖母への否定的な思いをそのまま聴き，強くホールディング（包容すること）しました（1-①）。また，母親が語るBへの葛藤的思いに対して，セラピストは，“母親に受けとめてほしい”Bの思いを背中で感じつつ，母親役割を重視するイメージをもって聴き（1-②），あくまでも母親がクライエントなのではなくBの対応についてを相談する母親面接として設定しました。セラピストは，それがもたらす母親の痛みを感じながらも，“あなただけがBの母親である”と尊重することこそが母親としての誇りを支えると考えました。このようにセラピストは，“母子それぞれ”のホールディングだけでなく，母子をつなげ（まとめること），関係を支える（支持すること）といった“母子共に”ホールディングするイメージを常に基盤としました。同一セラピストであればこそ，こうした母子を包含したイメージでの対応が可能となりました。

　その母子共にホールディングするイメージに基づいた2度の同席面接（1-③，2-②）が，とくに大きな転回のきっかけとなったと考えられます。同席面接は，セラピストが母子関係を直接ホールディング（管理すること，包容すること）する機会として設定しました。1度目（1-③）では，表出性を高めつつあったBが“こちらを向いて”と伝え，母親はそこに何とか在るのをセラピストが見守りました。その際に，セラピストの産休によるBのショックを母親がぎこちなくも慰めました。このとき，受けとめてくれるだろうという母親への期待とセ

第5章　母子それぞれの“わたし”を支え育む［心理療法の実際②］　159

ラピストのホールディングに対する信頼がBに芽生えたと考えられます。第1期から第2期のあいだのセラピストの不在はホールディング（連続して保つこと）の提供における危機でした。しかし，病院という枠組みが母子を支え続け，Bのなかに芽生えた思いは退院後の困難な生活においても保たれていました。Bは，2度目の同席面接を自ら希望し（2-①），母親への怒りと自分を破壊しそうな不安を，葛藤しながらも伝えました（2-②）。母親は，幻想に囚われ行き詰まり，強く打ちひしがれていたにもかかわらず，「言いたいことは何でも言っていいんだから」と留まって受けとめようとしました。セラピストは母親がBの思いを受けとめて「生き残る」（Winnicott, 1965/1977）母親であると力強く保障しました。セラピストにはBの切羽詰った思いが突き刺さるように感じられましたが，母親にとっては本当に包丁で刺されるかのごとくの痛みであったと思われます。ここでセラピストが行ったホールディング（管理すること）とは，そうした痛みがその場に生じていることを感じとったセラピストが場を設定した者の責任として引き受け踏み留まることです。また，ホールディング（包容すること）とは，母親がその痛みに耐えて，勇気を出してあらわしたBに悔悟の刃が戻らないよう母親が受けとめようとするのを感じとったセラピストが，背後で母子を包み込み支えることでした。

　これを転機に，母親はBを受けとめていきました（2-③）。もはや，セラピストのなすべきことは母親にただ敬意をもって立ち会いホールディング（支持すること）するのみでした。セラピストは，母親がBに対してホールディング（包容すること）し始めたことを見定め，「決して援助者が"better mother"にならないように」（楜澤, 2010）徐々に母親にホールディングの機能を移行しようとしました。さらにセラピストは，B自身に自律性と表現力が育ちつつあることに注目し，例えば退院の不安で泣いた際にも，保障することばかけで包み込もうとするより，一歩引いてBの反応を少し待つ，と加減を調整し自律を見守りました（2-④）。このように徐々に「ほどよく」ホールディングを加減することは，"わたし"を抱え調整する能力の発達促進的な機能をもつと考えられます（Winnicott, 1958/2005）。第3期以降，セラピストは，母子分離への志向性をホールディング（支持すること）し，母子が内に感情を留めようとするままに保障しホールディング（納めること）しました。

　このように，はじめは，保護し枠どり包容する強力なホールディングが情動

をまとめる"わたし"の形成を促し，また，母子をつなげまとめるホールディングが母子交流を促進しました。その後，母子の変化に敬意をもって加減して支持するホールディングが，母子それぞれの情動を納めて調整する"わたし"の機能の確立を下支えしたと考えられます。

　Bと母親のように，知的障碍をもつ子と母親は外的適応のため手探りで過度の努力を重ねるのであり，彼らはまさに頻繁に環境から「侵害」（Winnicott，1965/1977）されていると言えます。母子の情動交流のなかで母子それぞれの「真の自己」（Winnicott，1965/1977）を育むことが阻害されやすいと考えられます。この事例において，母子に柔軟なホールディングを供したことが，母子交流を促進して母子それぞれの"わたし"の確立につながり，母子分離に至りました。この事例は，心理療法が知的障碍をもつ人と母親の"わたし"の確立に寄与し，ひいては母子分離という実際的な社会的生活における課題の乗り越えにもつながりうる可能性を示したと言えます。

第5章　母子それぞれの"わたし"を支え育む［心理療法の実際②］　161

第6章

仲間とのあいだで“わたし”が
立ち現れる

[心理療法の実際③]

第1節　問題と目的

　知的障碍をもつ人の多くは，家庭や施設，グループホーム，作業所などの集団で生活しながらも，その生活環境が固定的であり，「限られた他者と限られた関係しかもてない」（薮内，1992）状況にあります。それによって，家族から離れて社会的関係を発達させていくことが困難であり，孤立感を抱き友人関係を切実に希求している人が多いことが，筆者の個人心理療法の経験のなかでも次第に明らかになってきました。そこで筆者は，日常の生活空間とは異なる，仲間と集う場として集団心理療法（以下，本章では“集団療法”と略記します）を病院内に立ちあげることとし，試行的に実践を重ねました（佐藤ら，2007）。集団療法は「体験自我の養育的場を豊かに与えると同時に観察自我を育て，支え，補助する機能」（小谷，1990）をもち，“わたし”の問題を抱える知的障碍をもつ人に有効性が高いことが指摘されていますが（Hurley et al., 1998），その実践研究はわずかです（薮内，1992；佐戸ら，1999；中川ら，1998：鶴岡，2001）。

　実践を重ねると，筆者には参加者個々の変化が確実に感じられました。ただその変化は，些細な態度や発言といった一見微細なサインにより感じとられる場合が多く，数量化のしにくいものでした。この実践の意義を明確化するには，

参加者が集団療法をどのように体験しどのような変化が起こるのかを質的に分析することが必要であると考えられました。そこでこの章では，集団療法の実践の質的データをもとに，参加者がどのような体験プロセスをたどるのか明らかにすることを目的とします。まず，支援者の把握した一見微細な変化について，参加者の体験する個人プロセスとして探索的に分析します。個人プロセスの結果と併せて，実践の手続きや支援方法を詳細に示すことにより，データの成立過程を明確にして「依拠可能性（dependability）」（伊藤ら，2005）を高めることとします。そのうえで，分析により浮かびあがった個人プロセスが明確に見られた事例を示して，個人プロセスが確かに認められることを例証します。それによって，「信用性（credibility）」，すなわち，「『事象に関する命題』にかかわる概念や概念間の関係がその背景にあるデータを確かに（credible に）反映しているかどうか」（伊藤ら，2005）を確保することにします。

第2節　方　法

個人プロセスの探索的分析と事例による例証を行いました。

1．個人プロセスの探索的分析
集団療法の主たる支援者2名（筆者・看護師）が27事例に対する支援の効果を「効果あり」，「効果なし」，「不明・判断できず」の3件法で評定し，評定の根拠となった観察知見について記録をもとに言語化しました。評定一致率は85.2％でした。共に有効と評定した22事例について，評定の根拠を切片化し153の切片を得て KJ 法で分析しました。分析結果を集団療法の他の支援者に示し，「メンバーチェック」（伊藤ら，2005）を行いました。併せて，実践の方法や手続きを詳細に記述しました。なお，有効でなかったと評定された5事例においても精神症状の悪化は見られず，評定根拠は「中断」あるいは「変化がほとんど見いだせない」であり，いずれも医師に申し送り，必要に応じて個人心理療法で対応しました。

2．事例による例証
1．によって浮かびあがった個人プロセスがとくに明確に認められた1事例

を提示し，個人プロセスを例証しました。

第3節　結　果

1．実践の概要

(1)　対象時期

X年5月からX＋3年4月までに実施した集団療法を調査の対象としました。

(2)　実施内容

構造：隔週1回1時間，計10回1クールとし，全5クール実施しました。日程は1クールを始めるときに一覧にして参加者に伝えて，参加者が見通しをもちやすいようにしました。忙しい病院という場で，必ず決まった時間に決まった場所で開催できるように院内のマネジメントに努め，参加者の安心感につなげようとしました。

支援者：医師1名，臨床心理士（筆者）1名（スタッフ1とします），看護師1名（スタッフ2とします）で主に運営しました。

参加者：1クールの参加者を固定とし，毎クール8名前後としました。医師が女性患者より選定しました。急性症状がある程度落ち着いていて，自己表出や対人関係に関する課題が明確な患者を対象としました。女性に限定したのは，知的障碍をもつ人において同性の仲間集団段階の体験から希薄であることに鑑み，同質的な仲間関係（チャム）の体験ができるようにと考えてのことです。

参加者は全27名，年代は，20代；10名，30代；13名，40代；4名でした。IQによる知的障碍程度区分は，軽度；7名，中等度；14名，重度；5名，最重度；1名でした。精神障碍などの併存は，てんかん・脳波異常；11名，気分障碍；8名，行動障碍，身体表現性障碍；各6名，染色体疾患，パーソナリティ障碍；各3名，解離性障碍，統合失調症，AD/HD，脳性まひ；各2名，自閉症スペクトラム，適応障碍，てんかん性精神障碍，非定型精神病，その他神経症性障碍；各1名でした（重複あり）。知的障碍や対人的課題をもつことや性別が同質である一方，年齢や知的障碍程度，併存症などが多様な参加者でグループを構成することによって，参加者が個別性を認め合えるようにと考えました。そのためスタッフは，理解力の障碍の重い参加者や動作の緩慢な参加

者にペースを合わせ，問題となるような行動をとりやすい参加者を疎外せず，表出の乏しい参加者が孤立しないよう目配りや声かけに努めました。出席率は83%，継続参加率（参加者の希望がありかつ支援者が必要性を判断して2クール以上継続参加した人の割合）は37%，中断率（中断した参加者の割合）は11%でした。

　支援方法：非構成的集団療法を行いました。参加者に親しみやすいよう，"おはなし会"という名称にしました。吹き抜けの開放的な一室を使い，静かなBGMをかけ，テーブルを配置し人形や木のおもちゃを並べました（図11）。"いやなときはむりをしない"という拒否の自由のルールと"「おはなし

図11　会場設定

会」の中だけで話す"という秘密保持のルールを設けてわかりやすく図示しました（図12）。いずれも，知的障碍をもつ人の"わたし"を尊重したいという

図12　2つのルール

意図によるものですが，とくに，拒否の自由のルールは知的障碍をもつ人の外的適応傾向の強さを考慮して設けたものであり，秘密保持のルールは，周囲の支援者同士の連携のなかで秘密を守られにくい環境特性を踏まえて敢えて設定しました。待合室で定刻にスタッフ1が声をかけて皆で会場に移動し，自由に着席しました。お茶と軽いお菓子（クッキー1枚など）を提供しました。発言は自由としテーマは設定しませんでした。「モザイク・メイトリックス」（小谷，2014）を参考にし，会話のつながりを重視しない場としました。ただ，自由な場に慣れていない参加者の不安感に鑑み，簡単な創作（コラージュ法を筆者が独自に改良した，枠どりされた台紙を用いたシール貼り（図13）等）や塗り絵など

図13　シール貼り

※あらかじめさまざまな色の画用紙を切り抜きます。丸い枠を描いておきます。大小多くの種類のシールを用意します。
成人女性が行うのに幼すぎない，複雑な手指操作を要さず創作に苦手意識の強い参加者でも取り組みやすい，参加者間でのやりとりが起こりやすい（シールの絵柄についておしゃべりする・シールをとってあげる・貼るのを手伝う）などのメリットがあります。

を用意しました。集団療法では，例えば森園・野島（2006）による「半構成方式」のように，「構成型，非構成型それぞれに有効な点と課題があること」を踏まえた折衷的な工夫が実際的であると考えられるため，この実践でも一部構成的要素を盛り込みました。

　スタッフは参加者の個別性を尊重することを徹底し，個々の参加者を受けとめることに努め，行動化に対して介入を要しないレベルのものは努めて見守りました。そして，スタッフが参加者を的確に，かつ共感的に理解しようとしました。その理解に基づき，例えば過剰適応的な参加者の目前で支援者が敢えて拒否を表現するなどの「モデリング」（小谷，2014）や，言語化の困難な参加

者の思いを代弁するかのような発言をするなどの「サミング」（小谷，2014）を行いました。さらに，支援者の受けとめる態度を参加者が体感し，「モデリング」（小谷，2014）により取り入れることで，場の全体がホールディングする雰囲気を醸すことを意図しました。参加者が場に慣れ，不安感が低減するのを見計らって，時宜に応じてさりげなく共通の話題を投げかけるなど参加者をつなぐ「システミング」（小谷，2014）も行いました。

　手続き：集団療法を行う前に，診察のときに医師から参加候補者へ集団療法の概要についてパンフレット（図14）を提示して紹介し，参加を勧めました。

図14　集団療法パンフレット

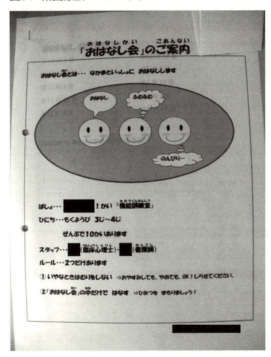

※裏面に日程を記載。

　そのなかで参加を希望した人と家族，地域の職員に，スタッフが個別の予備面接を行い，ニーズや経過を把握し，個別支援目標を設定して参加者と共有しました。併せて，参加者の興味や嗜好も聴きとり，場の設定に活用しました。日

程，会場，ルールなどを，パンフレットを示して簡略に説明し，場合によって
は実際に会場を見てもらいました。参加者の主体的な意思を極力尊重するため，
参加の中断や発言の拒否が自由であることをとくに強調しました。クールの最
中には，必要なときに家族や地域の職員と情報交換しました。1クール終了後，
振り返り面接を予備面接と同じ形態で個別に実施しました。

2．個人プロセスの探索的分析

　評定根拠の124の切片から，43の小カテゴリー，31の中カテゴリー（小カテ
ゴリーをそのまま中カテゴリーにしたものを含む），12の大カテゴリー，4つのカ
テゴリーグループを得ました。カテゴリーグループはそれぞれ，【STEP1　基
本的な自己存在感の確立】，【STEP2　対人的自己の変容】，【STEP3　適応的
な対人的態度の獲得】，【STEP4　生活場面への発展】と階層的に示されました。
カテゴリー一覧を表4（169〜171頁）に，大カテゴリーとカテゴリーグルー
プの関係を図15（172頁）に示しました。

　まず，【STEP1】がプロセスの重要な出発点となっていると考えられました。
湯川・三崎（2001）によれば，自己存在感とは，「自分自身の存在理由もしく
は存在価値についての感覚」を指し，"わたし"の基盤となる感覚であると言
えます。存在が承認される感覚を得て，場への所属感，安心感，自己肯定感を
得ることにより，自分は存在する価値があるという感覚が得られると考えられ
ました。それによって，対人的場におけるその人の生命感，エネルギーが充実
し，自他への関心が芽生えるという対人的自己の変容が生じると考えられまし
た（【STEP2】）。エネルギーの充実とは，柔らかさ，素直さ，活気，力強さと
いった印象や，会を楽しむ参加態度から感じられました。自他への関心の芽生
えとしては，自分のことを表現してみる，周囲の動きをよく見るようになると
いったかたちであらわれました。そして，【STEP1】から【STEP2】の展開の
うえに，内発的に対人的態度の変容が起こってくることが明らかとなりました
（【STEP3】）。対人的態度の変容は，外的適応においてだけでなく，自分の自然
なありように近い振る舞いをするという内的適応としても見られました。具体
的には，知的障碍をもつ人にしばしば見られる防衛的な笑顔や多弁が，次第に
緩んだ表情になり発言が落ち着いてくるといった変化として見られました。さ
らに，日常生活へ支援効果が波及する場合もあることが明らかになりました

表4 カテゴリー一覧

カテゴリーグループ	大カテゴリー	中・小カテゴリー		切片例（クールNo.（Ⅰ，Ⅱ，……），参加者（①，②，……）	切片数
STEP1 基本的な自己存在感の確立	存在が承認された感覚	対人的課題を場に受けとめられた		対人的課題を活発に表出したが問題化しなかった（Ⅲ，Ⅳ-⑯）	3
		他参加者から大切にされた		肯定的に受けとめられる体験をした（Ⅲ，Ⅳ-⑯）	2
		他参加者のモデルとなった		他参加者に聞き上手な先輩として評価された（Ⅰ，Ⅱ-⑤）	2
	自己肯定感	自己を肯定的に捉えた		自分の所属施設に対する肯定的な感情をもてた（Ⅳ，Ⅴ-㉑）	2
		自信が出てきた		自信が出てきた（Ⅰ，Ⅱ-①）	1
	安心感	集団のなかで安心感を経験した		「ここに来ると落ち着く」と述べた（Ⅲ，Ⅳ，Ⅴ-⑰）	3
		緊張感の緩和を経験した		緊張の独特な表現を支援者が受けとめ乗り越えた（Ⅲ，Ⅳ，Ⅴ-⑰）	3
	所属感・つながり	居場所となった		居場所としてのニーズが高かった（Ⅰ，Ⅱ-⑤）	5
		仲間と"秘密"を共有した		仲間同士で秘密を共有することを楽しんだ（Ⅰ，Ⅱ-①）	2
STEP2 対人的自己の変容	生の充実	のびのびと素直な状態のあらわれ	柔らかい表情が見られた	柔らかい表情が見られた（Ⅳ-⑳）	1
			のびのびとしていた	自由な発言が増えた（Ⅰ，Ⅱ-①）	5
			素直になった	素直な感情表出ができた（Ⅴ-㉓）	4
		生き生きと充実した状態のあらわれ	生き生きとしていた	表情に活気があった（Ⅱ，Ⅲ-⑪）	4
			力強さが感じられた	思いを言うとき目の力の強さを感じた（Ⅴ-㉕）	3

第6章 仲間とのあいだで"わたし"が立ち現れる［心理療法の実際③］ 169

STEP2 対人的自 己の変容	生の充実	生き生きと充実した状態のあらわれ	楽しみとなっていた	「皆と過ごせて楽しかった」と述べた（Ⅱ，Ⅲ-⑪）	5
			はりあいとなった	会の参加を目標に日常生活を頑張った（Ⅲ，Ⅳ，Ⅴ-⑮）	2
	自己の深まり	自己表現の深化	悩み事を話せた	日常生活のストレスをことばであらわした（Ⅲ，Ⅳ，Ⅴ-⑮）	2
			創作の表現が豊かになった	単調でなく考えながら表現するようになった（Ⅴ-㉗）	1
			自己開示した	さりげなく自分の障碍について話せた（Ⅰ，Ⅱ-①）	2
		自己表現のはじまり	発散しカタルシスを得た	「言えなかったことを言ってすっきりした」（Ⅱ-⑦）	2
			自分の好きなことを話せた	話したいことを自分のペースで話せた（Ⅱ-⑫）	3
		課題の意識化	自己の課題を意識化した	自分を過度に抑えていると気づいた（Ⅴ-㉗）	8
		"今ここ"の意識化	集団における困難の言語化	理想の友人関係と実際のギャップに悩んだ（Ⅲ，Ⅳ-⑧）	2
			意思表現ができた	顔を紅潮させながら意思表示ができた（Ⅳ-⑳）	6
	他者への広がり	他者へのまなざしの広がり	他者のやりとりを見た	やりとりを見て自分自身の気持ちを確かめた（Ⅱ，Ⅲ-⑬）	1
			他参加者の話をよく聞いた	人の話を聞けて良かったと振り返った（Ⅱ，Ⅲ-⑪）	6
		共感的気づき	共感的気づきを得た	「わたしも同じ」との発言がよく見られた（Ⅱ，Ⅲ-⑬）	2
		他者への関わりの広がり	参加者間でやりとりできた	参加者に対して話せるようになった（Ⅲ，Ⅳ，Ⅴ-⑰）	2
			リーダーシップを発揮した	リーダー的存在となった（Ⅲ，Ⅳ，Ⅴ-⑰）	2

STEP2 対人的自己の変容	他者への広がり	利他性の発揮	利他的になった	上から目線でなくかかわれるようになった（Ⅰ, Ⅱ - ①）	4
			他参加者にアドバイスした	他者に助言して自分の対処法を確認した（Ⅰ, Ⅱ - ⑤）	1
		継続参加の実現	継続的参加ができた	約束を守る事が苦手なのに全出席できた（Ⅴ - ㉖）	3
STEP3 適応的な対人的態度の獲得	内的適応した対人的態度の獲得	無理なく集団にコミットした		無理しないと判断し継続参加を見合わせた（Ⅰ - ②）	3
		静かに過ごせた		ことば少なに無理なく過ごすことができた（Ⅱ, Ⅲ - ⑪）	2
		適切な対人距離をとった		距離のとり方を学んだ（Ⅳ - ㉔）	2
		拒否ができた		「NO」の意思表示ができた（Ⅰ, Ⅱ - ⑤）	1
	外的適応した対人的態度の獲得	対人的課題のあらわれがマイルドになった		情緒的に崩れることが減った（Ⅲ, Ⅳ, Ⅴ - ⑮）	5
		健康的な側面が発揮された		日常場面での不安定さが会では目立たなかった（Ⅳ, Ⅴ - ㉑）	2
STEP4 生活場面への発展	精神症状の軽減	生活場面で落ち着いた		目に見えて穏やかになった（Ⅰ, Ⅱ - ①）	7
		てんかん発作が減った		てんかん発作が減った（Ⅱ - ⑫）	1
	活発化	生活場面で明るくなった		明るく話すようになったと報告された（Ⅱ - ⑦）	2
		生活場面で積極的になった		自発的で自然な話しかけが増えたと報告された（Ⅴ - ㉕）	2
	周囲の受けとめの肯定的変化	周囲の受けとめの肯定的変化		職員が参加者の行動をプラスに受けとめるようになった（Ⅱ, Ⅲ - ⑬）	3

図15　集団療法参加者の個人プロセス

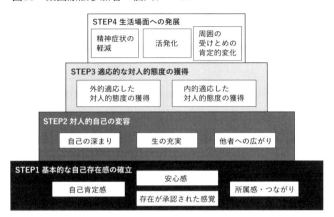

(【STEP4】)。なお,【STEP3】【STEP4】に含まれる切片数は【STEP1】【STEP2】と比べると少数でした。

3．事例による例証
(1)　事例の概要

事例：40代後半の女性C。第3,第4クールに参加しました。ここでは第3クールの参加の様子について主に検討します。

診断：中等度知的障碍,適応障碍,てんかん

家族構成：母親はCの幼児期に死別し,父親はCが成人した後行方不明になりました。5人きょうだい。他のきょうだいのうち,1人は行方不明であり,1人は生後2か月で死別し,1人は知的障碍をもちCとは異なる施設に入所していました。

集団療法に至る経緯：母親死別のため,6歳のときに児童養護施設に入所し,小学校は未就学でした。10歳以降知的障碍をもつ子どもの施設に入所し,中学校は特別支援学級に通いました。中学校卒業後いったん父親のもとに戻りましたが,就労は困難で「不特定の異性との交遊」が見られたそうです。父親は養育困難で,Cを異性として意識する傾向があったといいます。18歳で再び知的障碍をもつ人の施設に入所しました。暴力,暴言,気分のムラ,無断外出,拒食が見られました。30代で施設対応困難となり精神科病院に数回入院しま

した。40代前半に「処遇困難」のため施設を移った頃から，この病院の診療を受けはじめました。治療によって症状は徐々に和らいだものの，些細な変化で不安定になる傾向は目立ちました。医師から集団療法が紹介されると強い期待と不安を示しました。医師は，施設からより自由度の高いグループホームへステップアップが可能かどうか，集団療法の参加状況から判断したいと述べました。

　集団療法前の個別予備面接：背中をかがめてにらむような目つきでスタッフを見ました。スタッフが女性でよかったと安堵した様子でした。集団療法について細かく質問しました。集団療法のために購入したというルーズリーフを持参していて，集団療法への期待の高さが感じられました。ルーズリーフにスタッフ1の名前を書いてほしいと言ったので，スタッフ1はそれに応じました。施設職員によるとはじめての場所でこれだけたくさん話せるのは珍しいとのことでした。施設職員としては，新しい経験を少しずつ増やしていけるとよいと思うと述べていました。

　見立てと方針：基本的な安心感の乏しさが見受けられました。愛情欲求が強いものの素直に表現できず，あまのじゃくな態度が見られました。弁が立ちますが，情緒的不安定さや知的障碍ゆえに，とくに一対一では話が混乱しやすいようでした。集団療法に高い意欲を示し，変容可能性も感じられました。目標は安心できる場を体験することとしました。動揺する可能性が高いので施設や医師と連携し慎重な導入を図ることとしました。医師が支持的な診療を密に行っていたため，スタッフ1による個人心理療法の並行実施はしませんでした。

　なお，第3クールの参加者はCを含め7名でした。C以外の参加者を㋐〜㋕として，それぞれの参加者の基礎情報を表5（次頁）に示しました。そのうち，㋒は＃2まで，㋔は＃3までで，それぞれ他科入院などの理由で中断となりました。

(2)　集団心理療法経過

全10回のクールを，Cの参加状況の変化により3期に分けました。

導入期（＃1〜＃4）

　Cは強い警戒と不安感を示しましたが，次第に慣れていきました。集団療法

表5　参加者一覧

	年代	知的障碍程度	診断	主な課題	参加目標	備考
C	40	中	適応障碍,てんかん	不安感が強く,素直な感情表現が困難。	安心できる場の体験	集団療法に強い意欲と不安。
㋐	40	軽	統合失調症	NO を含めた自由な意思表示が困難であり,我慢しやすい。周囲の支援者は意欲の低下を懸念して休日の行事参加などを求め,本人のゆっくりしたペースとズレが感じられた。	沈黙も含む自由な意思表示	両親死別。穏やかで物静か,周りをよく見ている。
㋑	30	重	てんかん,てんかん性精神障碍	身体愁訴と確認行為が目立つ。知的障碍は重いが,家族などの要求水準が高い。	のびのびとした自己表出	いつもにこにこと愛らしい雰囲気。自発的発言に乏しく吃音がある。
㋒	30	軽	クレチン病,双極性気分障碍	母親との心理的距離が近い。	母親との心理的距離をはかる	明朗で積極的。
㋓	40	軽	うつ病エピソード,身体表現性障碍	過緊張でつっけんどんな態度となりやすく,ストレスから反応的に身体症状があらわれ,転職が多い。	のびのびとした自己表出	手先が器用で,美術的センスがあり,創作が得意。
㋔	20	中	統合失調症	過剰な頑張りや過緊張が目立ち,対人希求の強さから適切な対人距離をはかることが困難。不安定なときには幻覚や自傷行為も見られる。	安定した対人関係の構築	集団療法に強い意欲を示すなど,前向きな姿勢。
㋕	30	重	行動障碍	他者への過干渉や世話焼きが問題とされやすく,盗癖もある。	適度な世話焼き	両親とも知的障碍。母親死別。人懐こい態度。

全体の流れとしては,強い緊張感がありながらも,創作をしながらの会話が徐々に増え,交流が活発化していきました。

#1（X+1/10/9）※出席者；全員

　参加者は強く緊張し黙々と会場に移動しました。Cはうろうろ探るように動き回り,「人のそばに行きたくない」と言って,入室,着席など全ての行動が

最も遅れましたが，スタッフはそのまま見守りました。スタッフ1が秘密保持のルールを説明すると，「何で秘密なの。答えてよ！」と迫りました。スタッフ1が〈うーん〉と身じろぐと「逃げるの！」と言いました。他の参加者はCに圧倒されている様子でした。Cは「次は何するの？」と頻繁に確認しました。スタッフ1が〈話もいいし，何か作るのもいいかと思って〉とシール貼りの材料を提示すると，⑦，⑤がぱっと笑顔を浮かべ，C以外の参加者が次々に手を伸ばしました。⑦は硬い表情で手近なシールを貼っていました。Cが遅れて手を伸ばすと，他の参加者が取りやすいように材料をCのそばに寄せてくれました。スタッフ1が自己紹介を提案するとCは「先始めちゃって」とシール貼りを続け，スタッフ1は待つと伝えました。するとCは立ち歩き，「いいよ，わたしのことなんか知らなくて！」と退室し，スタッフ2が追いかけました。Cはドアを出てすぐのところからは動きませんでした。スタッフ2はドア付近でCを見守りながら会場内の他の参加者に声をかけ，Cと会場のあいだをつなぎました。スタッフ1と他の参加者は待ち，⑦は「ふふふー」とスタッフ1に笑いかけました。間もなくCが戻り，「よろしくお願いします」と皆に言いました。Cと⑦は終了間際までシール貼りを続けていました。皆が退室をしようというときに，Cは「まずいじゃん，まずい！」と言いながらお茶を一気に飲みほしました。待合室で，Cは「次これね（シール貼りの身振り）」とスタッフ1に話しかけてきて，スタッフ1が〈ん？〉と言うと，⑦「作るやつだよー」，C「忘れないでよ！」とうれしそうに言いました。他の参加者もそのやりとりを見ていて笑っていました。付き添いの職員や家族には伝わらない，"仲間内"だけに通じる話題を皆で共有して楽しんでいるような感じでした。⑦はスタッフ1を手招きして呼び，小声で「よかった」とささやきました。

2 （*X*+1/10/23）※出席者；全員

　Cは行動のとりかかりが#1より若干早まり，皆がお茶を飲み終わる頃には着席してお茶を飲みました。前回と同じシール貼りを行いました。⑦は前回の緊張した様子と違って創作の工夫が見られました。スタッフ1は移動しながら〈（シールを指さし）これ，星ね〉⑦「うん。……（こちらは）ケーキ！」などとひとりひとりにゆっくりと声をかけました。Cは「（創作物を）もって帰って飾りたい」と言い，「もって帰りたい人ー」と言って手を挙げ，それに他の2人も続きました。大きな紙に皆の創作物を貼り並べるという案も出ました。C

は「貼りたい人は貼って，もって帰りたい人はもって帰る」という妥協案を出しました。⑦の発案で再度自己紹介を行うことになりました。⑨は創作に没頭していて発言しませんでした。Cは「何でまたすんのー」と言いながらも離席はせず，「○○で働いているCです」とさらりと言うことができました。帰り際，Cは「これは秘密，これは職員に話していいって（区別を）教えて」と尋ねました。スタッフ1〈Cさんは心配なんだね〉C「そう」。

　会の終了後，スタッフ同士で話し合いました。Cの秘密についての質問は，Cの不安感の強さと，秘密というものに漠然と関心は強いものの経験の不足によってよくわからないということが背景にあるのではないかと推察しました。秘密が守られる安心を体感する経験をじっくりと重ねていくことが重要であるとスタッフ間で確認しました。

#3　(11/6)　※出席者；⑦・⑨を除く（以下⑨は中断）

　⑪が「皆で使って」と手作りのごみ入れを持参してくれたので，使わせてもらうこととしました。のんびりした雰囲気で，皆でゆっくり話し合って創作物を模造紙に貼り並べました。Cは交通機関の都合で遅刻し，ぺこりと頭を下げてすぐに着席し加わりました。①が「あ，あ，あの……」と突然話し始め，「カレーとか，作れるの」と唐突に言いました。Cと⑪がカレーの話を続けました。その話題に⑨は気乗りしない表情を浮かべていました。Cは退室前に共同作品の前にじっと立ち，「きれいだね，いいよね」と繰り返し述べていました。施設職員によると，Cは，会で友だちができた，楽しい，と施設で話しており，精神的な崩れは見られないとのことでした。

#4　(11/20)　※出席者；⑨を除く（以下⑨は中断）

　Cが着席に手間どっていると，他の参加者に「ここに座ったら」と次々に声をかけられ，Cは戸惑った様子でした。①が，知らない男性に声をかけられ怖かったと話しました。Cは前回休んだ⑦を指さし，「わたしたちだけやってこの人やらないの，かわいそうだよ」と言って，前回の共同作品の貼り方を⑦に教えていました。Cは「終わるの早いよ，だってさー，帰ってもすることない」と言い，「……わたしもたまに変な男の人に会うよ。だから女の人は危ないよ」と述べ，他の参加者は「そうだ」とうなずきました。Cは「お母さんいる人はいいよねえ」とぽつりとつぶやきました。⑪「そうねえ」C「わたし，いないの」⑪「わたし……Cさんと同じ」C「お母さんいないの？」⑪「亡く

176

なったの」スタッフ1〈そうか……〉。その後しばらくしんとした雰囲気が漂いました。スタッフ1が次回の日程を板書すると，Cは気をとりなおすように「わたしも写そう」とルーズリーフを取り出しました。終了後，待合室で⑰は「Cさんまだかな。明るいからなー，Cさん」とにこにこ待っていました。Cがあらわれると，⑰「Cさん！」と声をかけ，Cは面食らったように「おはよう，あ，おはようじゃないか」と照れ臭そうに言いました。

　会の終了後，Cが他の参加者（とくに⑰）に肯定的な関心を向けられるようになり，Cが次第に場になじんできたことをスタッフ間で喜び合い確認しました。

葛藤期（#5～#8）

　Cはなじんできた反動で不安が強まり，その乗り越えが見られました。自分の思いを他の参加者に伝える葛藤を体験しました。集団療法全体を見ると，参加者同士活発な交流が見られました。

#5（12/4）※出席者；全員
　Cはどろんとした目つきで足を引きずるように入室し，「体調悪い。今日休むつもりだったの」と言いました。㊤は花粉症と言い，スタッフ1は〈今日元気ない人多いなあ〉と案じました。⑰がクリスマスケーキをもってきてパーティーをしたいと話したのにCが同調し，「やりたいよね，女の子だけで，秘密にしといてさ」と嬉しそうに言いました。㋑「楽しいね」，㊤も硬い表情ではありましたがうなずきました。しかし，そのように皆の気持ちが盛りあがりはじめた後に，Cは「ケーキ食べたら施設に残ってる友達がかわいそう。わたしいらないから，家から来てる人だけ食べればいいじゃん，わたしよだれ垂らして見てるから」と言い，“よだれ垂らして”というユーモラスな言い方に皆が笑いました。スタッフ1は〈食べない人がいるのは寂しいし，⑰さんの提案は嬉しいし〉と言い，スタッフが次回いつものクッキーより少し素敵なお菓子を用意することを提案しました。Cは「これって秘密にしとくの？ちゃんと決めとかないと皆にばらかしちゃうよ，爆弾を」と言うと皆が笑い，さらにCは「○○（スタッフ1）さんの頭に爆弾を！」と言って笑いました。残りの時間で塗り絵をすることとなり，㊤は集中して取り組んでいました。退室するとき，

第6章　仲間とのあいだで“わたし”が立ち現れる［心理療法の実際③］　177

「置いてかないでよ！」と言うCに，㋕が寄り添うように待っていました。C
はその後診察で，医師に集団療法のことを話したそうにして，「わたしだけ何
で話しちゃ駄目なの！皆はお母さんに話してる」と大泣きしました。スタッフ
は，秘密をもつことがCにとって“わたし”が引き裂かれるような体験となっ
ていることを懸念しました。

#6（12/18）※出席者；全員

　前回スタッフ1が提案した通り，クリスマス向けのお菓子を用意しておきま
した。Cは入口付近で固まり「しゃべりたくないな……」と力なく述べ，スタッ
フ1は〈そうなのね……〉とそのまま応じました。その後も離着席を繰り返
し，他の参加者は心配そうな表情でCを見ていました。Cは「（創作物を）捨
てる」など投げやりに述べ，スタッフ1が〈捨てるのはやだなあ，わたし〉と
言うと，Cはため息をついて席に着きました。Cは，他の参加者が塗り絵を模
造紙に貼りつけているのをしばらく眺めていました。そして，「ここにツリー
の絵を描くときれいじゃない？あ，言わなきゃよかった」と言い，㋕は「もう
言っちゃったよー！」と笑いました。Cがあわてるように席を立つと㋔も「あ，
逃げちゃった」と笑いました。Cが皆に促されて席に戻りツリーの絵を描くと，
他の参加者がその絵が上手だと賞賛しました。Cは「ほめないで！」と笑い，
㋕は「ううん，きれいだよお」と言いました。落ち着かず，あまり調子のよく
なかったCを，他の参加者が自然にあたたかく支えていました。帰り際，Cは
スタッフ1に編み物をやりたいと話しました。スタッフ1が皆に話してみるよ
う勧めると，Cは「うん」と素直にうなずきました。

#7（X+2/1/8）※出席者；全員

　Cはすぐ着席し，「（話が）あるけど恥ずかしい。だって話すと長いもん」と
言ってうつぶせました。その後も何度も思わせぶりに，「何やるの？やりたい
ことはあるんだけど……」，「でも駄目って言われるよね」，「いいよいいよ，塗
り絵やろう」などと述べましたが，編み物のことは言い出せませんでした。ス
タッフ1は，Cが自分で皆に話すタイミングを見守りました。Cは，集団療法
の予定を書くために新たに購入した手帳に次回日程を書きこみ，「もうおしま
いなんでしょう？……終わっちゃうのか医師に聞いてみよう」。ようやく場に
慣れてきた㋔は「わたしも続けたい，だって楽しいんだもん。来た方がこころ
がらくになるから」と繰り返し言いました。

8　（1/22）※出席者；④を除く

　Cは他の参加者と共に自然に入室しました。Cが「腰が痛い」と言うと，㋓が「腰のところに座布団とか置いたら？」などと気遣い，Cは「優しくしなくていいよ！」と言いましたが表情は嬉しそうでした。スタッフ1から，〈今日はどう過ごそうか〉と投げかけました。㋓がまた塗り絵をしたいと言うと，Cがさらりと「編み物したかったんだけど，針は危ないから駄目かなって」とついに言うことができ，㋓，㋕から自分も手芸が好きだと応えてもらいました。Cは㋓の塗り絵を見て「すごいね，もう3枚も」と言い，「もっとやりたいな。すぐ時間経っちゃう」と素直に述べました。

別れの作業期（# 9〜# 10）

　Cは終結に際して，強い怒りを強烈な発言や退室などの行動で示しました。他の参加者がCを支えるようにして別れの感情を共有しました。

9　（2/5）※出席者；全員

　Cは穏やかに「こんにちは」と言って入室しました。皆のためにと，のりとはさみを持参しており，他の参加者に気軽に貸してあげていました。Cと㋓がおどけて室内の棚を見に行き，新しい塗り絵を見つけました。スタッフ1〈あ，見つかっちゃった〉C「ここに置いとくのが悪いんだよー」㋓「今日これやろう！」。こうしたCのユーモラスな振る舞いを他の参加者は楽しそうに眺めていました。Cは他の参加者に名前を聞きはじめました。スタッフが用意しておいた編み物を見つけ，スタッフ2に「やり方教えて」と素直に尋ねました。㋐「夜すぐに寝ちゃって困ってます」C「わたし寝ないよ。殺人の怖いドラマ見る」㋕「音楽聞きながら寝る」㋑「怖い話見たの」と何となく関連した内容で，各々が話したい話をしました。次が最終回と，スタッフ1が確認しました。日程について，はじめの予備面接からこれまでもたびたび説明してきていましたが，Cにはこのときはじめて次回で終わりであることがしっかり理解できたようでした。するとCはそれまでの和やかな雰囲気から一変してしつこい質問を重ね，「猫を殺して，首つりすればいい。それを見ながら，〇〇さんと◎◎さん（いずれもスタッフの名前）がここで寝ればいい」と強烈な発言をしました。「とかげってさ，しっぽ切るとまたはえてくる」と，いったんもち直すかのよ

第6章　仲間とのあいだで"わたし"が立ち現れる［心理療法の実際③］　179

うなことばが聞かれましたが，さらに，「殺人事件しよう，皆で包丁もって」と激しく述べたてました。㋕は「それはやめたほうがいいよ」と言い，Ｃは「何の話してたっけ」と我に返ったようにしました。スタッフ１が〈最後だから寂しい気持ちになっちゃったな〉と言うと，㋐と㋕はうなずき，㋑と㋓は呆然としていました。Ｃは「なんで？　泣きそうじゃん」と笑ってスタッフ１を指さしました。シール貼りを皆でして，場の雰囲気が徐々にほぐれていきました。しかし，Ｃは帰り際じっと固まり，声をかけてもしばらく反応がなく，終結を前にした衝撃の大きさが感じられました。

#10（2/26）※出席者；全員

　Ｃが窓の外に小鳥を見つけ，皆で飛び立つ様子を眺めました。スタッフ１からひとりひとりにメッセージカードを準備したと伝えました。Ｃは「やめてー！わたし泣いちゃうから！廊下出る！」と退室しスタッフ２が寄り添い，スタッフ１は〈待ってよう〉と皆に声をかけました。Ｃが入室し，「やだよ，最後って言われると悲しくなるからさ。だから出たんだよ」㋕「でも来たじゃんね」スタッフ１〈来てくれたね〉Ｃ「だけどさ，もらうの悪くない？　もらったら泣いちゃうんだ，わたし」㋕「わたしもＣさんと同じ気持ち」。しばらくしてＣ「そろそろ読むんでしょ」と再び退室しました。スタッフ１が〈どうしようか？〉と皆に尋ねると，㋐「読まずに名前だけ言う」と提案してくれました。Ｃはすぐに戻ってきました。スタッフ１が名前を呼んでカードを渡しました。Ｃ「いい！いい！」スタッフ１〈じゃあ置いとくね〉。Ｃは最後に残り，カードをそっとしまって退室しました。

　Ｃの個別振り返り面接：Ｃは入室するなりまず「寂しい」と言いましたが，「どうせもうないんでしょ，わたしたちが悪かったんでしょ」と話が推移しました。施設職員によると，新しい経験への揺れが小さくなり素直になったとのことでした。こうした集団療法後の状況を踏まえて，施設と医師とで話し合い，無事に施設からグループホームへの移行が決まりました（日中の通所はこれまで通りの施設）。Ｃは寂しさや不安を率直に述べ，同時に前向きな姿勢も示していたとのことでした。集団療法の最終回のカードを繰り返し見ているとのことでした。もう１クール継続参加し，より安定した参加態度を示して終結としました。施設職員はこの集団療法の主旨をよく理解し，一貫して参加を支えてくれました。終結から３年後の時点で，スタッフ１，スタッフ２で通所施設

（パン屋）を訪ねて状況をフォローアップしたところ，非常に安定した状態を保っており，落ち着いて接客し同僚の面倒をよくみていました。そして，スタッフらの訪問を素直に喜んでくれました。

　他の参加者について，集団療法で自分のペースで過ごすことを楽しんだ㋐は，その参加の様子を踏まえて地域職員の対応が変化し，1人で過ごす時間も尊重してもらえるようになりました。急に「カレーとか，作れるの」（#3）と言い始めるなどやや唐突でしたが自分の話したいことを話せた㋑は，集団療法をはりあいにして日中活動での意欲が高まり，不安の訴えが減ったと地域の職員から報告されました。はじめ緊張から固い態度が目立ったものの次第に生き生きと創作活動に取り組んだ㋓は，積極的になったと地域の職員より報告され，本人から強い継続希望がありました。事情により中断を余儀なくされた㋒㋔ですが，とりわけ㋔は集団療法に強いモチベーションをもち，継続希望を医師に伝え，別のクールに再び参加しました。Cをはじめ他の参加者に優しさを示した㋕は，盗癖があまり見られなくなり，地域の職員が㋕の世話焼きを優しさとして肯定的に受けとめるようになっていきました。

第4節　まとめ

1．事例にみる個人プロセス

　Cは，第1期には不安感を強く呈しましたが，他の参加者に肯定的な関心を向けられるなかで徐々に不安感が緩和していきました（【STEP1】）。第2期には，なじみ始めた反動で戸惑いや不安を示しましたが乗り越え，自分の思いを素直に表出し始め，他の参加者へ関心を向け始めました（【STEP2】）。他の参加者と自然に行動を同じくするようになったところで（【STEP3】）第3期となり，終結に強い怒りを示しましたが，生活場面でも情緒的に安定し，新たな環境に移行できました（【STEP4】）。このように，Cにおいて，図15（171頁）に示した個人プロセスが明瞭に確かめられました。なお，Cの変化は他の参加者へ影響を与えたように見受けられました。グループははじめ緊張感が目立ちましたが，他の参加者がCに圧倒されながらもCの言動に同調や配慮をするなかで，個人差はありながらも緊張感が緩和していきました。そして，次第に表現性が高まり，参加者の親密さが増していきました。終結では，Cの強い動揺に自ら

第6章　仲間とのあいだで"わたし"が立ち現れる［心理療法の実際③］　181

の思いを重ね，スタッフと共に対応しながら終結の感情を味わいました。

２．集団療法の参加者に起こっていたこと

（１）【STEP1】について：基本的な自己存在感の確立の重要性

　この集団療法では，【STEP1】の基本的な自己存在感の確立が最も重要な基礎的位置を占めていたと考えられます。基本的な自己存在感の確立は慢性疾患患者の集団療法において主要な効果と指摘されてきました（松下ら，2004等）。この集団療法でとくに重要な意味をもったのは，知的障碍をもつ人における"わたし"の問題があるからこそだと思われます。Ｃにも"わたし"の問題が顕著に見られました。弁が立つものの十分な理解が伴っていないのは社会的望ましさに合わせて外的適応の努力を重ねてきた結果であると考えられました。「わたしのことなんか」（#1）と反発し，「わたしたちが悪かったんでしょ」（振り返り面接）と話が推移してしまう背景には自己肯定感の乏しさがうかがえました。集団療法への強い期待は，仲間への切実な希求性のあらわれではないかと思われました。さらにＣの場合は，幼少期から長年にわたり安定した居場所を得られなかった生育歴も強く影響を与えていると考えられました。とくに，生育歴や，女性のスタッフ１にはじめて会ったときの安堵した反応などから，女性性の傷つきが推測され，女性同士の集団療法の場はＣにとって安心感をもたらすものであったと考えられました。それでも不安感は根深く，それが端的にあらわれたのが秘密と終結をめぐる動揺でした。とくに，Ｃにとって秘密は，施設からの分離不安と秘密を話せる母の不在への嘆きを惹起しました。秘密を仲間と共有したいと発言しましたが（＃５），言うや否や罪悪感を覚えてしまうなど，秘密は「爆弾」（＃５）のように危険なものだったのでしょう。それでも，場に安心感を得るなかで，秘密に関する発言は減少していきました（#6～）。

　仲間との対等な関係性のなかで"わたし"が支えられることが，関係性において自己性を捉えることの難しい彼らに確実な手応えを与えることにつながったと考えられます。

(2) 【STEP2】【STEP3】【STEP4】について：生の充実を軸にした対人的な
ありようの展開

　この集団療法では，基本的な自己存在感を確立し，生き生きと充実し自他へ
の関心が芽生え，結果として対人的態度の変容が生じていました。これは，は
じめから指導的に働きかけるスキルトレーニングとは異なる機序の支援である
と言えます。鯨岡（2012）は，今の「ある」を受けとめてもらうこと，すなわ
ち「一個の主体として思いを受けとめてもらうことにより心が前向きに動き」，
それが今の「ある」を乗り越えて「なる」に向かう力に転化すると説明してい
ます。鯨岡（2012）の「一個の主体として思いをうけとめてもらう」ことが
【STEP1】における自己存在感の確立，"わたし"の生成であり，鯨岡（2012）
の「心が前向きに動き」というのが【STEP2】に相当すると考えられます。
表情や態度から感じとられるような生命感の発現により，自分をみつめ人とか
かわろうとする前向きな動きが起こってくると考えられました。そうした内的
な動きによってようやく，【STEP3】の外的にも明らかな変化，すなわち，集
団療法内外における対人的態度の変容につながっていくと考えられました。C
は，葛藤しながらも自分の思いを表現し（♯5，7，8），他の参加者に関心をも
つようになりました（♯8，9）。自己存在感を得てきたことを土台に，対人的
場で生き生きと振る舞う動きが生じたと考えられます。そして，はじめ他の参
加者とのペースのズレや逸脱が目立っていたのが，次第に他の参加者と自然に
足並みを揃えて振る舞うようになっていきました（♯7，8）。自己表現が活発
に適切になされ，周囲の他者に関心を向け始めたことによって，適応的な振る
舞いを獲得していったと考えられます。そして，2クール継続参加により体験
を重ね，【STEP4】にあたる地域生活の安定にもつながったと思われます。

　【STEP3】【STEP4】の切片数が【STEP1】【STEP2】に比して少なかった
ことから，外的にわかりやすい行動の変化に至らない場合もあることが示唆さ
れます。しかし，"わたし"の課題をもつ知的障碍をもつ人にとっては，
【STEP1】だけですでに非常に重要な意義があることをまず踏まえるべきだと
考えられます。小谷ら（1993）が慢性統合失調症患者の集団療法について「グ
ループ内変化のみでも起伏のない彼らの生活の大きな変化として認めるべき」
としているように，同様に変化の乏しい知的障碍をもつ人において，一見些細
ともとれる変化に価値をみいだす視点が重要だと考えられます。

3．どのような支援がなされたのか

　まず，この集団療法は個別性の徹底した尊重を基軸としていました。そのための工夫は集団構成やルール設定など多岐におよびました。スタッフは，ホールディング環境の醸成に努め，個々の参加者に情動調律を図りました。ホールディングの例としては，Cが退室した際にはスタッフ2が寄り添いスタッフ1が待ちました（#1）。緊張感がきわめて強かった㋐のことは，その場にいることに全力を注いでいると受けとめました（#1，3）。㋑の一見突飛な発言には，自発的発言の少ない㋑が発言したこと自体に敬意をもってよく耳を傾け，話の前後を無理につなげようとしないようにしました（#3）。普段おせっかいと問題にされる㋕は集団療法にも物をもってこようとしましたが，スタッフは無下に否定せずその優しさを汲みとり受けとめようとしました（#3，5）。そして，情動調律の例として，#6でスタッフ1は，Cの言動と裏腹な思いを感じとりながらスタッフ1自身の感情として投げかけました。無愛想な態度が見られた㋔について，その背景に緊張感を捉え，創作に没頭して緊張感に対処するのを見守りました（#1，2）。

　そして，個別性の尊重のうえに，参加者のつながりを強めることを意図しました。Cへのスタッフの態度が“激しい言動も抱えてくれる場である”と他の参加者の安心となると共に，スタッフにならってCを支えることにもなったと考えられます。さらにCは他の参加者の代弁者として，女性としての傷つきや悲しみを語り，他の参加者の共感を呼びました（#4）。とくに㋕は母親がいないという共通点もありCに強い関心をもち，特別なつながりを築いたように見受けられました。

　最後に，家族や地域の支援者への対応も重要であると考えられます。生活場面への展開には，この実践の方向性を周囲の他者に理解してもらう必要があります。彼らの生命感の芽生えは，ともすれば“扱いにくくなった”と意味づけされかねません。また，むやみな背伸びをやめたありようは，“やる気がなくなった”と受けとられかねません。Cの場合には幸い施設職員がこの集団療法を肯定的に理解してくれました。さらに，秘密のルールで揺れたときには親代理としての医師や施設職員には集団療法の話をしてもよい，といった柔軟な連携でホールディングの環境を作るとより安定した参加となったかもしれません。

第7章

もろい"わたし"を多層的に抱える

[心理療法の実際④]

第1節　問題と目的

　この章では，地域の支援者との連携を要した事例について検討します。

　取りあげるのは，いわゆる"強度行動障碍"と言われるような状態を示した事例です。強度行動障碍とは，「直接的他害（噛みつき，頭つき，など）や間接的他害（睡眠の乱れ，同一性の保持），自傷行為などが，通常考えられない頻度と形式で出現し，その養育環境では著しく処遇困難なものをいい，行動的に定義される群」という行政上の基準として定義されています（社会福祉法人全日本手をつなぐ育成会，2013）。医学的には「行動障害」と称される概念に近い（肥後，2001）ですが，診断名ではありません。とくに自閉症スペクトラムとの関連が高く，思春期にかけて重篤化することが示唆されています（社会福祉法人全日本手をつなぐ育成会，2013）。福祉施策が展開されつつありますが，その状態像や支援のあり方は十分明らかになっているとは言えません（社会福祉法人全日本手をつなぐ育成会，2013）。これまで，応用行動分析，TEACCH，受容的交流療法など「多様なアプローチ」が模索されるなか（勝井，2010），その要因を「個人に見出すという視点から，その個人と環境との相互作用の中に見出していこうとする」，「相互作用モデル」（肥後，2001）が注目されています。とくに"強度行動障碍"のような困難な事態に対しては，環境との関係性を包

第7章　もろい"わたし"を多層的に抱える［心理療法の実際④］　185

括的に捉えた多角的なアプローチを要すると考えられます。

　筆者は，軽度知的障碍と自閉症スペクトラムをもつきわめて重篤な強度行動障碍を呈する事例に対し，関係性に着目して，母子に心理面接を行い，さらに他の支援者と積極的な連携を図りました。とくに，母親面接と支援者連携が，母子の状態の安定化に大きく寄与したと考えられたため，そのプロセスに焦点を当てて検討し，セラピストの果たした機能を明らかにすることとします。

第2節　基礎情報

　まずは，子の基礎情報と個人心理療法の経過，家族および支援者のシステム，退院前の母親面接の経過，それぞれの概要を簡略に示します。

1．子の基礎情報と心理療法経過の概要

　ここで検討するのは，20代の男性Dです。診断は軽度知的障碍，自閉症スペクトラム，行動障碍です。以下に，心理療法までの経緯と，入院中の心理療法の経過の概要，退院時の見立てについて，順に述べます。

(1)　心理療法までの経緯（心理療法の開始をX年とします）

　周産期に異常は見られませんでした。ことばの遅れが見られ，4歳から療育機関に通所しました。就学前健診で特別支援学級を勧められましたが通常学級に入学しました。成績不良でしたが高校まで通常学級に通いました。母親によれば「何でも頑張る素直な子」であったと言います。

　高校2年から，定期テストを控えて不安定になり，親が注意すると急に大声を出し，顔面をかきむしるなどの行為が出現しました。「学校でからかわれた」，「やりたくないことをやらされた」などと言って家具や家電を破壊するようになり，いくつかの医療機関を受診しました。大学進学を希望していましたが，高校を卒業するとき，成績不良と情緒不安定のため，母親が福祉事務所に相談に行きました。そこで知的障碍手帳を取得し，知的障碍をもつ人の作業所に通所を開始しました。続けて，知的障碍をもつ人のグループホームに入居しました。こうした一連の対応を当時のDがどのように感じ，捉えていたのか，Dの意向がどのくらい反映されていたのかは定かではありません。Dの器物破損や

怒声は一層激しくなり，落ち着かずに道路を往復しているとき車にはねられ打撲を負いました。グループホームの職員の勧めで病院に受診し，抗精神病薬を中心に十分投与されましたが改善しませんでした。グループホーム入居から3年後にはグループホーム退去を勧告されました。毎日破壊行為と頭を叩きひっかく自傷があり，常に不機嫌，怒声，不眠が見られました。「自殺する」と2階から飛び降り足を打撲することもありました。

　グループホーム退去から1年ほど経った頃，Dが作業所に行きたくないと訴え，母親が相談した自閉症専門相談機関の勧めによって就労援助センターで職業実習を受けました（*X*−1年）。実習についていけず，作業部品で頭部を自傷し，傷を縫いました。実習はうまくいかず作業所に戻りましたが，作業所にいるときに頭部の傷を自分で抜糸してしまいました。*X*年3月，母親が入浴中に頭皮を包丁ではがし，血まみれのDに母親が気づいた後，Dはさらに自分の大腿部を包丁で刺しました。警察が介入し，救急車を要請しました。頭皮の大部分が剥脱し，搬送先の救急センターで全身麻酔下にて植皮の緊急手術を受け，3週間ICUに入院しました。入院中も不穏が続き，創部をいじってしまう行為を繰り返しました。他院の精神科を経て*X*年5月にこの病院に入院し，隔離拘束となりました。医師が開放時間を段階的に増やし，全開放になった*X*年11月より母親との外出を開始しました。それと同時期に医師からセラピストに心理療法が依頼されました。行動障碍をコントロールする方法をチームで検討していきたい，まず緊張をほぐすかかわりから導入してほしい，という依頼でした。

(2) 心理療法の概要

　入院中，週1回30分の個人心理療法を23回実施しました。はじめセラピストは，激しい自傷行為があったこと，その後も不穏が続いていたことをカルテで把握して強い不安感をいだき，ナースコール持参で開始しました。Dは長身で，植皮のため毛髪のはえない頭で目をぎょろつかせ，全身にびりびりとした緊迫感がうかがえました。不安感が極度に強まる状態を"震え"とあらわし，「震えとかすると壊したくなるの，我慢したい」と言いました。

　セラピストは，二者の場で少しでも落ち着く瞬間をDが体感してそれを共有できるようにすることを目指しました。セラピストの不安感はDに過敏に感受

第7章　もろい"わたし"を多層的に抱える［心理療法の実際④］　187

されたちまち増幅されてしまうようでしたので，まずはセラピスト自身の不安感の自覚に努めました。そして，"待てば必ず落ち着く"といった教示を行う，脱感作を図るために升目にシールを貼り並べる作業シートを用意する，不安なことを紙に書いて「くしゃくしゃぼい」と丸めて捨てて不安感減弱のイメージの体感を促す，などさまざまなアプローチを行いました。声を荒げることも数回ありましたが，ナースコールを用いるには至りませんでした。Dは，「頭を傷つけて死亡したらどうしよう」「トースター狂い，一緒に狂ったらどうしよう」「電子レンジ壊されたらどうしよう」などの恐れを切迫した様子で繰り返し述べました。こうしたD独特の言い回しがセラピストにふと面白く感じられて〈"トースター狂い"って言い方，面白いね〉と伝えると，「面白い？」とDが表情を緩ませました。それを転機に緊迫した雰囲気が若干緩み，Dの人懐こく無邪気な側面も新たにみいだされました。

　話しているうちに，器物破損のきっかけとして，微細な傷や汚れを探し出して落ち着かなくなることが多いと明らかになってきました。あるとき「○○さん（セラピスト）の家の炊飯器ってぼろい？」とDが尋ねてきたのに対して，〈そうよー！すっごくぼろいよー！でも使えるよ！〉とおどけて応じたところ，そのやりとりは繰り返され，いかに"ぼろい"かセラピストが絵に描くなどの遊びとなりました。また，"震え"のときにDが行っている対処法をセラピストがわかりやすく視覚化して，繰り返し確認したところ，Dに次第にしっかりと認識されていきました。病棟職員との良好な関係性が築かれてきたこともあり，「震えが起こりそう」など申告して対処できることが増えてきました。対処できたことをそのつど，「すごい，がんばった！」とセラピストと分かち合いました。

　当初，医師は，Dの意向や福祉サービス利用の困難を踏まえ，在宅に戻ることを退院後の方針としていました。しかし，Dの状態把握や院内ミーティングを経て，さまざまな方向性を柔軟に検討していく方向へ修正され，退院後ひとまず施設のショートステイを3か月の目途でウィークデイ全て利用（週末のみ自宅外泊）することとなりました。Dは，ショートステイで行動化してしまうことの不安やショートステイの職員に対する不安（職員が優しいかどうか）を繰り返し訴えました。そこで，ショートステイ施設の職員との顔合わせにセラピストも立ち会い，入院中と同じように周りの人に相談して助けを求めること

が大切と繰り返しDと職員に伝えました。X＋1年5月に退院し，外来でも隔週1回30分の個人心理療法を継続することにしました。

(3) Dの見立てと対応

思春期から破壊行為と自傷が出現し，悪化の一途をたどり，凄まじい頭部自傷に至り入院となりました。入院直前の状態像を厚生労働省の示す「強度行動障碍判定基準表」に基づき採点すると32点（10点以上が強度行動障碍）であり，きわめて重篤な強度行動障碍と捉えられました。

幼少期，後述の通り兄も姉も高学歴で，おそらく教育熱心な家庭環境のなかにありました。知的障碍としての周囲の理解と受けとめは遅れ，Dは過剰適応的に努力を重ねたと考えられました。しかし，要求水準と能力とのかい離は次第に増していったと推測され，学校などで迫害的経験を受けることも多かったようでした。さらに，思春期にようやく芽生えた意思と，周囲の期待とのギャップが明確化し（「やりたくないことをやらされた」），しかしそれを適切に表現することができず，行動化に至ったと考えられました。生命にかかわる重篤な行動化の背景には，こうした知的障碍を背景にした機序に加え，自閉症スペクトラムに関連した"わたし"の脆弱さもあると考えられました。Dは，些細なことで不安を感じ，怯えから興奮しやすい傾向が見受けられました。Dは，自傷によりはぎとられた皮膚のイメージそのままに，保護するバリアとしての"わたし"の境界が脆弱で，刺激の受容器がむき出しに刺激を迫害的に感受してしまうようでした。かつ，情動の揺れをホールドする機能が十分育っておらず情動があふれ出てしまっているように捉えられました。迫害的な捉え方は，自閉症スペクトラム的な刺激の侵襲的な把握のしかたに加えて，学校場面などでの迫害的記憶が関与していたのかもしれません。"電子レンジが壊されたら"という主客の転倒は，自分の行動を自ら制御することが困難であるという"わたし"の能動性の障碍と共に，「自己対象」（Kohut, 1977/1995）的な家電と"わたし"との境界のあいまいさを示していると考えられました。器物破壊行為と自傷の区別はDにとってあいまいであったと推測されました。いずれも傷を契機とし，モノの損傷も，自分の身体の傷も，共に"わたし"が傷つくかのような侵襲的な不安を感じ，モノや自分の身体の破壊につながったのではないかと考えました。さらに，これほど重篤で突飛な行動化に至ってしまった

のは，自閉症スペクトラムにおける"わたし"に特有な，自らの苦しみを関係性のなかで認識し他者に適切に援助を求めることの難しさによって（第3章第1節），1人で抱え込んで孤軍奮闘してしまったことにもよると考えられました。山上（2018）は，自傷について「筋組織が過緊張にとらえられる時，外部の感覚刺激によってこれに対抗し，緊張を封じこめようとする行為」と考えられるとしていますが，Dにとっても自傷は，不安感が極度に強まった"震え"を何とか押さえ込もうと独力で対処した行為であるのかもしれません。

　セラピストはこのように知的障碍と自閉症スペクトラムという2つの機能障碍を背景にした"わたし"の問題としてDの行動化を捉え，Dの情動をホールディングし保護する覆いとしての"わたし"の機能を育み補うことを目指しました。不安を引き受け分かち合い，より安定的な情動をDに送り込む他者として共に過ごすことと，できた対処を労う対応を基本としました。そして，他者とのやりとりによって興奮を鎮静させるという対処法の定着と，自己肯定感や自己制御感を高めることを目指しました。具体的手法として，脱感作，動作を伴うイメージ，対処行動のリスト化など工夫しました。"ぼろい炊飯器"をめぐり，"傷ついても大丈夫"な強靭な"わたし"のイメージをDに送り込もうとしました。また，プレイフルなやりとりでDの緊迫感を和らげようとしました。

　こうした一連の対応によってDの変化は確実に見られました。しかし，退院時の見立てとして，Dの"わたし"の障碍の重篤さや重大な行動化後の予期不安の強さに鑑みて，他者への援助希求を一層行えるように助けるのと共に，Dを手厚くホールディングする環境をしっかりと設定する必要があるだろうと筆者は考えました。すなわち，Dの補助自我として，もろい"わたし"を包み抱える機能を周りの環境がしっかり担い続ける必要性があると考えたのです。

2．家族および支援者のシステム概要（退院時のもの。図16（次頁）を参照）

　父親：50代会社員管理職。多忙で出張が多いようでした。カッとしやすい性格でDと衝突することがしばしばありました。

　母親：50代パート。Dの家庭での養育をほぼ担っていました。理知的で平静な態度が目立ちました。

　兄：30代。大学院卒。単身生活をしていました。

図16 家族，地域支援，病院の関係図

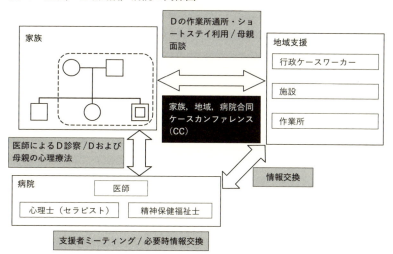

　姉：20代。大学院卒。Dの面倒をよくみましたが中学生頃からケンカが増えたそうです。
　行政ケースワーカー：障害福祉課。支援サービス利用相談や手続きを担っていました。
　施設：Dはショートステイを利用していました。同じ法人で通所や入所，グループホーム事業も展開していて，知的障碍支援の専門性が高い施設でした。
　作業所：Dが高校を卒業した後利用を開始しました。Dが不安定なときにも退所とせず支援を継続してきました。農作業を主に行っていました。施設と密に連携をとっていました。
　医師：母子同席の診察を月1回実施していました。他職種から多角的に情報収集し状況に即した柔軟な判断を行っていました。地域連携への意識が高く，上記施設の嘱託医でもありました。
　精神保健福祉士：知的障碍病院臨床の豊富なキャリアを有し，潤沢な地域ネットワークをもっていました。
　心理士（セラピスト）：筆者。Dの心理療法を入院中毎週1回，退院後隔週1回で30分実施，母親の心理面接を毎月1回1時間実施していました。

3．Dが入院中の母親心理面接の経過概要（全4回）

　医師は，入院する前まで母親からの相談が少なく，頭部自傷は予測しがたかったと言い，地域の支援者も母親からの発信が少なかったと指摘していました。入院中の外泊が年末年始に慣習的に提案されたときに母親からのリアクションが何もなく，慣行通りに外泊準備が進められようとしました。精神保健福祉士とセラピストで，あの自傷の後で本当に外泊を受けいれる準備が整っているのか懸念し，母親に受けいれ可否を改めて確認したところ，姉の反応が不安と母親から伝えられました（姉は，Dの自傷後母親と共に床の血液を掃除しました）。母親は外泊に不安を感じながらも，それを十分認識して自ら発信してくることができなかったのです。この一件で，病院のスタッフミーティングにおいて母親への心理面接の導入について話し合われ，セラピストから母親に提案し面接を実施しました。母親は，にっこりと口角をあげていましたが硬い表情で，自発的な発言があまりありませんでした。か細い声で「イライラして帰ってきたときの対応が心配」と述べ，「どうしたらいいのかわからなくて……」とことばをつまらせました。セラピストから継続面接を提案すると「ぜひ」と応答しました。「もし何かあってもしょうがないのかなと思います」と無力感を表す母親に対し，セラピストは包丁の管理の方法などの具体的な対処から話し合いました。外泊のときに，眠れないDと共に母親も眠れなかったこと，入浴も怖くて家族に声をかけて何とか行ったことなど声を震わせ涙ぐんで話し，「とても疲れました」と率直に述べました。これまでの対応を「よかったのかどうか……」と振り返っていました。次第に，退院後の不安を率直に述べるようになりました。「Dは家に戻りたいと思っていると思う。拒否された，と感じやすい」が，「親としては，グループホームに入って週末に迎えるほうがいい。お互いいいところで会えるので」と母親自身の意向を明確化しました。入院中に連泊などさまざまな状況を試したいと母親から発案もなされました。

第3節　支援経過と考察

　Dの退院後の，外来での母親面接と支援者連携を中心に示し，検討していきます。支援者連携については，家族，地域，病院の合同で行うケースカンファレンス（CCと略します。基本的に参加者は母親，行政ケースワーカー，ショート

ステイ施設責任者，作業所責任者，医師，精神保健福祉士，セラピスト。2か月に
1回程度，病院の呼びかけにより開催されました。マネジメントは病院の精神保健
福祉士と行政ケースワーカーが担いました）や病院内のスタッフ間のやりとりに
ついて記載します。Dが退院してから2年3か月間，Dの地域における生活環
境が整うまでをとりあげます。4期に区切り，第1・2期と第3・4期につい
てそれぞれ，とくにセラピストの機能について焦点を当てて考察します。

第1期　退院直後の緊迫感（#5〜#8）

#5（X+1/5/16）

　母親は待合室でひっそりと身を小さくするように座っていました。面接では
とぎれとぎれに話しました。作業所への要望のような思いを控えめににじませ
ましたが口を濁しました。セラピストが〈お母さんの作業所への要望は？〉と
改めて尋ねると，母親は「気ままな感じを見守ってほしい，困ったときには相
談に乗ってあげてほしい，向き合ってきちんと話す時間を作ってあげてほし
い」と述べました。〈大切なことばかり〉とセラピストが支持を伝えると，母
親は顔を赤らめて「どうお願いしたらいいのか……」と目を潤ませました。し
かし母親自ら，今度の作業所での家族面談で話してみようかとも言いました。

#6（6/18）

　Dは自宅外泊中テンションが高かったといいます。衣類を破りましたが家電
などの破壊はありませんでした。母親は，今後のことについて，父親とはとく
に相談していないと言い，「夫はあまり考えたくないよう」と述べました。
　Dの心理療法より　ショートステイ職員は「皆優しい」と言いました。外泊中
「放火していない，自傷していない，包丁触ってない」と。D「包丁は触らない
ほうがいい，危ないことはしたくない，包丁は怖い」セラピスト〈そうね！怖い
ね！危ないね！〉とやりとりしました。

#7（7/18）

　Dの2度目の外泊がありました。母親は，何かあったら，と気を張り，「お
互いに疲れました」と言いました。Dは「ショートステイのほうが気楽」と言
っていたとのことでした。母親は将来のDの在宅生活に不安を感じて行政ケー
スワーカーに相談したと言い，「なるべくサービス利用したい」，「2人でいて
Dがイライラしたときにどう対応したらいいのか。厳しくしたらどういう反応

第7章　もろい"わたし"を多層的に抱える［心理療法の実際④］　193

が返ってくるかと思うと，怖くて」ともらしました。セラピストより，Ｄには不安が敏感に伝わってしまい誰であっても対応は難しいとし，〈いろいろな力を借りていきましょう〉と返しました。

CC ① （7/24）　ショートステイ後の方向性を検討しました。行政ケースワーカーは「在宅を目指して日中支援を検討中」と報告しました。セラピストは〈ショートステイの安心感や外泊の大変さを経験し，Ｄさんの考えも微妙に変化しているかもしれません。Ｄさんやお母様の思いを適切に汲んでいく敏感さがチームに必要なのではないでしょうか〉と述べました。

#8 （8/22）

母親はなめらかに話すようになり，「Ｄは家で何かしてしまうのではないかと不安が強いよう。わたしがどっしり構えて大丈夫と言えればいいのかもしれないがなかなか言えない」と述べました。

Ｄの心理療法より　Ｄは「本当はそろそろ家に帰りたいんだ」と言う一方，「家も心配」とも言いました。このように，Ｄのなかにも葛藤があることがうかがえました。

第２期　家族と地域支援者の意見齟齬の明確化 （#9〜#13）

CC ② （9/11）　ウィークデイ全てのショートステイは，予定していた３か月が経過し終了となりました。そして，週２日のショートステイに移行することとなりました（これも３か月を目途とされました）。

#9 （9/17）

Ｄのショートステイが週２回になり，母親は，「家族が疲れてしまって」，姉がつい厳しくなってしまっていると述べました。

CC ③ （10/17）　ショートステイや作業所ではＤは穏やかだと報告されました。医師は「支援体制のなかで何とか保っている現状」と指摘しました。母親は「家族は疲れ気味，慣れてきたときが心配，３か月という目途では心配」と，自身の心配をはっきり表明しました。

#10 （10/24）

５月の退院後，Ｄは母親の後追いが頻繁になったといいます。母親は「３歳児みたい。母子分離できないときには十分甘えさせることが大切と何かで読んだことがあるが，いつまでやればいいの？　という思いもある」，「Ｄが不在だ

とほっとする。こんなこと言ってひどい母親ですけど」と述べました。

#11（11/28）

Dが退院後はじめて大声を出しました。母親は「地が出てきた。いつまでも借りてきた猫のようではいられない」と。Dは決まり文句のように「家に帰っていい？」と言う一方で、「ショートステイはいいよね」とも言うとのことでした。母親の後追いは続いていました。後追いは学校時期まではなかったそうで、退院後がこれまでのDのなかで最も目立つようでした。Dが同じことを言っては返事を求めてくるので母親はついイライラして「しつこい！」など言ってしまうのだと言います。母親は「行政ケースワーカーには、ショートステイはあくまで在宅に向けてのソフトランディングのため、と言われてしまった。わたしは、今のようないろいろなサポートがあってやっとやっていけるものだと思っていたので……」と涙ぐみました。姉が仕事の都合で別居することとなり、父親は依然多忙で協力が得られないとのことでした。

CC④（12/4）　Dはショートステイや作業所では引き続き穏やかに過ごせていると報告されました。行政ケースワーカーは「今のショートステイ支援は変則的であり、Dさんの希望も踏まえて在宅を目指す必要があります」と言いました。母親は「母子の距離が近く些細なことで煮詰まってしまう。在宅はきついです」と述べ、医師は「現状のショートステイの延長が望ましい」としました。セラピストは今現在のDや家族の思いを考慮する重要性を改めて指摘しました。これらの議論を受けて、ショートステイ施設は、週2日のショートステイを当初の3か月の目途を超えて継続する方針を示しました。

#12（12/19）

母親の疲労感が顕著でした。Dは家での緊張感が依然高いようでした。母親が「在宅ではない方向を希望していました。でも、わたしがもっと頑張らなくちゃいけないんですよね」と述べたのに対し、セラピストは〈わたしも、CCで"まず在宅ありき"がなぜなのかよくわかりませんでした。お母さんやDさんにこれ以上頑張りを強いるのかと疑問を感じました〉と応じました。母親は「Dも頑張っていると思う」と泣き、ケースワーカーに再度相談してみようと思うと言いました。母親は、物音したり、（これまでDの不穏が目立った）南風が吹いたりするとビクッと不安になると言いました。

病院スタッフミーティング（**X**+2/1/9）　在宅への方向性は軌道修正が必要と

第7章　もろい"わたし"を多層的に抱える［心理療法の実際④］　195

医師，精神保健福祉士，セラピストで話し合いました。医師によれば，Ｄ自身「グループホームに入りたい」と言いはじめたとのことであり，グループホームというゴールに向かってどのようにつないでいくか検討すべきではないかと議論しました。

#13（*X*+2/1/15）

年末年始のいつもより長い外泊で，Ｄは次第に手持無沙汰になり大声を出し，炊飯器のこだわりがエスカレートしていきました。「家で過ごすのは１週間が限度」と家族で話し合ったとのことでした。

Ｄの心理療法より　Ｄは「（家とショートステイ）家がいいけど，家だと炊飯器壊したくなる」と述べました。

CC⑤（1/23）　母親が「１週間の対応が限界」と言いましたが，ショートステイの施設は「今年度で一区切りとしショートステイをより縮小する方向性を検討したい」と表明しました。病院からは，せめて現状維持でショートステイを確保できるよう施設に打診しましたが，縮小の方向となりました。

《第１・２期考察：母親の背後自我としての機能》

母親は当初，自発的な発信に乏しく，固い笑顔を浮かべてガードしているようでしたが，どうしたらいいかわからないという当惑と相談のニーズを控えめながら示しました。母親はＤの行動化への対処に力を尽くしてきたと考えられました。しかし，母親には受けとめきれず行動化は増悪し，自傷による頭皮剥脱という直視しがたい凄惨な事故をピークに，恐怖感と無力感に圧倒されて途方に暮れ，一方で母親としての義務感の強さゆえ離れることもできず，もはやなす術なく感情を固く凍結させじっと耐えるしかない極限状態に陥ったと考えられました。そのなかで，支援者に対しても自ら発信することなくガードを固めるしかなかったのだと考えられますが，その態度から周囲の支援者は"なぜ言ってもらえないのか"と不信感を募らせてしまい，一方母親も"大変なのに受けとめてもらえなかった"と不信感を募らせることで，母親の抱え込むスタイルが強化されてしまっていたと考えられました。実は母親は，潜在的には切実に助けを求めていたと考えられます。

セラピストは，母親の援助希求性を汲みとりながらも，具体的な助言や直接的助力は最小限に留め，母親の対応や思いを受けとめ支えることで，自信をな

くしてしまっていた母親が再び自律的に判断できるよう支援しました。セラピストは母親の「背後自我」（北山, 2008）として機能し, 母親の固く閉ざした氷のような防衛を溶かし, 柔らかな情動を恐れつつも感受しうるよう, 包み守ろうとしました。

　次第に母親は, 不安感や疲労感をセラピストのみならず他の支援者にも率直に述べはじめました（＃7, CC③）。そして, もともとの高い能力を発揮して福祉サービスの必要性を発信しはじめました（＃7, CC④⑤）。しかし地域の支援者は, Dの自己決定の尊重とショートステイの長期利用が変則的であることを根拠に在宅を目指す方向性を提案し続け（＃11, CC④）, 母親の意向とのあいだに齟齬が見られました。セラピストは母親の意向を支持しました（＃12）が, CCの流れは在宅に向けて進展し, ショートステイは徐々に縮小していきました（CC⑤）。

　Dに対する母親の不安感に, セラピストは, まず, Dのきわめて敏感な感受性ゆえ誰であっても対応が難しいと返しました。母親には, "母親としてこうあらねば"という責任感が強く（＃10, 12）, 自身に帰属させて罪悪感を強めてしまう恐れがありました。そのため, セラピストはそうした罪悪感を少しでも和らげることを企図しました。Dの自傷に対する強烈な恐怖が, まとまった言語化はなされないままにトラウマとして常に母親のなかに底流していて, 不安感もそこに通じていると考えられました。しかし, セラピストは, 自傷のエピソードに積極的には触れませんでした。セラピストは意識的には直面化による母親の動揺を考慮していましたが, もしかしたらより潜在的には, 母親の不安感に接近するにつれその直面をセラピスト自身が恐れていたのかもしれません。

　Dはショートステイの経験から, ショートステイの施設へのポジティブな思いや在宅への迷いなど語りはじめました（＃11）。そして, ショートステイの施設や作業所では落ち着いて過ごす一方, 在宅時には大声出しや衣服破りが出現し, 環境による状態像のギャップが見られるようになりました。Dは, 知的障碍ゆえの見通しのもちにくさや意思表出の困難に加え, 自閉症スペクトラムの特性として, 環境の変化への不安感が強く, 現状維持としての在宅希望を常同的に述べやすい傾向にあり, Dの意思を的確に把握することはとても難しいことでした。それでも母親は, Dが在宅を望まないのではとその意向を推測し

第7章　もろい"わたし"を多層的に抱える［心理療法の実際④］　197

はじめ，セラピストも，Dの語りの断片や状態像からその感触を次第に強くしていきました。しかし，母親は親としてのプレッシャーに苦しみ（＃12），その素直な推測は常に揺らぎました。そして，こうした揺らぎが母子関係を一層不安定にさせていると考えられました。

　Dの意向の不確実さを前にして，さらに，母親がニーズを伝えてもセラピストがそれを支持しても在宅の方針が揺るがないCCを繰り返すなかで，セラピストも迷いを抱えていました。セラピストは，母子の状態から在宅ではなく地域での手厚いホールディング環境の設定が必要だと考え続けてきましたが，その判断は妥当なのかと，病院内の身近な看護師や精神保健福祉士との日常的なやりとりにおいてこの時期しばしば相談していました。そして，キャリアの長いスタッフの目から見てもDの行動化は苛烈であり，母親の状態も踏まえてセラピストの判断は妥当ではないかと励まされ，現在の福祉体制においては強度行動障碍事例でも施設などで対応している例があることなど教えてもらっていました。

　やがて，Dに対して緊迫した構えを維持し続けることで母親の疲労感が蓄積していきました。また，良好な入院治療経験によってDの対人希求性が強まったことで，母親への愛着行動がこれまでになく目立ったことも，かえって母親に負担となりました。岩の間隙から水が滲み出るように，Dへの恐怖や過敏性，回避的感情があらわされました（＃7，10，12）。そして，次の＃14でトラウマ的エピソードの直接的な表現に至りました。

第3期　院内チーム連携強化（＃14～＃19）

＃14（2/27）

　母親は消え入るように話しました。Dの破壊行為や怒声がじわじわ増加していました。母親は，Dといて「楽しいと感じる瞬間はない」，「家は楽しいもの，と囚われてしまい，本人も苦しいのではないか」と言いました。Dの入院前は，「家電を壊されても仕方ない」と思ってDを置いて外出することができましたが，「今は，帰ったら家が血みどろになっているのではないかと恐怖。とても外には出られない。ああいうことがあったので」とことばをつまらせました。さらに，炊飯器のこだわりが不安であるとし，長らくトースターにこだわっていたら頭の自傷あったので，と言いました。セラピストは母親に了解を得て，

#14の当日，医師と精神保健福祉士に，"セラピストの未熟さで巻き込まれているのかもしれないが母子の状態がとても心配"と，セラピストからのSOSとして緊急に報告しました。医師が，必要時は入院など危機対応を検討すると母親に電話するようセラピストに指示しました。電話口で母親から「いつもご配慮ありがとうございます」と明るい声が返ってきました。

#15（3/09）

精神保健福祉士が母親面接に同席し，父親の出張による不在の状況などを確認しました。母親は「（自分が）いつまでもつかわからない」と述べました。そして，精神保健福祉士より，施設入所を経てグループホーム入居を目指すなど，在宅以外の具体的方法について母親に助言がなされました。

#16（3/27）

CC⑤で決定したショートステイ利用形態の変更（これまでより縮小）がDに伝えられた後，衣類破りが増加しました。母親は「わたしがしっかりしていないからいけないんです。家ではもう無理と思うし，行政ケースワーカーから家で充実した時間を過ごすことがDに大切と言われればそうとも思うし，どうしたらいいかわからないんです」と泣きました。「わたしがどうしてもイライラしてしまってDをイライラさせてしまう……わたしがもっとDのことを思うことができれば」と言いました。母親はパートの仕事を辞めてしまいました。セラピストが〈仕事は，お母さんにささやかでも気分転換となっていたのでは〉と言うと，母親は「はい，Dのことを離れてバカな話もできる唯一の場。でも何が優先と言えば家を空けるのが怖い。ゴミ出しの3分がマックス」と言いました。セラピストが〈今の，在宅での受けいれがどんなに大変なことか。親だから頑張らなくてはと思わず，もっと，"大変！"と声をあげていいのでは〉と言うと，母親は「親なのにどうしてもっと考えてあげられないのかと……でも言っていいんですね」と返しました。セラピストは〈もう十分すぎるほどされてきました。わたしはこの病院で，先輩スタッフから，患者さんは家族だけでなく地域の皆で支えるのだと教えられてきました〉と伝えました。

CC⑥（3/30）　ショートステイや作業所でのDの様子は変化ありませんが，家庭では日増しに不安定になってきていることが確認されました。精神保健福祉士は「お母様の許容範囲を超える。一番大変なのはお母様」と指摘し，医師は「在宅という方向性の軌道修正も必要では」と述べました。

第7章　もろい"わたし"を多層的に抱える［心理療法の実際④］　199

#17（4/16）

母親が，次のショートステイの予定の前に臨時で1日でもショートステイを利用できないかと「（施設に依頼の）電話しちゃったんです！」と言いました。施設からは調整できるかもと言ってもらえたとのこと。そして，母親は顔を紅潮させながら「Dは甘えん坊なので，母親が家にいるのに何でショートステイ行かなくてはいけないの，と言うけど，だけど，と言うか，だからこそ，家から離れていくことが大切だと思うんです。夫とも話したんですが，入院前と比べるとすごくよくなってる。だから，今度前のような状態になったら，Dも家族も立ち直れない。周りはなぜ？と言うかもしれないけど，前よりよくなったからこそ，いろいろな力を借りたい。施設入所を希望したい」としっかりとした口調で述べました。セラピストは，必死に，かつきっぱりとことばを紡ぐ母親の姿に強く感銘を受けました。

#18（5/22）

明るい表情で来室しました。Dは，ショートステイ前にウキウキして自分で準備していたといいます。母親も「いけないんですけど，次のショートステイはいつか，とわたしも心待ちにしてしまう」と言いました。母親は施設入所希望を地域の支援者に積極的に伝えはじめましたが，受けいれられていないと言いました。セラピストは，本当によくやられていると母親を労いました。

Dの心理療法より　Dは「将来のこと迷ってる。ショートステイあきた。グループホーム迷ってる」と言いました。

CC⑦（5/29）　母親の心配の強さと在宅の限界性を参加者のあいだで共有しました。ショートステイと同じ法人の施設入所を経てグループホーム入居を目指すことを，医師，精神保健福祉士から提案しました。

#19（6/19）

母親より，「一番大きいことは（Dが壊した）部屋をリフォームしたんです！」と報告されました。Dはすごく喜んでいたと言い，「今度壊したら病院に相談するよって言ったんです。何かあったときに相談できるところがあるのがありがたい」と述べました。8月はショートステイが休みだが，家族旅行などDの楽しみな予定を作ることで「何とか過ごせるかなと思う」と言いました。

第4期　具体的な方針決定（＃20〜＃28）

＃20（7/17）

　＃18・19に見られたような母親の明るさが見られませんでした。Dがコップを割って怪我したとのことでした。「どきっとしたので，何もなかったかのように振る舞った」と言いました。Dにはかまってもらえない不満があるのかもしれないし，家族にも積もり積もった疲れがあると述べました。セラピストが〈不安は根深い〉と言うと，「不安消えていないと思う」と涙を流しました。家庭では傷の手当てが不十分で，翌日作業所の職員が受診同行したと作業所より後日報告がありました。

　CC⑧（7/17）　医師が，家庭においてDの行動化のリスクが高まっていること，母親や家族のPTSD的な側面への配慮が必要であるとはじめて指摘しました。

　Dの心理療法より　Dが待合室や心理室で険しい表情で怒鳴りました。やりとりで落ち着くことはできました。

＃21（8/14）

　Dが他科を受診したときも待ち時間が長いと怒鳴ったとのことでした。また，退院後はじめて家族の所有物を破壊したとも報告しました。

　Dの診察より　行動化いかんでは入院も検討すると医師よりDに話しました。作業所でも落ち着かなくなり，職員にはさみを振り上げたと報告がありました。病院から母親と作業所に電話し緊急時連携について再確認しました。

＃22（9/18）

　母親の疲労感が目立ちました。Dは夜中に怒声をあげるようになり，衣類破りが増えました。「入院の必要性はわかるけれど，（そのために本人への対応を）どうやったらいいのかわからない。疲れてしまって……」と述べました。

　CC⑨（9/25）（父親もはじめて参加）父親は，4月にショートステイを縮小してから悪化した印象であると述べました。母親は家での緊急対応は困難とSOSを発信し，「ことばと裏腹に施設は好きだと思う，施設入所を希望します」と述べました。医師も施設入所を要すると示唆し，病院の緊急時対応について説明しました。施設が「施設入所を経てグループホームという方向性が最も安全」という見解をはじめて示しました。

　Dの心理療法より　Dはきわめて険しい表情で，心理室で衣類を破り，苛立ちが波のように断続的に出現しました。心理療法終了後速やかにセラピストから医

師に報告したところ，頓服対応の提案がありました。セラピストより〈落ち着く薬飲んでから帰ろうか〉とＤに伝えると「うん」と素直に応じました。

Ｄの診察より　医師からＤに短期的な入院の提案がありました。Ｄは一旦納得しましたがその後拒否し，入院には至りませんでした。

#23（10/23）・#24（11/20）・#25（12/10）

医師からの入院提案後，Ｄは自分なりにコントロールしようとしているようでしたが「いつまでもは頑張りきれないみたい」と母親は述べました。Ｄの衣類破りや怒鳴りは続いているとのことでした。

#26（X+3/1/15）

母親は施設入所の希望を地域支援者に重ねて伝え，その返答を待っていました。「本心としてはかわいいと思えない。Ｄが帰ってくるのが苦痛」と泣きました。セラピストは〈それも自然な感情。むしろ，ここまでの状況でよく愛情をもって接している。感情というのはひとつではないから，自然な感情もあり，温かさもある，ということだと思う〉とことばをかけると，母親は泣きながら「そうでしょうか……こういうもの，と思っていいんでしょうか」と。〈それと，施設入所が実現すれば，おのずと愛情のほうが強くなってくると思う。感情はお母さんにどうにかできるというより，状況によるのでは〉「はい，わたしができるだけ具体的にはっきりニーズを伝えていかなくては」〈十分力を尽くしている。お母さんは伝えようと変わってこられた。いくら伝えてもなかなか思う通りにならないこともあると痛感します〉とやりとりしました。

CC ⑩（1/15）　施設より，「施設入所で土日帰宅，グループホーム移行を目指す」という具体的なプランが提示されました。

#28（2/19）

入室するなり「施設から入所正式決定と言われました！」と輝く笑顔で述べました。その決定後，Ｄは落ち着いたとのことでした。母親は家族の安堵感とＤの落ち着きとの関連を認め，「あと少し頑張ればと思えるので」と言いました。母親が今困るのは電話が多いこと，「そのつど『猫好き？』とか言われてもイライラしちゃって……」と笑い，セラピストも思わず笑いました。母親は涙を流して謝意を述べ，セラピストはＤと母親の力と応じました。

《第3・4期考察：母親をアドボカシーする機能》

#14で，母親は親としての罪悪感を越え，母子で過ごす際の自身やDの苦しさを率直に吐露しました。そして，はじめて「ああいうこと」と自傷を振り返り，「帰ったら家が血みどろになっているのではないか」と強烈な恐怖に直面化しました。セラピストはその苦しみや恐怖を受けとめきれず，母親の了解を得て病院の支援者チームに発信しました。このセラピストの発信が大きなターニングポイントとなったと考えられました。セラピストは，母親の恐怖をそのまま率直に捉え，同時に，自分1人で抱えることの限界性を覚知しました。そして，セラピストの背後自我として暗黙の支えとなっていた病院内のチームに，セラピストのSOSとして伝えたのです。連携の要諦のひとつとして野坂（2008）は，「自ら相手のもとに出向き，『力を貸して欲しい』と素直に申し出る」ことを指摘していますが，一職種がその限界性を率直に覚知し，素直に発信することは，困難な事例における連携がなめらかに機能しはじめる契機となると考えられます。そして，この発信は，「鋭敏な感性に基づき獲得した患者に関する繊細な情報をシステムの側に柔軟に取り込む」こと，すなわち「アドボカシー」（服部，2006）としても捉えられるでしょう。連携において，アドボカシーということばの表層的イメージのままに，当事者の思いを知る者として声高に“代弁”しようとすることは，他の支援者の反発を招いたり，当事者が伝えるはずのところを支援者が奪ってしまうことによって当事者の主体性発揮をむしろ妨げたりしかねません。力んだ“代弁”は，支援者自身が抱えきれない問題を他職種に転嫁しているのに過ぎないとも言えます。何らかの特権的，絶対的な正しさがあるわけでなく，多元的な「ナラティブモード」（岸本，2008）に立脚し，一職種の限定的な見方であることを留保して，セラピスト自身の素直な感情に乗せた“Ｉ”メッセージとして伝えることが，コラボレイティブなアドボカシーとなるのではないでしょうか。

このセラピストのSOSとしてのアドボカシーを契機に，母親の困難性が病院内のチームで明確に共有されました。そして，母親に寄り添うセラピスト，Dの意向を把握する医師とセラピスト，地域と調整する医師と精神保健福祉士という役割が明確化しました。#15では，福祉サービスの利用について精神保健福祉士が母親面接に同席して母親に具体的に助言しました。#16では，不穏になったDに罪悪感を再び強めた母親を，セラピストは背中に院内のチー

ムを感じながら支えました。医師や精神保健福祉士は，CC⑥で在宅の困難性をより強調して伝えました。このように病院の多層的なホールディングが展開したことによって，＃17では，母親に明るさが見られ，父親と相談するようにもなり，よりアサーティブに施設入所の希望を明確にことばにするようになりました。必死でかつ毅然とした母親の表明にセラピストは深い敬意を抱きました。これを受けて，高い専門性を備えたショートステイと同法人の施設に入所しグループホーム入居につなげることが望ましいと病院内で共通認識がもたれ，CC⑦で医師，精神保健福祉士が提案しました。＃19には，母親が微かに希望をみいだしはじめた象徴的なエピソードとして，Dが壊した部屋のリフォームが報告されました。以前は孤立感を強め誰にも助けを求められずに途方に暮れていた母親のなかで，「何かあったときに相談できるところ」として病院が位置づけられはじめました。ここで確立した病院チームの構造は，母親がDをホールディングする構造をセラピストがホールディングし，さらにそれを院内他職種がホールディングする多層構造，すなわち，Davis & Wallbridge (1981/1984) による「家族や社会の holding の同心円状多重構造」として捉えられます（図17）。「恐怖に圧倒された暴力的なクライエントに必要なのは（外

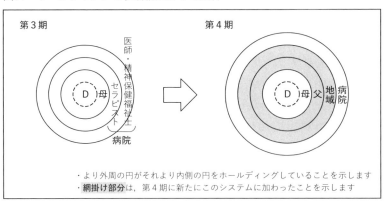

図17　ホールディングの多層構造とその変容

からの）コントロールではない…（中略）…加害者もまた恐怖とパニックの渦中にある。このパニックは，ケア・スタッフによって消されることではなく，包み込んでもらうことを必要としている」(Spensley, 1995/2003) と指摘され

るように，激しい行動障碍を呈するＤこそが，そしてその最も身近な母親こそが恐怖と不安の渦中にあったのです。支援者において何より必要であったのはその恐怖を否認したり押し込めようとさせたりすることではなく，幾重にも包み込みホールディングすることでした。この多層的なホールディングのシステムが確立したのは，背後に通底していた病院内のスタッフ相互の暗黙の信頼感が，セラピストの率直な発信により賦活化され，相互協力しながら困難に対応しようとする動きが促進されたことによると考えられます。

　それでもＤの状態は不安定さを増し，＃20ではＤの破壊行為に対して反応が麻痺し，手当ても十分にできないという母親の不安感の根深さが顕在化しました。医師はPTSDということばを使って，母親をはじめ家族の苦境をより強力に地域に向けて伝達しました（CC⑧）。そもそもCC開催も病院主導であり，病院がこの支援システム内でより強いパワーを発揮する位置にあったことは確かです。しかし，一方的なパワーの発動だけで事態を動かすことはできません。Ｄのように苛烈な行動化の恐れのある事例を引き受けることに施設が多大な懸念を抱えているであろうことは当然です。病院はその懸念を十分理解し，緊急時対応をはじめ医療的に施設を支えると伝えました。病院が地域の支援者の懸念をホールディングすることで，同心円のホールディング構造が地域に波及し，Ｄと家族を地域がホールディングし，さらに最も外周で病院がホールディングするような支援システムに発展しました。そして，アサーティブになった母親に動かされた父親の支えによって，Ｄと家族の意向を併せて母親がより強く発信するようになりました。多層的なシステムがその家族をホールディングし（図17），方針決定に至りました（CC⑨）。こうした方針決定の局面について樋澤（2005）は，パターナリスティックな要素を含むことは避けられないとしながらも，「相当の時間と労力を要する」「徹底的な『対話』を土台とした関係構築」が重要であると指摘しています。粘り強い相互的交渉を経て行き着いた相互合意のプロセスこそ，困難な事態における判断の正当性を担保すると言えるのではないでしょうか。

　21　パターナリズムとは，「干渉されるその人のためになされる，その人へのさまざまな干渉」のことを指します（花岡，1997）。

補足：その後の経過

X+3年9月に施設から同法人のグループホームへ移行しました。Dは不安を示す一方「僕自立するんだよ」とも述べました。X+5年までは，怒鳴りや衣類破りが断続的に見られましたが入院には至りませんでした。X+6年以降，衣類破りは週1，2回程度ありましたが，自傷は手足のかさぶたをはがす程度に収まり，ヘルパーとの余暇を楽しめるようになりました。「強度行動障害判定基準表」スコアは4点，基準値以下を維持しました。この経過は，家族と支援者の相互合意の判断が妥当であったことを示しています。

Dは毎日家に電話し週末帰宅して母親へ素直に愛着を向け，母親はときにユーモラスにときに厳しくもあたたかく応じていました。Dの「この前お母ちゃんにカンカラチンに怒られちゃったんだよ〜」などにこにことおどけてセラピストに話す様子から，母親とのあたたかい関係性が察せられました。

母親はDの成長を認める一方，衣類破りが続くことへの受けいれがたさも語りました。Dとの衝突を避けて距離をとる父親に思いを重ねて「夫はこだわりを見ると耐えられないのかも。でもそれをなくすのは無理……。わたしたちはかわいい時期を知っている。そこからすると『よくなってない』と思ってしまうのかも」，「とりあえず悪いなりに安定していると，あきらめも」と無力感や諦念をもらすこともたびたびありました。セラピストは，そのように語りながらも，面接が終わると日常生活に戻ってDを見守り続けようとする母親を，努めて丁寧に見送ることとしていました。

地域の支援者との調整は，セラピストの助力を直接求めず母親自ら対応するようになりました。X+10年，セラピストが退職することとなり，セラピストより引き継ぎの要否をDに尋ねたところ，「大事なことだから皆に相談してみる！」とし，Dが信頼する多くの職員や母親に相談のうえ，終結を決めました。

第4節　まとめ──連携における多層的なホールディングの構成

ここで取りあげた事例では，教育熱心な家庭のなかで過剰適応的な頑張りが思春期に破綻し，知的障碍と自閉症スペクトラムを背景とする複雑な“わたし”の発達の障碍も重なって，激しい強度行動障碍が出現しました。それを抱えきれない母親と一層症状を強める子のあいだで事態は深刻化し，生命を脅か

す深刻な自傷に至りました。母子の心理療法によるホールディングは状態の安定化に一定の寄与を果たしましたが、子の"わたし"のもろさや母親の不安感の深刻さには手厚い連携を要しました。セラピストが、母子の困難を素直に捉え、他の支援者に素直に助力を求めたことが、支え合いながらそれぞれの機能をより強く発揮していこうとする病院内チームの動きを賦活化しました。そして、支援者同士の相互的やりとりを重ね、支援システム全体のホールディングが確立し、当事者の声を軸にした共通合意が形成されました。結果、母子関係の改善と状態の安定に至りました。

　あるべき連携として、「共通の目標達成」に向けた「対等な関係性」による協力であることがしばしば論じられています（野坂、2008；藤川、2008）。しかし、実際の支援システムには、目標の食い違いや対立、関係性の非対等性や権力構造が、対応の難しい事例であればこそ、また、多職種多機関の集まりであればこそ、必然的に存在します。連携の出発点において肝要なのは、徹底した現場主義、構成主義でしょう。連携のありかたとはその状況により千差万別です。生存に関わる重篤な行動化の恐れのあったこの事例において最も重要であったのは、その困難性を直視してそのまま素直に捉えるということでした。その困難性を前に、誰においてもいかにすべきか不可知であるからこそ、対等に支え合い、いかにすべきか相互にすり合わせて共同的な決定の道を探っていくことにつながりました。構成主義的に目前の事象に虚心に取り組むことで、この地平にたどり着きました。ここでようやく、先に挙げた連携の理念が結果として見えてくるのです。

第8章

知的障碍をもつ人の
"わたし" が立ち現れる心理療法

　ここまで，知的障碍をもつ人の心理療法の実際について，4事例を通して検討してきました。

　いずれにおいても，第1章第2節においてまとめた一般的な心理療法の方法を基本的に適用しています。どの事例でも，"ホールディング"，"アクチュアリティに開かれた態度"，"情動調律"，"個別性とコンテクストの重視"の4点を重視してアプローチしました。

　"発達障碍だから"，あるいは，"自閉症スペクトラムだから"，"知的障碍だから"といった合理的な根拠に欠けた理由づけによって，一般の心理療法の方法論と質的に隔たった，障碍にスペシャライズされた特殊な支援手法をとらなければならないわけではなく，一般的な心理療法の考え方を基本的に用いることができたのです。この結果は，発達障碍を関係性における相対的な構成概念として捉えるこの本の理論的枠組みを補強するものであると考えられます。

　筆者の重視した心理療法の4つのポイントのうち3つは，Rogers（1957/2001）の「必要十分条件」とも類似性のある，あくまで基本的なものです。しかし，知的障碍をもつ人を保護的な環境に置いて行動論的に訓練，指導することを主とする今日の知的障碍支援のなかに布置すると，Rogersが登場した際に「（それまでの積極的（インテンシブ）な介入）へのカウンターステアとしてその極端（ラディカル）なまでの非介入性が強いインパクトを放った」（滝川，2004a）よ

208

うな，新たな光を放つものとして大きな意義があると考えられます。

　心理療法の一般的な方法論は踏襲しながらも，知的障碍をもつクライエントの特性に合わせる必要はありました。その中核は，クライエントの“わたし”を丹念にみいだそうとするまなざしをいかに徹底してもとうとするか，クライエントの特性や状況に応じていかに個別的に工夫するか，といった，心理療法で大切であるとされていることを徹底して行うこと，つまり，心理療法の専門性を高めることでした。“知的障碍だからわからない”といった先入観を排して，機能障碍によるコミュニケーションの制約を踏まえながらも，セラピストがクライエントのわかりにくい表現をいかに敏感にキャッチし，それをセラピストが「自分を用い」て（岡野，2009）いかに精緻に素直に捉えようとするか，という，アクチュアリティへ開かれた態度の徹底がとくに重要でした。そして，発達障碍におけるクライエントとクライエントを取り巻く環境との関係性の問題が大きいことから，個人心理療法に限局しない多様なアプローチを個別性に合わせて柔軟に用いることも重要でした。

　このような，知的障碍という特性に合わせた心理療法の工夫について，まずは，アクチュアリティへ開かれたセラピストの態度を軸として心理療法のプロセスを論じます。そして，環境への柔軟なアプローチについて続けて論じます。最後に，知的障碍をもつ人に対する心理療法の意義をまとめます。

第1節　知的障碍をもつ人への心理療法のプロセス

　まずは，知的障碍をもつ人への心理療法において，クライエントとセラピストのあいだでどのようなプロセスが展開するのかを段階的に素描してみます（図18）（次頁）。このプロセスの要点は，彼らの“関係性において閉ざされた‘わたし’”をいかに“開いて”いくか，彼らの閉ざされた“わたし”にセラピストがいかにまなざしを向け，いかに彼らと相互主体的なやりとりをしようとするか，ということに他なりません。まず“開く”のはセラピストのほうの“わたし”です。セラピストがアクチュアリティに開かれた態度を徹底しようとすることこそが要となります。

　図18の①〜⑦のプロセスは，セラピストがこのようにして，クライエントがこのようにして，と分けて捉えようとしたものです。これは心理療法のプロ

第8章　知的障碍をもつ人の“わたし”が立ち現れる心理療法　209

図18 心理療法のプロセス

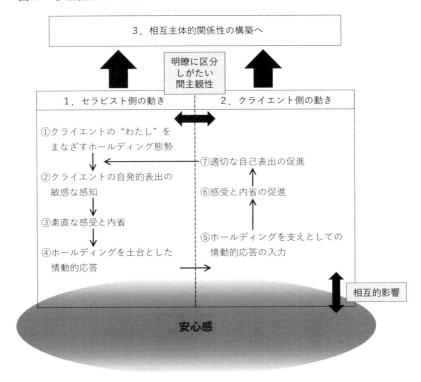

セスをわかりやすくするために単純化したものであって，より細かく捉えると，クライエントの動きとして起こったものが常に直ちにセラピストの動きに影響するのであり，また，その逆も同じです。さらに，セラピストの動きとして捉えられながらもクライエントの動きとしての側面も含まれるという間主観的な要素が必ず含まれています。実際には，心理療法のやりとりについて，セラピストとクライエントにくっきり区分できるわけではないのです。

そして，このプロセスは，セラピストの支援が醸し出す安心感によって支えられ，"わたし"の確立によって安心感がより強まるという相互的影響があると考えられます。安心感の乏しい彼らに対して安心感を醸成することは心理療法の下支えとして必要不可欠です。

1. セラピスト側の動き

知的障碍をもつ人への心理療法において，その出発点に必要不可欠であり，最も重要なポイントなのが，クライエントの"わたし"が在るということを前提としたホールディングの態勢をとることです（図18 ①）。クライエントの"わたし"を前提とするとは，クライエントに，セラピストと同型的な"わたし"が備わっているということを前提とするのと共に，セラピストが捉えるようにクライエントが捉えているとは限らないというセラピストと違う"わたし"でもあることを前提とすることです。自閉症スペクトラム的な"わたし"の困難においては，同調を基調としながら彼らの"わたし"を射程しそれに向かって働きかける動きを含ませ，それに応じる彼らの"わたし"の張り出しを捉えようとするような，相互的やりとりを企図したかかわりが重要でした（第2章）。知的障碍的な"わたし"のありかたに対しては，彼らの"わたし"が自発的に張り出す動きを待ち構え，動きが起こりやすいようにし，その"見えにくいわたし"の張り出しを敏感に捉えようとします。クライエントが，「自分自身の要求を発見するような方向づけをもった相互作用」（Sand et al., 1990)[22]を行おうとするのです。Aとの出会いは，セラピストがAの"わたし"を前提とするまなざしをもっていることがAに伝わったことから始まりました。Bに，あふれるような表出をホールディングしつつ，セラピストがBの思いのポイントを敏感に感受しようとしたことによって，Bは「話せる人」としてセラピストを捉え，「話したい」という"わたし"の表現の意欲が芽生えました。

端的に表現すれば，他者がその人の"わたし"にまなざしを向けることによって，その人の"わたし"は生成します。彼らの"わたし"が在ることを前提に，目を凝らして彼らの"わたし"を見定めようとすることによってはじめて，その関係性において彼らの"わたし"が生成する契機を得るのです。

こうした意味で自閉症スペクトラムの「中核的な特徴」を「主体のなさ」と言い切ってしまう河合（2010）の論調には疑問を感じます。河合（2010）は主体について「常に他者との関係で成立する」とこの本の"わたし"と同じ理論的基礎を置きながら，自閉症スペクトラムの特徴として，「主体のなさ」をさまざまに断定的に表現し，「主体を作り出す心理療法が必要」と主張しています。

22　Sand et al. (1990) は英語文献ではなく筆者に読解困難のため，Dosen（1998）の孫引きです。

しかし，関係論的な前提を踏まえれば，関係の一方が他方の主体を“ない”とするところに主体が“ない”ことは自明であり，そこに主体を生成する契機も“ない”のです。Alvarez & Reid（1999/2006）は，「主観性は生来的に間主観的で対話的であるが，経験がその輪郭を明確にする」として，主観性における間主観性の「前概念」[23]の「痕跡」は「自閉症の子どもの中にも見つけることができるかもしれないし，この基礎の上にこそ治療も成り立つ」としています。「主体を作り出す」（河合，2010）ことを志向して心理療法を行おうとする時点で，そのセラピストの志向のうちにすでに彼らの主体は“ある”のだと言えます。

　セラピストはこのようにクライエントの“わたし”をまなざすホールディングの態勢をとって，クライエントからの自発的表出を敏感に感知します（図18②）。そして，セラピストのなかでできるだけ素直にごまかさず感じとって内省し（図18③），ホールディングを土台として情動的応答をクライエントに返します（図18④）。

　セラピストがクライエントの“わたし”をみいだそうとして，クライエントの表出に敏感であろうとしても，“わたし”を感知することが難しい場合が多くあります。彼らの“わたし”の表出は，Bがはじめまとまりなく語ったようにあいまいでわかりにくかったり，Cのあまのじゃくなことばのように真の思いが読みとりにくかったりすることがあります。BやCのこうしたわかりにくさは，彼ら自身にとっての「真の自己」（Winnicott，1965/1977）の不明瞭さや機能障碍によるコミュニケーションの制約によるだけでなく，自己表現が受けとめられるかという不安感や，表現してよいのかという恐れもかかわっていると考えられます。そうした情動をも細やかにキャッチしながら，彼らの伝えたい思いがどのようなものなのかを感じとろうとすることが重要です。

　クライエントのそうした表出を受けとめ，セラピストがそれを素直に感じとって味わい内省することは欠かせないことです。クライエントがあらわしたものを間主観的に感じとってセラピストの内に起こったものは，セラピストの内面にありながらクライエントの主観の反映であることもあります。セラピストは自らをセンサーにしてクライエントの表出を感知し，自らを共鳴体にしてクライエントの主観をセラピストの内に響かせるのです。彼らの表出がことばだ

　23　主観性に生来的に備わる間主観性の前提を，Alvarez & Reid（1999/2006）は Bion や Trevarthen を参照し「前概念」ということばであらわしています。

けからでは捉えがたいものであるからこそ，セラピストが自らにしっかりと響かせるように感じとって内省しクライエントの理解をかたちづくろうとしていくことがとりわけ重要なのです。

それは必ずしもスマートな体裁をとらず，共鳴体としてのセラピストの受けとめが難しくたじろぐのをセラピスト自ら直視しなければならないこともあります。Aが知的障碍と見られてしまうことへの抵抗感を述べたのに対して，セラピストがしどろもどろになり，言語的には十分な共感的応答を返せなかったのにもかかわらず，Aは満足そうな表情を浮かべました。これは，しどろもどろに困惑するセラピストのありようが，A自身の困惑に重なり合って確かめることになったゆえと推測しました。同時に，初心者のセラピストがわかろうとしてもわかることのできない限界そのままにあるありようによって，他者には容易に受けとめがたい，Aの抱える理不尽な偏見による苦しみの重さを捉えることにもつながったことによるのではないかとも推測しました。もしセラピストが自分の限界を否認してあたかもわかったかのようなことを表面的に行ったとしたら，すなわち，受けとめられなさが，理解しているかのようなごまかしに覆われていたとしたら，Aはこうした重さの手応えを正しく得ることはできなかったでしょう。

セラピストはこのように感受して内省したものをことばやことばでないかたちの応答として返していきます。セラピストがBにシンプルにポイントを絞った応答をしたように，コミュニケーションの機能障碍をもつ彼らにことばでわかりやすく応答することはもちろん重要ではあります。しかし，表面的なことばのわかりやすさより，セラピストがアクチュアリティをしっかり感受しようとしたうえでの手応えある応答を返すということがより重要です。不思議なことに，その本物の手応えは，知的障碍をもつ人に確実に伝わるのです。その応答はセラピストの"わたし"を通過したものであり，クライエントの表出が鏡にそのまま反射するようなものではありません。セラピストが意図して，または意図しないところで，クライエントにとても接近して同調したものから相互的なものまで多様なバリエーションの応答が返されることになります。

自閉症スペクトラム的な"わたし"の問題に対しては，勇気をもってこちら側の"わたし"を張り出すことが重要でした（第2章）。Dにおいても，「自己対象」（Kohut, 1977/1995）的なモノとして器物破損/自傷していた家電につ

第8章　知的障碍をもつ人の"わたし"が立ち現れる心理療法　213

いて、「トースター狂い」などのことばを繰り返して不安を強めていたところに、セラピストがその言語表現の面白さを伝えました。それで、Dが「面白い？」とセラピストの発信を受けとめ、ユーモアを共に楽しむことによって、トースターや「トースター狂い」という表現をDとセラピストが共に眺め相互的にやりとりをする構造が立ちあがりました。それに伴ってDとトースターとの一体的密着が弱まり、切迫感が緩和しました。このように、切迫した渦中にあってその一歩は勇気のいることではありましたが、クライエントにとって意外性のあるセラピストの"わたし"の張り出しが、相互的やりとりの立ちあがる大きなきっかけとなったのです。

　知的障碍的な"わたし"の問題に対しては、まず同調をできるだけ目指すということが基本となります。できるだけ同調しようとする調律が、一見相互的やりとりのようなかたちで行われることもありました。投げやりになって大切な創作物を「捨てる」と述べるCに〈捨てるのはやだなあ、わたし〉と応じたのは、実際にセラピストの思いであるもののCの思いを汲んだものでもありました。Cはこのセラピストのことばの後にため息をつきながら席につきました。これは、クライエントの決して単一ではない情動のうち、より潜在的な、クライエント自らの思いとして認識し受けとめるには躊躇のある思いを、クライエントにそうした思いがあってほしいというセラピストの願いによって照射することで、セラピストが間主観的に感じとり、半ば"アクチュアリティに言わされる"かのような感覚も伴いながらセラピストが発言したものと捉えることができます。クライエントの内に潜在的に漠然としてあった思いがセラピストのことばによってくっきりと浮かびあがるのです。それと共に、あくまでセラピストの主体から発することばであることからそのことばの責任はセラピストが担うのです。かつ、セラピストからクライエントへの指示を含まないため、クライエントがそれを自身の思いとして引き受けるかどうかの選択の自由と軽みが生じる分だけ、クライエントにとって引き受けやすくなります。こうした調律が可能となるか否かは、セラピストがどれだけアクチュアリティに我が身を浸しているかによると考えられます。

2．クライエント側の動き

　クライエントは、セラピストのホールディングを支えとして情動的応答を入

力し（⑤），それについて感じとって考えることが促進されます（⑥）。

　セラピストの共にあろうとする調律によって，Bが罪悪感と恐れから抑え込みがちであった母親との関係性に関する不安感をそのまま確かめ受けとめることができました。このように，セラピストの同調的な応答は，自らの思いを抑え込みがちな彼らの"わたし"の確かめや統合に寄与すると考えられます。

　興奮したBやDは，セラピストの支持的な「意図的誤調律」（Stern，1985/1989），つまり，敢えてずらした落ち着いた情動調律によって，過度の興奮に至らず情動を調整することができました。そのように，セラピストが支持的に「意図的誤調律」（Stern，1985/1989）を行うことによって，クライエントは支えられながら自ら情動調整を行うことが可能となると考えられます。他者の力を借りずに独力で対処しがちな彼らにとって，他者の力を借りて他者と共に情動を落ち着かせる体験をすることはとても重要です。

　そして，セラピストの"わたし"の張り出しに相互的に応じることにより，Aの応答的な"わたし"が明確化したように，相互的やりとりへの応答で自己感が強められることもあると思われます。さらに，先に述べたような"アクチュアリティに言わされた"かのようなセラピストの応答がクライエントの発見的な"わたし"の生成を導くこともあるでしょう。

　そして，いずれの事例においても，こうしたやりとりによって適切な"わたし"の表出が促進されました（⑦）。Aは，次第に明示的でわかりやすい意思表示を行うようになり，セラピストの応答に対して率直に不満を表明するようにもなりました。こうした表出をさらにセラピストが注意深く受けとめることも重要であり，セラピストがクライエントから返されたものを受けとりさらに応答を返すことでクライエントの"わたし"はより確かなものとなっていくと考えられます。そして，セラピストに受けとめられるということがクライエントの表出の不安を和らげ表現する意欲を高めることともなります。Bは，もともと備えていた豊富な語彙と結びつき，それを聴くセラピストがもっともであると深く納得するような適切で細やかな"わたし"の言語表現を行うようになりました。Cは，あまのじゃくではなく素直に自分の思いを伝えるようになりました。Dは，「震え」が起こりそうなとき，つまり，不安感が強まったときを自ら捉え，それを他者に発信することで，他者を適切に頼ることができるようになりました。

第8章　知的障碍をもつ人の"わたし"が立ち現れる心理療法　215

3．相互主体的関係性の構築へ

　こうした①〜⑦（図18）のプロセスを経て，クライエントの"関係性において閉ざされた'わたし'"がセラピストとの関係性において開かれていきます。「変容性内在化」（Kohut，1984/1995）が進行し，互いにおける主体を認め合う「相互主体的関係性」（鯨岡，2006）が成立することとなります。いずれの事例も，もちろんその必要性に応じたホールディングや支援を受けながらも，自律的な"わたし"として堂々としたありようが立ち現われました。

　その際に，彼らがホールディングをする主体となるという瞬間がしばしば見られました。Bが母親をホールディングするようになってBの自律性が高まったように，ホールディングをする主体に転じた人が自尊心や自律性を高めるという変容が見られました。第6章の集団療法において，Cを優しく見守ったことが他の参加者の"わたし"の確立を促進しました。Aが小鳥を飼うことができなかった痛ましいエピソードは，彼らがホールディングする主体に転じることの困難を示しています。しかし，そのAも，年齢相応にセラピストを鷹揚に受けとめ，集団療法で他の参加者に思いやりを示して姉のように慕われたことがAの自尊心を高めたと考えられました。このように，ホールディングをする主体となることとは，「育てられる者から育てる者へ」（鯨岡，1999）の転換であり，こちらが敬意をもってかかわることで，彼らの年齢にふさわしいそうした転換を示す瞬間を生成せしめることが重要であると考えられます。

第2節　心理療法の展開

　"わたし"の問題とは関係性の問題のことです。"わたし"の問題に対してアプローチする心理療法は，クライエントに対してだけでなく，アクチュアルな関係の場へさまざまな角度からかかわっていくことができます。とくに知的障碍においては，個人心理療法に限局しない柔軟なアプローチが求められると考えられました。先行研究においても，知的障碍をもつ人への心理療法において，社会との橋わたしが重視されてきました（第1章第3節）。いくらクライエントとセラピストのあいだでクライエントの"わたし"がみいだされても，そのように変化したありようを日常生活の場に展開することが非常に難しいことがしばしばあるからです。クライエントの"わたし"は，それをみつめようと

する他者との関係性において確かに開花しうるのですが，その“わたし”をとりたててみいだそうとはしない従来の固定的な日常の関係性に置かれればその花は容易にしぼんでしまいやすいのです。クライエントの日常において“わたし”の花が開き続けられるように，身近な家族や支援者にアプローチすることでクライエントの“わたし”に共にまなざしを向ける環境を日常において作り出そうとしたり，集団心理療法のように心理療法をより日常に近いセッティングにすることで心理療法の場と日常のつなぎ目をなめらかにしたりする柔軟な工夫が求められます。

　母親との関係性に強い不安を抱くBと，深く傷つきBへの罪悪感と回避的感情を抱える母親に対して，母子関係に直接アプローチすることは理にかなったことでした。Bへの個人心理療法だけでは，Bの最初の退院を母親が受けいれることすらも難しかったかもしれません。なぜなら，Bには母親に思いを伝えたい動機が強くありましたが，それを行うには，Bの思いをセラピストとのあいだで受けとめて明確化するだけでなく，母子が向き合うのを支える具体的な場面設定としての同席面接と，Bの思いの発信に対する母親のレディネスを母親面接によって整えることが必要であったと考えられるためです。

　また，集団療法という場は，日常生活において彼らが仲間と共に安心やつながりを感じる機会が不足していることに鑑み，彼らの切実なニーズに応じて立ちあげられました。知的障碍をもつ人は施設やグループホームなどの集団生活を余儀なくされることが多いのですが，顔を合わせるメンバーはいつも同じで，彼ら同士の自発的交流は難しい場合が多いのです。家族関係から仲間関係に発展していくことは社会性の発達において必要不可欠なことですが，彼らにはその成長の機会が圧倒的に不足しているのです。Cだけでなく多くのクライエントが，「友だちがほしい」と切望し，集団療法によって「友だちができた」ことを輝く笑顔で喜んでいました。彼らだけでは難しいところをさりげなく支援して結ばれる彼ら同士のつながりは，確かな“わたし”の創出の喜びに寄与すると考えられました。

　Dには，母親面接から発展した支援者連携が不可欠でした。“わたし”の障碍が重く，他者のわずかな不安も感じとって増幅させてしまうDが，事故を繰り返してしまうのではないかと強く怯えて予期不安を募らせながら事故のあった家に戻り，それを事故のトラウマに強く怯える母親だけで迎えることは，行

動障碍の再燃を引き起こすリスクがきわめて高いことでした。Bのようにいったん家庭に戻ることで母子関係を再構築することは困難であると考えられました。そこで，Dと家族の不安を幾重にも包み込むホールディング環境の構築を要したのです。

第3節　結語──知的障碍をもつ人への心理療法の意義

　知的障碍をもつ人への心理療法という方法によって彼らの"わたし"が立ち現れる可能性を，この本で考察してきました。それには，心理療法における一般的な方法論を基本的に用いて，その専門性を高めていくことが必要だと考えられました。

　"わたし"とは，わたしたちがアクチュアリティを生きる最も基本的な手応えとなるものです。そのことを踏まえれば，彼らの"わたし"にまなざしを向けることの重要性は明らかです。それは，彼らが生きる根っこを確かにすることなのです。とくに，"わたし"の問題を背景に精神医学的問題が生じている可能性があり，事例に見たように心理療法がそうした精神医学的問題の軽減に寄与しうることに鑑みると，知的障碍臨床の一角に心理療法が位置づけられその意味が共有されることに大きな意義があると考えられます。さらに，より日常的な支援においても，"わたし"への着目を基本とすることが必要不可欠です。近年，発達障碍における自己発達に注目が集まるようになるなかで，自己発達への教育的手立てが検討され始めています。例えば，「呼名場面の設定」，「他人の物と自分の所有物の区別」，「自己紹介」，「自分史づくり」など具体的に提案されています（小島，2007）。しかし，より基底的な，関係性における"わたし"の確かさがなければ，こうした"わたし"に関する知識を手応えある自己理解としていくことは難しいでしょう。彼らの"わたし"をみつめ，彼らの表現を受けとめ応答するという心理療法のエッセンスは，こうした具体的な教育法に先立って，その土台として，知的障碍をもつ人のかたわらにある人にとって必要不可欠な基本的態度であると考えられます。

　第1章第3節で見たように，そもそも知的障碍をもつ人への支援は，形式の明確な指示的・操作的手法に重きが置かれ続けてきました。さらに，操作性がより強い，薬物療法や行動制限といった手法への過度な傾斜も長年見られまし

た。エビデンスが必ずしも十分でないのにもかかわらず，知的障碍をもつ人のかたわらにある支援者や親が，形式の明確な指示的手法に過度に傾きやすいという問題について改めて十分に考える必要があるでしょう。

　その背景として，まず，発達障碍とされる人とかかわる際のかかわり手の感情反応に注目する必要があると思われます。支援者が彼らとかかわる際に，「一定の反応の期待ないし要請」に彼らが応えないことによる「不快」（倉光，1980）や「気落ち」が蓄積することで，支援者の「自発性が消耗」し，「安易な解決法に流れる傾向」が指摘されています（Alvarez & Reid, 1999/2006）。自閉症スペクトラムにおいて1970年代に心理療法の極端な全否定がなされた際にも，その背景には無力感があったと考えられます（佐藤，2009）。「はじめに」で論じたように，筆者自身，その無力感に圧倒されつつありました。わかりやすい指示的手法への過度の傾斜の背景に，こうしたかかわり手の感情反応があることは否定できないでしょう。

　そして，その根底にこそ，彼らの"わたし"の問題があります。こうしたかかわり手の感情反応はまさに，彼らの"わたし"の問題ゆえに，彼らの思いが捉えにくく，やりとりやかかわりが難しいことによると考えられます。逆に，明確な指示をした場合，知的障碍をもつ彼らは，その受け身的な過剰適応傾向から，それに合わせようとするでしょう。こうした彼らの外的適応的なフィードバックがかかわり手に指示的手法の手応えを与え，いっそう指示的手法に傾倒することとなります。彼らの"わたし"をみいだしたいという潜在的な渇望は，この循環において奥に潜んだままであり続けることとなります。さらに，明確に構造化された指示的手法は，かかわり手にとって，相手になんらかの働きかけをしていること自体がわかりやすく，そのことが一層，かかわり手の無力感を覆い効力感を高めることとなるでしょう。

　彼らの"わたし"をめぐる問題こそが，そして，それによるかかわり手の感情反応と指示的手法のもたらす効力感こそが，支援者の指示的手法への過度の傾斜を生じさせ，それを助長してしまう背景であると考えられます。彼らの"わたし"の捉えがたさを背景としたかかわり手の指示的手法への過度な傾斜は，支援の「無思考状態」や自動化（Alvarez & Reid, 1999/2006），当事者のニーズよりその周囲の人たちにとってのニーズに合わせた支援（Whitehouse et al., 2006）など，彼らの"わたし"を軽んじる方向につながりやすいと考えら

れます。彼らの“わたし”を軽んじることが，ひいては，倫理を維持する支援者の緊張感が緩んでしまうリスクや，支援者の自己弁護もあって恣意的な極論につながって「議論が先鋭化」（氏家・太田，2001）してしまうことなどへ転じていくリスクへと連なることもありうるでしょう。なぜなら，対人支援において，当事者の反応や意思表示の想定こそが，支援者の倫理観や謙虚さ，可謬性（「いかに理解を深めようと，その理解は部分的，一面的である」（丸田・森，2006）ということ）への備えを支えるからです。つまり，わたしたちには，“彼らがもしわたしたちにわかりやすく自分の意思を表明できるとしたら一体何と言うだろうか”という当事者の主体の想定なくして，対人支援における緊張感を維持することは決してできないのです。彼らの“わたし”の捉えがたさによる指示的手法への傾斜は，彼らの“わたし”の軽視，さらに，倫理なき独善的な支援へとつながりうるのです。知的障碍をもつ人の“わたし”にまなざしを向けるという考え方の，当事者のみならずかかわり手にとっての切実な重要性がここに明らかとなります。

　“わたし”の問題とは，彼らのものであり，同時に彼らとかかわるかかわり手のものでもあります。知的障碍における“わたし”の捉えがたさを関係性の問題として理解し，彼らの“わたし”にまなざしを向けようとすることが，彼らにとってのみならず，かかわり手がそのかかわりの質と意欲を維持し向上させるためにも必要不可欠なのです。彼らの“わたし”をみいだそうとするかかわり手に訪れる，彼らの“わたし”との出会いの瞬間は，何にも代えがたい喜びです。

　最後に付言すれば，“わたし”をめぐる問題は，彼らとかかわり手のあいだの問題であり，さらに，かかわり手とより周囲の人びととのあいだの問題でもあります。かかわり手が彼らの“わたし”をみつめることを成立させ維持させるには，かかわり手が孤軍奮闘しない構造が前提として求められます。第7章におけるホールディングの多層構造を今一度思い起こせば，かかわり手が支えられ，かかわり手自身の“わたし”を尊重されることが前提として必要であることは自明なことです。まず，かかわり手が支えられることが必要なのです。

おわりに

この本のもととなっている論文について

この本は，博士論文『発達障碍における関係論的な自己発達と支援の可能性 ──知的障碍を中心に』（学習院大学）をもとにしています。さらに，第2章，第4～6章は表6に示した論文をもとにしています。

表6　初出一覧

第2章	佐藤由宇 (2000).「繰り返し」コミュニケーションの探索的研究─自閉的傾向のある子どもとの関わりを通じて．東京大学教育学部卒業論文.
	佐藤由宇 (2002). 思春期を迎えた自閉症児と母親の関係発達の諸側面─子どもの「主張」をめぐる母子関係の変化を中心に．東京大学大学院教育学研究科修士論文.
第4章	佐藤由宇 (2003). 中度精神遅滞を持つ成人女性との心理面接．東京大学大学院教育学研究科心理教育相談室紀要，26,57-65.
第5章	中島由宇 (2017). 知的障碍をもつ成人女性と母親への関係発達支援．心理臨床学研究，35,410-421.
第6章	中島由宇 (2015). 知的障碍をもつ人に対する非構成的集団心理療法─個人プロセスに関する仮説生成と，事例検討による例証を中心に．心理臨床学研究，33,378-389.

感謝にかえて──惑いをたずさえながら共に

わたしは，アイをはじめとする障碍をもつ子どもたちとの出会いをきっかけに臨床心理学を専攻しました。その在学当時，クライエントについて表現する自分のことばがうまく出てこないことでよく悔し泣きをしていました。わたしは，臨床の場で自分の感じたこと，そしてそれこそがクライエントのこころに

迫る手がかりであるわけなのですが，それが何であり，いかにあらわしたらよいのかわからず，あらわすことに強く怯えてもいました。今にして思えば，その怯えの根底には，この本のはじめに書いた惑い，つまり，わたしの感じたものをクライエントの理解の手がかりとしてほんとうによいのかというためらいがあったのだと思います。わたしが多く出会ってきた発達障碍をもつ人たちは，その内面が理解しがたく，わたしが“○○だろう”と思っても，果たしてそれが本当に○○であるのかという確実な手応えはなかなか得にくいものでした。そして，逆説的ですが一方では，彼らのそのわかりにくさから，さらに過剰適応傾向の強さから，わたしが“○○だろう”と言ってしまえば実際に○○となってしまうような，いくらでも恣意的な理解を押しつけあてがってしまえる危うさをも備えているように感じられました。こうした二種の難しさから，わたしは，アクチュアリティからことばへの飛翔を強くためらっていたように思います。さらに，もっと掘り下げれば，そんなに簡単に“わかった”などとしてよいものか，そんなことできるものか，と，わからなさに留まることへの頑迷なまでのこだわりもあったと思います。

　わたしは，知的障碍をもつクライエントとのやりとりを通して，少しずつ怯えと惑いを乗り越えてきました。彼らは，わたしとのやりとりのなかで，ささやくような呟きの断片や，さりげない振舞い，たどたどしくも懸命に表現されることばによって，わたしの感じていることが確かであるというフィードバックを与えてくれました。皆さんが返してくださったもののおかげで，わたしはこの本を書くことができました。

　事例研究でとりあげさせていただき向き合わせていただいた方々をはじめ，これまで臨床の場で出会ってきた方々は，わたしにかけがえのない“わたし”の発達の機会をくださいました。どのように感謝申しあげたらよいか，その抱えきれないほどの感謝をあらわすことばがうまくみつかりません。

　そして，わたしの実践を支えてくださった職場の皆さんにも，博士論文のご審査をいただきました，学習院大学教授田中千穂子先生，学習院大学滝川一廣先生，放送大学教授・東京大学名誉教授倉光修先生にも，こころより感謝申し上げます（ご所属はそれぞれ博士論文をご審査いただいた当時のものです）。心理相談室「ハタオリドリ」山上雅子先生，就実大学講師山田美穂さん，杏林大学講師櫻井未央さんをはじめ，多くの先生方や先輩方，友人，家族のあたたかい

ホールディングにも，感謝を伝えたいと思います。さらに，このような貴重な出版の機会をくださいました日本評論社の遠藤俊夫様にも深く感謝いたします。

　わたしは，怯えと惑いを乗り越え，アイとのはじめの出会いから，赤ちゃんがおとなになるくらいの長い時間をかけてようやくこの本をまとめることができました。

　わたしが，アクチュアリティを捉えようと必死につむいだこの本について，"そうそう，そうなんです！"，"いや，そうではないです"，"これはもっとこういう感じ……"など，さまざまなフィードバックがあるかもしれません。わたしはそれを，正直不安もありながらも楽しみにして，じっと耳をすませて待ち受けたいと思います。

　この本のはじめに，惑いながら"あなた"と共に過ごそうとし，惑いながら"あなた"をわかっていこうとするわたしたちのありかたは，かけがえのない価値のあることであると述べました。わかろうとする，この価値のある営みに，終わりというものはありません。"あなた"が生き生きと感じられるかがやかしい気づきの瞬間のあとには再び，惑いながらわかろうとする営みが続いていくのです。

　しかし，これは決して孤独な作業ではありません。わたしは，この営みの価値を"あなた"といっしょに確かめ合うことができます。わたしは，"あなた"の発してくれるもの，返してくれるものを"あなた"といっしょにみつめることができます。そのなかで，前の気づきの時点では思いもよらなかった新たな"あなた"をいっしょに発見することもあるかもしれません。わたしはいつも"あなた"と協同してそれを行うのです。"あなた"のかたわらにある皆さんと共に。

おわりに　223

引用文献

吾妻壮（2011）．関係性理論は心理療法の実践をいかに変えるか——古典的自我心理学と比較して．心理臨床学研究，**29**, 640-650.

赤木和重（2003）．青年期自閉症者における鏡像自己認知——健常幼児との比較を通して．発達心理学研究，**14**, 149-160.

赤木和重（2007）．知的障害のある自閉症児・者の自己の発達と支援．田中道治・都筑学・別府哲・小島道生（編）．発達障害のある子どもの自己を育てる．ナカニシヤ出版，pp. 28-42.

Alvarez, A. & Reid, S. (1999). *Autism and Personality*. Routledge. 倉光修（監訳）（2006）．自閉症とパーソナリティ．創元社.

American Psychiatric Association (1987). *Quick Reference to the Diagnostic Criteria from DSM-III-R*. American Psychiatric Publishing. 髙橋三郎・花田耕一・藤縄昭（訳）（1988）．DSM-III-R 精神障害の分類と診断の手引．医学書院.

American Psychiatric Association (1994). *Diagnostic and statistical manual of mental disorders: Fourth edition*. American Psychiatric Publishing. 髙橋三郎・大野裕・染矢俊幸（訳）（1996）．DSM-Ⅳ精神疾患の診断・統計マニュアル．医学書院.

American Psychiatric Association (2013). *Diagnostic and statistical manual of mental disorders: Fifth edition*. American Psychiatric Publishing. 髙橋三郎・大野裕（監訳）（2014）．DSM-5精神疾患の診断・統計マニュアル．医学書院.

青木紀久代（2008）．親 - 乳幼児心理療法における精神分析的発達理論と愛着理論——インターフェイスとしての間主観的観察．精神分析研究，**52**, 41-53.

浅野智彦（2008）．社会構成主義的な自己論の可能性．榎本博明・岡田努（編）．自己心理学研究の歴史と方法．金子書房，pp. 166-179.

麻生武（2001）．発達における共同性．下山晴彦・丹野義彦（編）．講座臨床心理学5 発達臨床心理学．東京大学出版会，pp. 211-236.

綾屋紗月・熊谷晋一郎（2010）．つながりの作法——同じでもなく違うでもなく．NHK 出版.

綾屋紗月（2014）．診断基準が抱える課題と当事者研究の役割．市川宏伸（編著）．発達障害の「本当の理解」とは——医学，心理，教育，当事者，それぞれの視点．金子書房，pp. 73-78.

有川宏幸（2009）．米国における自閉症児への早期高密度行動介入に関する研究動

向. 特殊教育学研究, 47, 265-275.

Baron-Cohen, S. (1989). Perceptual role taking and protodeclarative pointing in autism. *British Journal of Developmental Psychology, 7*, 113-127.

別府哲 (2000). 自閉症幼児における鏡像認知. 発達障害研究, **22**, 210-218.

別府哲 (2006). 高機能自閉症児の自他理解の発達と支援. 発達, **27** (106), 47-51.

Bowlby, J. (1973). *Attachment and loss: Vol. 2. Separation.* Hogarth Press. 黒田実郎・岡田洋子・吉田恒子 (訳). (1991). 母子関係の理論II——分離不安. 岩崎学術出版社.

Conrad, P. & Schneider, J. W. (1992). *Deviance and Medicalization: From Badness To Sickness.* Temple University Press. 遠藤雄三・杉田聡・近藤正英 (訳) (2003). 逸脱と医療化——悪から病いへ. ミネルヴァ書房.

Davis, M. & Wallbridge, D. (1981). *Boundary and Space: An Introduction to the work of D. W. Winnicott.* Brunner/Mazel Pub. 猪股丈二 (監訳) (1984). 情緒発達の境界と空間——ウィニコット理論入門. 星和書店.

Dosen, A. (訳松田文雄) (1998). 精神遅滞児の精神療法——最近の発展. 山崎晃資 (編). 発達障害児の精神療法. 金剛出版, pp. 50-54. ※原語タイトルの記載なし.

Dykens, E. M. (1999). Personality-Motivation: New Ties to Psychopathology, Etiology, and Intervention. In Zigler, E. & Gates, D. B. (Ed.). *Personality development in individuals with mental retardation.* Cambridge University Press, pp. 249-270. 人格と動機づけ：精神病理学・病因論・教育的介入. 田中道治 (編訳) (2000). 知的障害者の人格発達. 田研出版, pp. 267-290.

Eimas, P. D. & Quinn, P. C. (1994). Studies on the formation of perceptually based basic-level categories in young infants. *Child Development, 65*,903-917.

遠藤利彦 (2005). アタッチメント理論の基本的枠組み. 数井みゆき・遠藤利彦 (編著). アタッチメント——生涯にわたる絆. ミネルヴァ書房, pp. 1-31.

遠藤利彦 (2014). 情動とは何か. 遠藤利彦・石井佑可子・佐久間路子 (編著). よくわかる情動発達. ミネルヴァ書房, pp. 2-3.

遠藤司 (2003). 重障児との対話的関係を生きることに関する一考察—支える－支えられることに注目して. 駒澤大学文学部研究室紀要, **61**, 33-69.

榎本博明 (1998).「自己」の心理学——自分探しへの誘い. サイエンス社.

Erikson, E. H. (1964). *Insight and responsibility.* W. W. Norton. 鑪幹八郎 (訳) (2016). 洞察と責任——精神分析の臨床と倫理. 誠信書房.

Frank, J. D. & Frank, J. B. (1991). *Persuasion & Healing: A Comparative Study of*

Psychotherapy. The Johns Hopkins University Press. 杉原保史（訳）（2007）．説得と治療――心理療法の共通要因．金剛出版．

Frith, U.（1989）．*Autism: Explaining the enigma*. Basil Blackwell Ltd. 冨田真紀・清水康夫（訳）（1991）．自閉症の謎を解き明かす．東京書籍．

藤川麗（2008）．コラボレーションの利点と課題．臨床心理学，**8**，186-191．

藤村宣之（2005）．概念発達――物事のとらえ方のちがい．子安増生（編）．よくわかる認知発達とその支援．ミネルヴァ書房，pp. 122-123．

Glick, M.（1999）．Developmental and Experiential Variables in self-Images of People with Mild Mental Retardation. In Zigler, E. & Gates, D. B.（Ed.）．*Personality development in individuals with mental retardation*. Cambridge University Press, pp. 47-69．知的障害者の自己イメージの発達変数と経験変数．田中道治（編訳）（2000）．知的障害者の人格発達．田研出版，pp. 57-80．

Grandin, T.（2001）．天才とは普通でないことかもしれない．アスペルガー，高機能自閉症の学生への支援．https://www.autism.com/trans_ja_grandin（2017年7月12日取得）

Grandin, T.（2010）．世界はあらゆる頭脳を必要としている（The world needs all kind of minds）．https://www.ted.com/talks/temple_grandin_the_world_needs_all_kinds_of_minds?language=ja（2017年5月30日取得）

浜田寿美男（1992）．「私」というもののなりたち．ミネルヴァ書房．

花岡明正（1997）．基本的人権とパターナリズム(1)．新潟工科大学紀要，**2**，89-98．

服部高宏（2006）．看護専門職とアドボカシー――アドボカシーの諸相と看護の可能性．臨床看護，**32**，2050-2055．

林知代（2008）．器質的特性をもつひきこもり者への間主観的アプローチ――アスペルガー症候群と診断された青年との心理面接過程．心理臨床学研究，**25**，659-670．

東山紘久（1975）．自閉症児の集団 Communication 療法．児童精神医学とその近接領域，**16**，224-236．

肥後祥治（2001）．行動障害の類型．長畑正道・小林重雄・野口幸弘・園山繁樹（編著）．行動障害の理解と援助．コレール社，pp. 23-26．

平井正三（1996）．自閉症の心理療法――ポスト・クライン派の実践．イマーゴ，**10**，60-71．

平井正三（2008）．象徴化という視点からみた自閉症の心理療法――ポスト・クライン派の精神分析的見地からの一試論．心理臨床学研究，**26**，24-34．

樋澤吉彦（2005）．「同意」は介入の根拠足り得るか？──パターナリズム正当化原理の検討を通して．新潟青陵大学紀要，**5**，77-90．

Hodapp, R. M. & Fidler, D. J. (1999). Parenting, Etiology and Personality-Motivational Functioning in Children with Mental Retardation. In Zigler, E. & Gates, D. B. (Ed.). *Personality development in individuals with mental retardation.* Cambridge University Press, pp. 226-248. 知的障害児における親子関係，病因論，パーソナリティ・動機づけ機能．田中道治（編訳）（2000）．知的障害者の人格発達．田研出版，pp. 243-266．

堀江桂吾（2014）．ホールディングとコンテイニング理論的陳述．駒沢女子大学研究紀要，**21**，149-157．

Hurley, A. D. Tomasulo, D. J. & Pfadt, A. G. (1998). Individual and Group Psychotherapy Approaches for Persons with Mental Retardation and Developmental Disabilities. *Journal of Developmental and Physical Disabilities,* **10**, 365-386.

Hutt, C. & Hutt, S. J. (1970). Stereotypes and their relation to arousal: A study of autistic children. In S. J. Hutt & C. Hutt (Ed.). *Behaviour studies in psychiatry.* Pergamon Press, pp. 175-204.

市川宏伸（2014）．発達障害の本質とは何か．市川宏伸（編著）．発達障害の「本当の理解」とは──医学，心理，教育，当事者，それぞれの視点．金子書房，pp. 2-12．

市川奈緒子（2014）．まえがき．汐見稔幸（監修）．発達障害の再考──支援とは？自立とは？　それぞれの立場で自分にできることを思う．風鳴舎，pp. 3-5．

池見陽（2015）．中核三条件，とくに無条件の積極的関心が体験される関係のあり方．飯長喜一郎（監修）．ロジャーズの中核三条件〈受容：無条件の積極的関心〉──カウンセリングの本質を考える2．創元社，pp. 31-43．

井上雅彦（2015）．行動論的アプローチはASD治療の到達点として何を目指すのか．精神療法，**41**，498-504．

井上祐紀（2012）．AD/HDの長期治療戦略と子どものストレングス──協力的な治療関係の構築を目指して．小児の精神と神経，**52**，27-34．

石川道子・辻井正次・杉山登志郎（編著）（2002）．可能性のある子どもたちの医学と心理学──子どもの発達が気になる親と保育士・教師のために．ブレーン出版．

石川憲彦（1990）．幼児期・児童期の発達障害．鑪幹八郎・村上英治・山中康裕（編）．発達障害の心理臨床．金子書房，pp. 39-68．

板倉昭二（2006）．心理学の立場から──メンタライジングの発達．脳と発達，**38**，262-266.

伊藤良子（1984）．自閉症児の〈見ること〉の意味──身体イメージ獲得による象徴形成に向けて．心理臨床学研究，**1**(2), 44-56.

伊藤哲司・田中共子・能智正博（2005）．動きながら識る・関わりながら考える．ナカニシヤ出版．

上出弘之（1967）．幼児自閉症の概念について．児童精神医学とその近接領域，**8**，53.

Kanner, L. (1943). Autistic disturbances of affective contact. *The Nervous Child*, 217-250. 十亀史郎・斉藤聡明・岩本憲（訳）（2001）．情動的交流の自閉的障害．幼児自閉症の研究．黎明書房，pp. 10-55.

樫村愛子（2009）．解説「心理学化論」は「心理学化社会」を越えるためのラカン派の武器である．斎藤環（著）．心理学化する社会──癒したいのは「トラウマ」か「脳」か．河出書房，pp. 245-251.

加藤敏・十一元三・山﨑晃資・石川元（2007）．座談会　いわゆる軽度発達障害を精神医学の立場から再検討する．現代のエスプリ，**476**, 5-39.

加藤のぞみ（2012）．知的障がい児をもつ母親の内的変容．京都大学大学院教育学研究科紀要，**58**, 327-339.

勝井陽子（2010）．強度行動障害を捉える視点についての一考察．紀要（大分大学大学院福祉社会学研究科），**13**, 31-42.

河合俊雄（2010）．はじめに──発達障害と心理療法・子どもの発達障害への心理療法的アプローチ──分離と融合．河合俊雄（編）．発達障害への心理療法的アプローチ．創元社，pp. 5-50.

木部則雄（2002）．自閉症の対象関係──自閉症の精神分析的理解．乳幼児医学・心理学研究，**11**, 1-13.

菊池哲平（2004）．自閉症における自己と他者，そして心──関係性，自他の理解，および情動理解の関連性を探る．九州大学心理学研究，**5**, 39-52.

菊池哲平（2007）．関係性を基盤にした発達障害のある子どもの自己を育む教育・支援．田中道治・都筑学・別府哲・小島道生（編）．発達障害のある子どもの自己を育てる．ナカニシヤ出版．pp. 172-185.

木村敏（1994）．心の病理を考える．岩波書店．

木村祐子（2006）．医療化現象としての「発達障害」──教育現場における解釈過程を中心に．教育社会学研究，**79**, 5-24.

岸本寛史（2008）．コラボレーションという物語．臨床心理学，**8**(2), 173-178.

北村琴美（2014）．愛着と内的作業モデル．遠藤利彦・石井佑可子・佐久間路子（編著）．よくわかる情動発達．ミネルヴァ書房，pp. 142-143.

北山修（1985）．錯覚と脱錯覚．岩崎学術出版社．

北山修（2008）．共演すること．臨床心理学，**8**，234-239.

北沢清司（2007）．知的障害者における障害の定義をめぐる問題と課題．http://www.dinf. ne.jp/doc/japanese/prdl/jsrd/norma/n313/n313005.html（2017年8月18日取得）

小早川久美子（2010）．心理療法統合の展望――同化的統合の観点から．広島文教女子大学心理臨床研究，**1**，1-11.

小林隆児（2000）．自閉症児の関係障害臨床――母と子のあいだを治療する．ミネルヴァ書房．

小林隆児（2008）．よくわかる自閉症．法研．

小林隆児（2014）．成人期の発達障碍をめぐる諸問題――発達障碍を一元的にどう理解するか．そだちの科学，**22**，73-78.

古賀精治（2013）．知的障害児・者への心理的援助．田中新正・古賀精治（編）．障害児・障害者心理学特論．放送大学教育振興会，pp. 107-121.

Kohut, H. (1977). *The restoration of the self.* International University Press. 本城秀次・笠原嘉（監訳）（1995）．自己の修復．みすず書房．

Kohut, H. (1984). *How does analysis cure?* The University of Chicago Press. 本城秀次・笠原嘉（監訳）（1995）．自己の治癒．みすず書房．

小島道生（2004）．発達障害児・者の自己概念に関する文献的考察．兵庫教育大学：研究紀要，**4**，83-91.

小島道生・池田由紀江（2004）．知的障害者の自己理解に関する研究――自己叙述に基づく測定の試み．特殊教育学研究，**42**，215-224.

小島道生（2007）．知的障害児の自己の発達と教育・支援．田中道治・都筑学・別府哲・小島道生（編）．発達障害のある子どもの自己を育てる．ナカニシヤ出版，pp. 12-27.

小谷英文（1990）．集団心理療法．小此木啓吾・成瀬悟策・福島章（編）．心理療法1．金子書房，pp. 240-263.

小谷英文・小沢良子・安部能成（1993）．慢性分裂病者に対する期間制限集団精神療法．集団精神療法，**9**，48-55.

小谷英文（2014）．集団精神療法の進歩．金剛出版．

厚生労働省（2007）．第1章　軽度発達障害をめぐる諸問題．http://www.mhlw.go.jp/bunya/kodomo/boshi-hoken07/h7_01.html（2016年4月6日取得）

小山智朗（2014）．ある知的障害を抱える少年の〈私〉の生成．心理臨床学研究，**32**(3), 347-358.

鯨岡峻（1999）．関係発達論の構築．ミネルヴァ書房．

鯨岡峻（2006）．ひとがひとをわかるということ——間主観性と相互主体性．ミネルヴァ書房．

鯨岡峻（2012）．共に生きるための関係発達臨床．橋本和明（編）．発達障害支援の可能性——こころとこころの結び目．創元社，pp. 67-106.

熊谷晋一郎（2014）．自閉スペクトラム症を「身体障害」の視点からとらえる．市川宏伸（編著）．発達障害の「本当の理解」とは——医学，心理，教育，当事者，それぞれの視点．金子書房，pp. 38-46.

倉光修（1980）．「自閉症」児との相互反応．京都大学教育学部紀要，**26**, 324-333.

倉光修（2000）．動機づけの臨床心理学——心理療法とオーダーメイド・テストの実践を通して．日本評論社．

倉光修（2006a）．臨床家のためのこの1冊『自閉症』（現代のエスプリ No. 120）山中康裕編集 至文堂．臨床心理学，**6**, 139-142.

倉光修（2006b）．訳者あとがき．Alvarez, A. & Reid, S. (1999). 倉光修（監訳）．自閉症とパーソナリティ．創元社，pp. 350-358.

倉光修（2011）．カウンセリングと教育——学校現場で活かせる統合的アプローチ．誠信書房．

楜澤令子（2010）．母子の育ちなおしのプロセス．心理臨床学研究，**28**, 401-411.

Lambert, M. J. (1992). Psychotherapy outcome research: Implications for integrative and eclectic therapies. In Norcross, J. C. & Goldfried, M. R. (Eds.). *Handbook of Psychotherapy Integration*. Basic Books, pp. 3-45.

Lee, A. & Hobson, P. (1998). On developing self-concepts; A controlled study of children and adolescents with autism. *Journal of Child Psychology and Psychiatry*, **39**, 1131-1144. 十一元三（訳）（2000）．自閉症児の自己概念の発達．高木隆郎・M. ラター・E. ショプラー（編）．自閉症と発達障害研究の進歩4．星和書店，pp. 263-281.

Lovaas, I., Newsom, C., Hickman, C. (1987). Self-stimulatory behavior and perceptual reinforcement. *Journal of Applied Behavior Analysis*, **20**, 45-68.

前田泰宏（2007）．心理臨床における新しい潮流——心理療法の「統合の動向」についての一考察．奈良大学紀要，**35**, 135-145.

牧田清志（1979）．児童精神医学における最近の諸研究——自閉症研究の位置づけとその将来的意義．精神医学，**21**, 593-603.

丸田俊彦（1992）．コフート理論とその周辺——自己心理学をめぐって．岩崎学術出版社．

丸田俊彦・森さち子（2006）．間主観性の軌跡治療プロセス理論と症例のアーティキュレーション．岩崎学術出版社．

益子洋人（2013）．過剰適応研究の動向と今後の課題——概念的検討の必要性．文学研究論集，**38**, 53-72.

増井武士（1994）．治療関係における「間」の活用——患者の体験に視座を据えた治療論．星和書店．

松本宏明（2009）．臨床心理学の統合に関するシステム論的検討——社会的位置の変容を準拠枠組みとして．東北大学大学院教育学研究科研究年報，**58**, 227-245.

松本拓真（2017）．自閉スペクトラム症を抱える子どもたち——受身性研究と心理療法が拓く新たな理解．金剛出版．

松下晴華・志賀久美子・上原弥生・藤本往子（2004）．初老期難治性うつ病患者の自発性を引き出す関わり．精神看護，**35**, 36-38.

McLeod, J. (2001). *Qualitative Research in Counselling and Psychotherapy. Sage Publications.* 下山晴彦（監修）（2007）．臨床実践のための質的研究法入門．金剛出版．

Meins, E., Fernyhough, C., Wainwright, R., Clark-Carter, D., DasGupta, M., Fradley, E. & Tuckey, M. (2003). Pathways to understanding mind: Construct validity and predictive validity of maternal mind-mindedness. *Child Development,* **74,**1194-1211.

Mindell, A. (1995). *Metaskills: The Spiritual Art of Therapy.* New Falcon Publication. 諸富祥彦（監訳）（2001）．メタスキル——心理療法の鍵を握るセラピストの姿勢．コスモス・ライブラリー．

箕浦康子（1999）．フィールドワークの技法と実際——マイクロエスノグラフィー入門．ミネルヴァ書房．

宮本信也（2014）．発達障害に関する主な変更——分類・基準は変わっても子どもは変わらない．発達，**35**(139), 8-14.

森さち子（2010）．かかわり合いの心理臨床——体験すること・言葉にすることの精神分析．誠信書房．

森岡正芳・山本智子（2014）．発達障害概念の社会性——人は障害をどう生きるか．臨床心理学，**14**, 168-173.

森岡さやか（2009）．「治療」から「支援」へ．田中千穂子（編）．発達障碍の理解と対応——心理臨床の視点から．金子書房，pp. 76-95.

森園絵里奈・野島一彦（2006）.「半構成方式」による研修型エンカウンター・グループの試み. 心理臨床学研究, **24**, 257-268.

諸富祥彦（2001）. 解説──『メタスキル』の五つの魅力. Mindell, A. (1995). *Metaskills: The Spiritual Art of Therapy*. New Falcon Publication. 諸富祥彦（監訳）（2001）. メタスキル──心理療法の鍵を握るセラピストの姿勢. コスモス・ライブラリー, pp. 237-247.

本山智敬（2015）. 一致をめぐって. 村山正治（監修）. ロジャーズの中核三条件〈一致〉──カウンセリングの本質を考える１. 創元社, pp. 4-23.

村瀬嘉代子（2003a）. 心理臨床の立場から──統合的アプローチ. そだちの科学, **1**, 47-52.

村瀬嘉代子（2003b）.「中度精神遅滞をもつ成人女性との心理面接」についてのコメント. 東京大学大学院教育学研究科心理教育相談室紀要, **26**, 66-68.

村瀬学・田中究・松本雅彦・高岡健（2008）. 発達障害概念の再検討. 精神医療第４次, **49**, 6-26.

村田豊久・皿田洋子・井上哲雄・遠矢尋樹・田中宏尚・藤原正博・大隈紘子・名和顕子（1975）. ボランティア活動による自閉症児の集団治療──６年目をむかえた土曜学級の経過. 児童精神医学とその近接領域, **16**, 152-163.

明翫光宣（2014）. 発達障害理解のための心理アセスメント. 市川宏伸（編著）. 発達障害の「本当の理解」とは──医学, 心理, 教育, 当事者, それぞれの視点. 金子書房, pp. 30-37.

永山智之・小山智朗・小木曽由佳・土井奈緒美・木村智草・白木絵美子・桑原知子（2013）. わが国における「発達障害」への心理療法的アプローチ. 心理臨床学研究, **30**, 796-808.

中田基昭（2008）. 感受性を育む──現象学的教育学への誘い. 東京大学出版会.

中川剛太・宮崎美里・蒲生としえ・井上直子（1998）. 青年期以降のダウン症者に対する集団精神療法. 集団精神療法. **14**, 42-47.

中村満紀男・荒川智（2003）. 障害児教育の歴史. 明石書店.

中村雄二郎（1992）. 臨床の知とは何か. 岩波書店.

西研（2015）. 人間科学と本質観取. 小林隆児・西研（編著）. 人間科学におけるエヴィデンスとは何か──現象学と実践をつなぐ. 新曜社, pp. 119-186.

野村香代・別府哲（2005）. 高機能自閉症児における自己概念の発達. 日本特殊教育学会第43回大会発表論文集, 406.

野坂達志（2008）. コラボレーションのお作法. 臨床心理学, **8**, 192-197.

能智正博（2011）. 臨床心理学をまなぶ６　質的研究法. 東京大学出版会.

小川捷之・小此木啓吾・河合隼雄・中村雄二郎（1986）．シンポジウム事例研究とは何か．心理臨床学研究，3(2), 5-37.

岡田俊（2014）．発達障害とは何か――診断のあり方と概念をめぐって．世界の児童と母性，77, 2-5.

岡野憲一郎（2009）．関係性理論の展望．精神分析研究，53, 132-142.

大江健三郎（1986）．新しい人よ眼ざめよ．講談社.

大城英名（2006）．知的障害を伴う自閉症スペクトラム児童への教育的対応．秋田大学教育文化学部研究紀要教育科学部門，61, 21-26.

太田昌孝（1997）．発達障害をどうとらえるか．こころの科学，73, 14-19.

太田昌孝（1999）．アスペルガー症候群の成人精神障害．精神科治療学，14, 29-37.

大山美香・今野和夫（2002）．知的障害児者の自己概念に関する研究知見と実践的課題――文献的考察を中心に．秋田大学教育文化学部教育実践研究紀要，24, 53-66.

Ornitz, E. M. (1989). Autism at the interface between sensory and information prodessing. In G. Dawson (Ed.). *Autism: Nature, diagnosis, and treatment.* Guilford Press, pp. 174-207.

尾崎ミオ（2014）．療育訓練の前に子育てがある――ASN の実践から．汐見稔幸（監修）．発達障害の再考――支援とは？　自立とは？　それぞれの立場で自分にできることを思う．風鳴舎，pp. 44-61.

小澤勲（1968）．幼児自閉症論の再検討 (1)――症状論について．児童精神医学とその近接領域，9, 147-171.

小澤勲（1969）．幼児自閉症論の再検討 (2)――疾病論について．児童精神医学とその近接領域，10, 1-31.

小澤勲（1984）．自閉症とは何か．精神医療委員会.

Prout, T. H. & Nowak-Drabik, K. M. (2003). Psychotherapy with persons who have intellectual disabilities：an evaluation of effectiveness. *American Journal on Intellectual Disabilities,* 108, 82-93.

Rogers, C. R. (1957). The necessary and sufficient conditions of therapeutic personality change. *Journal of Consulting Psychology,* 21, 95-103. 伊東博（訳）(2001)．セラピーによるパーソナリティの変化の必要にして十分な条件．カーシェンバウム，H.・ヘンダーソン，V. L.（編）伊東博・村山正治（監訳）(2001)．ロジャーズ選集（上）．誠信書房，pp. 265-285.

Rogers, C. R. (1961). *On becoming a person.* Constable. 諸富祥彦・末武康弘・保

坂亨（訳）（2005）．ロジャーズが語る自己実現の道．岩崎学術出版社.

Rogers, C. R.（1967）．*The therapeutic relationship and its impact: A study of psychotherapy with schizophrenics.* the University of Wisconsin Press. 友田不二男（編）手塚郁恵（訳）（1972）．サイコセラピィの研究——分裂病へのアプローチ．岩崎学術出版社.

佐戸敦子・福田桂・市川智明・村瀬嘉代子（1999）．統合的アプローチによる知的障碍をもつ青年期女性への小集団心理療法の実践．研究助成論文集，**35**, 193-196.

斎藤環（2015）．基調講演．青少年健康センター（編）．講演会とシンポジウムよく分かる発達障害，pp. 4-15.

斎藤環（2016）．「日本教」的 NIMBYSM から遠く離れて．現代思想，**44**(19), 44-55.

櫻井未央・橋本望・原田真由美・猿渡知子（2009）．その人らしさとしての"障碍"——自伝分析にみる高機能広汎性発達障碍をもつ方々の世界．田中千穂子（編著）．発達障碍の理解と対応——心理臨床の視点から．金子書房，pp. 149-268.

Sameroff, A. J. & Emde, R. N.（1989）．*Relationship disturbances in early childhood.* New York：Basic Books. 小此木啓吾（監修）（2003）．早期関係性障害．岩崎学術出版社.

佐藤由宇（2003）．中度精神遅滞をもつ成人女性との心理面接．東京大学大学院教育学研究科心理教育相談室紀要，**26**, 57-65.

佐藤由宇（2004）．発達障害概念の展望——心理臨床における基本的観点としての発達障害．東京大学大学院教育学研究科心理教育相談室紀要，**27**, 45-54.

佐藤由宇（2005）．発達障害概念の歴史と展望／発達障害に含まれる障害．田中千穂子・栗原はるみ・市川奈緒子（編）．発達障害の心理臨床——子どもと家族を支える療育支援と心理臨床的援助．有斐閣，pp. 29-96.

佐藤由宇・中島正雄（2006）．青年期高機能広汎性発達障害者への支援の実際．東京大学大学院教育学研究科臨床心理学コース紀要，**2**, 205-220.

佐藤由宇・霧生さとみ・国井浩子・神野昭・野崎秀次（2007）．中・軽度知的障碍者に対する集団精神療法の試み．研究助成論文集．**43**, 56-65.

佐藤由宇（2009）．言語認知障碍説の台頭と展開．田中千穂子（編）．発達障碍の理解と対応——心理臨床の視点から．金子書房，pp. 58-75.

佐藤由宇・櫻井未央（2010）．広汎性発達障害者の自伝に見られる自己の様相．発達心理学研究，**21**, 147-157.

星加良司（2016）．「言葉に詰まる自分」と向き合うための初めの一歩として．現代思想，**44**(19), 86-93.

関水実（1997）．思春期をどうとらえるか．横浜自閉症児・者親の会（編）．自閉症の人たちのらいふステージ．ぶどう社，pp. 82-83.

千住淳（2014）．最前線の生物学的精神医学研究から考える発達障害――ASD 研究からの示唆．市川宏伸（編著）．発達障害の「本当の理解」とは――医学，心理，教育，当事者，それぞれの視点．金子書房，pp. 22-29.

社会福祉法人全日本手をつなぐ育成会（2013）．厚生労働省平成24年度障害者総合福祉推進事業強度行動障害の評価基準等に関する調査について報告書 http://www.mhlw.go.jp/file/06-Seisakujouhou-12200000-Shakaiengokyokushougaihokenfukushibu/h24_seikabutsu-09.pdf#search=％27％E5％BC％B7％E5％BA％A6％E8％A1％8C％E5％8B％95％E9％9A％9C％E5％AE％B3％E3％81％AE％E8％A9％95％E4％BE％A1％E5％9F％BA％E6％BA％96％E7％AD％89％27（2017年 6 月 3 日取得）

下山晴彦（2016）．発達障害アセスメントから支援，そして臨床心理学の変革へ．臨床心理学，**16**（2），131-135.

篠原郁子（2014）．養育者の「マインドマインデッドネス」と子どもの発達．遠藤利彦・石井佑可子・佐久間路子（編著）．よくわかる情動発達．ミネルヴァ書房，pp. 156-157.

Spensley, S. (1995). *Frances Tustin*. Routledge. 井原成男・斉藤和恵・山田美穂（訳）（2003）．タスティン入門―自閉症の精神分析的探究．岩崎学術出版社．

Stern, D. N. (1985). *The interpersonal world of the infant: A view from psychoanalysis and developmental psychology*. Basic Books. 小此木啓吾・丸田俊彦（監訳）（1989）．乳児の対人世界――理論編．岩崎学術出版社．

Stern, D. N. (1995). The motherhood constellation. Basic Books. 馬場禮子・青木紀久代（訳）（2000）．親 - 乳幼児心理療法．岩崎学術出版社．

Stolorow, R. D., Brandchaft, B. & Atwood, G. E. (1987). *Psychoanalytic treatment: An intersubjective approach*. The Analytic Press. 丸田俊彦（訳）（1995）．間主観的アプローチ――コフートの自己心理学を超えて．岩崎学術出版社．

菅川明子（2009）．高機能広汎性発達障害をもつ女子学生の心理療法におけるセラピストの積極性について．心理臨床学研究，**27**，220-229.

杉野昭博（2007）．障害学―理論形成と射程．東京大学出版会．

杉田穏子（2017）．知的障害のある人のライフストーリーの語りからみた障害の自己認識．現代書館．

杉山登志郎（2005）．アスペルガー障害の現在．そだちの科学，**5**，9-21.

砂川芽吹（2016）．自閉症スペクトラム障害の女性の診断をめぐる心理過程．心理

臨床学研究，**34**, 15-26.

高木俊介（2016）．精神医療と司法・警察の「入り口」と「出口」という問題系．現代思想，**44**(19), 169-173.

高濱裕子・渡辺利子・坂上裕子・高辻千恵・野澤祥子（2008）．歩行開始期における親子システムの変容プロセス——母親のもつ枠組みと子どもの反抗・自己主張との関係．発達心理学研究，**19**, 121-131.

高岡健（2013）．発達障害の「増加」をどう考えるか——医療現場から．季刊福祉労働，**140**, 13-22.

高島恭子（2015）．アメリカにおける発達障害者の学校から職業生活への移行支援．長崎国際大学論叢，**15**, 95-107.

竹田青嗣（2015）．人文科学の本質学的展開．小林隆児・西研（編著）．人間科学におけるエヴィデンスとは何か——現象学と実践をつなぐ．新曜社，pp. 1-60.

竹下研三（1999）．発達障害の概念障害の概念と歴史．有馬正高（監修）．熊谷公明・栗田広（編）．発達障害の基礎．日本文化科学社，pp. 2-10.

滝川一廣（2001）．自閉症はどう研究されてきたか——新しい自閉症観に向けて．児童青年精神医学とその近接領域，**42**(3), 6-12.

滝川一廣（2004a）．心理療法の基底をなすもの．村瀬孝雄・村瀬嘉代子（編）．ロジャーズ——クライエント中心療法の現在．日本評論社，pp. 175-188.

滝川一廣（2004b）．自閉症児の遊戯療法入門——学生のために．治療教育学研究，**24**, 21-43.

滝川一廣（2010）．診断分類とはどういうものか．そだちと臨床，**9**, 6-11.

滝川一廣（2012）．これからの発達障害を考える．橋本和明（編）．発達障害支援の可能性——こころとこころの結び目．創元社，pp. 3-38.

滝川一廣（2017）．子どものための精神医学．医学書院．

田中千穂子（1997）．「乳幼児 - 親心理療法」の一例——家族関係の変容を導くために．心理臨床学研究，**15**, 449-460.

田中千穂子（2005）．発達障害への心理的援助．田中千穂子・栗原はるみ・市川奈緒子（編）．発達障害の心理臨床．有斐閣，pp. 201-263.

田中千穂子（2007）．障碍の児のこころ．ユビキタ・スタジオ．

田中千穂子（2009）．発達障碍の理解と対応——心理臨床の視点から．金子書房．

田中道治（2007）．発達障害のある子どもの自己を育てるとは．田中道治・都筑学・別府哲・小島道生（編）．発達障害のある子どもの自己を育てる——内面世界の成長を支える教育・支援．ナカニシヤ出版，pp. 5-11.

田中康雄（2004）．精神遅滞にもっと光を．そだちの科学，**3**, 2-8.

田中康雄（2007）．子どもたちの「生きづらさ」を考える──児童精神医学の視点から．子ども発達臨床研究，**1**, 3-10.

鑪幹八郎（2001）．臨床的リアリティをどう伝えるか．山本力・鶴田和美（編著）．心理臨床家のための「事例研究」の進め方．北大路書房，pp. 128-140.

寺山千代子・東條吉邦（2002）．わが国の自閉症をめぐる状況〈Ⅳ〉自閉症と学校教育 (2)．高木隆郎・ラター，M.・ショプラー，E.（編）．自閉症と発達障害研究の進歩6．星和書店，pp. 274-284.

富樫公一（2009）．関係性理論と Kohut の自己心理学．精神分析研究，**53**, 159-169.

十一元三（1998）．要旨と解説．高木隆郎・ラター，M.・ショプラー，E.（編）．自閉症と発達障害の進歩4．星和書店，pp. 263.

十一元三・神尾陽子（2001）．自閉症者の自己意識に関する研究．児童青年精神医学とその近接領域，**42**, 1-9.

徳永英明・田中道治（2004）．知的障害児および健常児における自己意識の発達──自己の変容に対するイメージと理想の自己イメージの関係．特殊教育学研究，**42**, 1-11.

鶴岡大輔（2001）．重度・最重度知的障碍者のグループ活動．心理臨床学研究．**19**, 301-310.

Tustin, F. (1972). *Autism and childhood psychosis.* Hogarth. 齋藤久美子（監修）平井正三（監訳）（2005）．自閉症と小児精神病．創元社．

Tustin, F. (1994). The perpetuation of an error. *Journal of Child Psychotherapy,* **20**, 3-23. 木部則雄（訳）（1996）．誤謬の永続化．イマーゴ，**11**, 41-57.

上野千鶴子（2002）．差異の政治学．岩波書店．

植戸貴子（2011）．知的障害者と母親の「親離れ・子離れ」問題．日本社会福祉学会第59回秋季大会報告要旨集．http://www.jssw.jp/event/conference/2011/59/abstract/（2016年2月18日取得）

植村勝彦（2007）（編）．コミュニティ心理学入門．ナカニシヤ出版．

氏家靖浩・太田裕一（2001）．精神分裂病様状態を伴う知的障害者に対する心理臨床と医療システム．福井大学教育地域科学部紀要Ⅳ（教育科学），**57**, 63-76.

浦野茂（2013a）．ループ効果と概念の分析──Ⅰ.ハッキングの自閉症論を手がかりに．http://socio-logic.jp/gojo/07_urano.php（2016年6月2日取得）

浦野茂（2013b）．発達障害者のアイデンティティ．社会学評論，**64**, 492-509.

渡部淳（1971）．〈自閉症児〉は存在するのか．児童精神医学とその近接領域，**12**, 193-202.

Whitehouse, R. M., Tudway, J. A., Look, R. & Kroese, B. S. (2006). Adapting Individual Psychotherapy for Adults with Intellectual Disabilities: A Comparative Review of the Cognitive-Behavioral and Psychodynamic Literature. *Journal of Applied Research in Intellectual Disabilities*, **19**, 55-65.

WHO (1992). *The ICD-10: Classification of mental and behavioral disorders: Clinical Descriptions and Diagnostic Guidelines*. World Health Organization. 融道男・中根允文・小見山実・岡崎祐士・大久保善朗（監訳）（2005）. ICD-10精神および行動の障害――臨床記述と診断ガイドライン. 医学書院.

Winnicott, D. W. (1958). *Collected papers: Through paediatrics to psycho-analysis*. Tavistock Publications. 北山修（監訳）（2005）. 小児医学から精神分析へ. 岩崎学術出版社.

Winnicott, D. W. (1965). *The maturational processes and the facilitating environment*. The Hogarth Press. 牛島定信（訳）（1977）. 情緒発達の精神分析理論. 岩崎学術出版社.

Winnicott, D. W. (1971). *Playing and Reality. Tavistock Publications*. 橋本雅雄・大矢泰士（訳）（2015）. 遊ぶことと現実. 岩崎学術出版社.

薮内道子（1992）. 凝固した自我――第五報告. 浜田寿美男（編著）.〈私〉というもののなりたち. ミネルヴァ書房, pp. 219-238.

山上雅子（1973）. 自閉児の治療・教育に関する試み. 児童精神医学とその近接領域, **14**（2）, 108-122.

山上雅子（1997）. 物語を生きる子どもたち――自閉症児の心理療法. 創元社.

山上雅子（1999）. 自閉症の初期発達――発達臨床的理解と援助. ミネルヴァ書房.

山上雅子（2007）. 自閉症スペクトラム障害と愛着研究の進歩. 発達教育学研究, **1**, 15-27.

山上雅子（2018）. 子どもが育つということ――身体と関係性の発達臨床. ミネルヴァ書房.

山本幸子・齊藤崇子・神尾陽子（2004）. 自閉症における自己と他者の処理――自己および他者の動作がエピソード記憶に与える影響についての検討. 児童青年精神医学とその近接領域, **45**, 1-17.

山本智子（2008）. ある軽度知的障害をもつ人の語りと行為における変容のプロセス――コラボレイティヴ・アプローチの視点からの再検討. 臨床心理学, **8**, 859-872.

山中康裕（1976/2001）. 早期幼児自閉症の分裂病論およびその治療論への試み. たましいの窓 児童・思春期の臨床Ⅰ. 岩崎学術出版社, pp. 3-47.（初出『分裂

病の精神病理 5 』東京大学出版会）

山中康裕（1998）．思春期の危機と表現．霜山徳爾（監修）．母と子・思春期・家族──子どもの心を理解するために．金剛出版，pp. 91-118.

山崎晃資（1997）．精神遅滞と精神医学的合併症．栗田広（編）．精神遅滞の精神医学．ライフ・サイエンス，pp. 78-87.

山崎晃資（1998）．発達障害の概念と精神療法的アプローチ．山崎晃資（編）．発達障害児の精神療法．金剛出版，pp. 19-39.

横田圭司・千田若菜・岡田智（2011）．発達障害における精神科的な問題．日本文化科学社.

吉井秀樹・吉松靖文（2003）．年長自閉性障害児の自己理解，他者理解，感情理解の関連性に関する研究．特殊教育学研究，**41**, 217-226.

湯川進太郎・三崎桂（2001）．自己存在感の希薄さと攻撃性．日本教育心理学会総合発表論文集．**43**, 238.

Zetlin, A. G. & Turner, J. L.（1985）．Transition from Adolescence to Adulthood: Perspectives of Mentally Retarded Individuals and Their Families. *American Journal of Mental Deficiency,* **89**（6），570-579.

Zetlin, A. G. & Turner, J. L.（1988）．Salient Domains in the Self-Conception of Adults With Mental Retardation. *Mental Retardation,* **26**（4），219-222.

Zigler, E.（1999）．The Individual with Mental Retardation as a Whole Person. In Zigler, E. & Gates, D. B.（Ed.）．*Personality development in individuals with mental retardation.* Cambridge University Press, pp. 1-16. 全人としての知的障害者．田中道治（編訳）（2000）．知的障害者の人格発達．田研出版，pp. 9-26.

Zigler, E. & Gates, D. B.（1999）．*Personality development in individuals with mental retardation.* Cambridge University Press. 田中道治（編訳）（2000）．知的障害者の人格発達．田研出版.

■著者 ─────────────────────────────

中島由宇（なかしま・ゆう）
東京大学大学院教育学研究科博士課程単位取得退学。学習院大学博士（臨床
心理学）。精神科病院勤務などを経て，現在東海大学文化社会学部心理・社
会学科特任講師。臨床心理士。
主著　『発達障碍の理解と対応──心理臨床の視点から』（共著），金子書房
　　　『発達障害の心理臨床──子どもと家族を支える療育支援と心理臨床的
　　　　援助』（共著），有斐閣

■ ─────────────────────────────

知的障碍をもつ人への心理療法
関係性のなかに立ち現れる"わたし"

2018年9月10日／第1版第1刷発行

著　者── 中島由宇

発行者── 串崎　浩

発行所── 株式会社 日本評論社
　　　　　〒170-8474／東京都豊島区南大塚 3-12-4
　　　　　電話 03-3987-8621（販売）-8598（編集）／振替 00100-3-16

印刷所── 港北出版印刷株式会社

製本所── 牧製本印刷株式会社

装　幀── 駒井佑二

検印省略 ©Yu Nakashiima 2018
ISBN 978-4-535-56370-4　Printed in Japan

JCOPY 〈㈳出版者著作権管理機構 委託出版物〉
本書の無断複写は著作権法上での例外を除き禁じられています。複
写される場合は，そのつど事前に，㈳出版者著作権管理機構（電話
03-3513-6969，FAX 03-3513-6979，e-mail：info@jcopy.or.jp）の許諾
を得てください。また，本書を代行業者等の第三者に依頼してスキャニ
ング等の行為によりデジタル化することは，個人の家庭内の利用であっ
ても，一切認められておりません。